Paul Alexander
Heimat oder Asyl?

PAUL ALEXANDER

HEIMAT ODER ASYL?

Ein Beitrag zur Entwicklungspolitik

Titelphoto: An der Küste Ghanas bei Accra

ISBN 3-9803191-0-5

Stauffenbergstraße 14, 7900 Ulm/D.

Gesamtherstellung: Ebner Ulm
Printed in Germany
Verlagsnummer 9803191

Wer vorgibt, anderen helfen zu wollen,
dabei aber nur an den eigenen Nutzen denkt,
der trägt am Ende den ganzen Schaden.

Dieses Buch widme ich allen Kolleginnen
und Kollegen, denen der Mut zu guter
fachlicher Arbeit im Dienste der Sache
wichtiger ist als Sicherheit und Karriere
im Apparat.

Inhalt

C'est sur le terrain, près de ceux qui n'ont pas la parole, que l'on peut découvrir la réalité.
Aus der Leserzuschrift eines französischen Bauern an seine Zeitung: »Vor Ort, bei jenen, die nichts zu sagen haben, kann man die Wirklichkeit entdecken.«

Einführung

Ob die Leute auf dem Titelbild wohl lieber in der BRD leben würden? Sicher nicht. Jeder Mensch liebt seine Heimat, denn sie ist ein Stück seiner selbst. Bei aller Abenteuerlust und Neugierde für das Fremde wünscht sich jeder Mensch eine Umgebung, mit der er sich identifizieren kann, in der seine Freunde und Verwandten leben, in der er Rechte erworben und Pflichten erfüllt hat und in der er die Spuren seines Lebens, insbesondere seiner Leistungen wiederfindet. Heimat ist nicht immer der Ort oder das Land der Geburt, aber Heimat ist stets etwas, das Zeit zum Wachsen benötigt und daher auf Dauer angelegt ist.

Da dies schon immer so war und auch in Zukunft so bleiben wird, müssen wir eine Entwicklung mit besonderer Sorge beobachten, die seit etwa 30 Jahren für viele Millionen Menschen zu einem Abbau von Heimat geführt hat und in zunehmendem Maße weiter führt.

An diesem Abbau von Heimat waren nicht in erster Linie Kriege und Bürgerkriege schuld, die schon immer mit Zerstörung oder Verlust von Heimat verbunden waren, sondern ein scheinbar ganz friedlicher Vorgang, nämlich die unterschiedliche wirtschaftliche Dynamik zwischen den Ländern des industriellen Westens und den übrigen Staaten.

Während die wirtschaftliche Entwicklung in den Staaten des kommunistischen Ostblocks bis 1989 weitgehend isoliert verlief, standen die weniger industrialisierten Staaten Südeuropas und die Länder der sog. Dritten Welt in intensivem Austausch mit den industrialisierten Staaten des Westens. Deren ungleich höhere wirtschaftliche Dynamik und der damit verbundene erheblich höhere Lebensstandard hat auf die Bevölkerungen in Südeuropa und der Dritten Welt eine außerordentliche Anziehungskraft ausgeübt und dazu geführt, daß Millionen Menschen ihre Heimat verließen, um in den reichen Ländern eine Beschäftigung zu suchen. Während der sechziger und siebziger Jahre war den westlichen Industrieländern diese Entwicklung durchaus willkommen, denn der Zustrom an Arbeitskräften bot die Möglichkeit zu weiterer Expansion der Produktion und damit verbunden weiterer Wohlstandssteigerung.

Eine ähnliche wirtschaftliche Sogwirkung übten die reichen Ölländer seit dem Ölpreisboom auf die Bevölkerung der ärmeren Länder aus.

Daß die Tätigkeit von Gastarbeitern auch für ihre Heimatländer Vorteile mit sich bringen würde, nahm man in den Industrieländern stets stillschweigend an. Erhielten die ausländischen Arbeitskräfte doch den gleichen Lohn wie die einheimischen, und dieser lag regelmäßig um ein Mehrfaches über dem Lohnniveau in ihren Heimatländern.

Zu den Gastarbeiterüberweisungen in die ärmeren Länder traten die Transfers der Entwicklungshilfe hinzu, welche die westlichen Industrieländer ebenfalls seit den sechziger Jahren und die OPEC-Länder seit Mitte der siebziger Jahre an die armen Länder leisteten.

Spätestens seit Mitte der achtziger Jahre wurde aber folgende Situation immer deutlicher:

- Die wirtschaftliche Dynamik der westlichen Industrieländer bleibt jener der ärmeren Länder deutlich überlegen, das Gefälle zwischen armen und reichen Ländern wird mit wenigen Ausnahmen immer größer.
- Weder die Überweisung von Gastarbeitern in ihre Heimatländer noch die westliche Entwicklungshilfe können offenbar das weitere wirtschaftliche Auseinanderdriften zwischen armen und reichen Ländern verhindern.
- Die Zahl derer, die ihre Heimat in den armen Ländern verlassen, um ihr Glück in den westlichen Industrieländern zu suchen, nimmt rapide zu.*

Durch den Zusammenbruch des kommunistischen Ostblocks und den Wegfall des »Eisernen Vorhangs« ist die bisherige Dreiteilung unserer Staatenwelt in eine Erste (westlich-industrialisierte), eine Zweite (dem Ostblock zugehörige) und eine sogenannte Dritte Welt binnen kürzester Zeit durch eine neue Einteilung der Welt ersetzt worden, diesmal in nur zwei Gruppen: die wenigen reichen und die vielen armen Länder.

Damit wird die wirtschaftliche Sogwirkung der reichen Länder gerade zu einem Zeitpunkt auf die Bevölkerung des ehemaligen Ostblocks ausgedehnt, in welchem das Verhältnis der reichen Länder zur Dritten Welt in eine deutliche und bislang unbewältigte Krise geraten ist. Das Risiko, daß die Krise nicht mehr beherrscht werden kann, ist damit erheblich gewachsen. Entsprechend groß sind die Sorgen, die sich die Bürger in den westlichen Ländern machen.

Die Sorgen der Bürger richten sich auf einen möglicherweise unkontrollierbaren Zustrom von Ausländern, aber fast noch mehr auf die Unentschlossenheit, mit der unsere Politiker dem Problem gegenüberstehen. Deren Unentschlossenheit erklärt sich aber einfach dadurch, daß sie eine Politik, die dem Westen lange Zeit überwiegend Vorteile zu verschaffen schien, nämlich die Politik der großzügigen Aufnahme von Ausländern, insbesondere in Ländern mit rückläufiger einheimischer Bevölkerung wie der BRD, nicht so leicht von heute auf morgen als gefährlich oder schädlich betrachten können.

* In der BRD lebten lt. STATISTISCHEM BUNDESAMT per 30. 9. 1990 5 241 801 Ausländer in den alten und 166 495 in den neuen Bundesländern. Lt. OECD-Statistik betrug der Ausländeranteil Ende 1991 8,3 %, also etwa 6,4 Millionen Menschen (vgl. auch Anlage 1).

Ihre Unentschlossenheit liegt auch darin begründet, daß sie als Politiker dazu neigen, ausschließlich kurzfristige Erfolge anzustreben. Kurzfristiges Erfolgsstreben verführt dazu, die Interessenlage des Partners zu ignorieren, insbesondere langristig negative Auswirkungen der eigenen Politik auf den Partner zu mißachten.

Es verwundert daher nicht, wenn unsere Politiker versuchen, dem Problem eines unkontrollierten Ausländerzustroms gleichfalls mit kurzfristigen und nur die eigene Interessenlage beachtenden Maßnahmen zu begegnen: Sie operieren mit dem Asylrecht.

Seine Einschränkung wie auch seine grundsätzliche Beibehaltung erscheint ihnen ausreichend, um sowohl die eigene Bevölkerung zu beruhigen als auch Solidarität mit den Menschen aus den armen Ländern zu bekunden.

Der anhaltende Parteienstreit um die Modalitäten eines künftigen Asylrechts hat das Seine dazu beigetragen, daß unsere Ausländerfreundlichkeit in der öffentlichen Meinungsbildung nur noch mit der Elle des Asylrechts gemessen wird und am Schutz unserer Asylanten vor kriminellen rechtsextremistischen Übergriffen.

So wichtig es ist, solchen Übergriffen entschlossen entgegenzutreten: Der Pulverdampf, in den uns die Politiker in ihrem Streit um Asylrecht und Einwanderungsquoten gehüllt haben, läßt uns ganz übersehen, daß wir auf diesem Gefechtsfeld für die Menschen aus den armen Ländern kaum eine Lanze brechen können.

Was diese Menschen wollen, ist nicht Asyl, sondern Heimat. Versetzen wir uns nur einen Augenblick in ihre Lage, wird uns dieser Wunsch und seine Priorität sofort plausibel. Was muß Heimat bieten, damit ihre traditionelle Anziehungskraft gegenüber der Sogwirkung der reichen Industrieländer nicht verlorengeht? Neben vielem anderen sind persönliche Sicherheit, das Fehlen von Not sowie aufwärtsgerichtete wirtschaftliche Perspektiven für alle, die sich anstrengen wollen, eine entscheidende Voraussetzung dafür, daß Menschen ihre Umwelt als Heimat empfinden.

Ist dies nicht alles auch das Ziel unserer Entwicklungshilfe, unserer »Hilfe zur Selbsthilfe«, die der reiche Westen seit gut 30 Jahren leistet? Stellt Entwicklungshilfe nicht den Bereich unserer Außenbeziehungen dar, bei welchem kurzfristige Eigeninteressen ganz hinter den Interessen unserer armen Partnerländer zurückstehen? Und fordern die besonneneren unter unseren Politikern daher nicht zu Recht eine kräftige Aufstockung dieser Hilfe, um dem Problem einer übermäßigen Zuwanderung von Ausländern Herr zu werden?

Die öffentliche Entwicklungshilfe der reichen Länder liegt derzeit unter 0,5% ihres Bruttosozialprodukts (BSP)*. In den Empfängerländern stellen

* Lt. Entwicklungsbericht der WELTBANK betrugen die öffentlichen Nettoabflüsse (Bruttoabflüsse minus Tilgungen) bei den OECD-Ländern 1989 0,33%, bei den OPEC-Ländern 1988 0,45% des BSP.

diese Zahlungen durchschnittlich etwa 4 bis 6% des BSP* in der Gruppe der 40 ärmsten Länder (ohne China und Indien) und 1 bis 2% in der Gruppe der 40 zweitärmsten Länder dar. Aus dieser Größenordnung unserer Entwicklungshilfe werden zwei Dinge deutlich:

- Die armen Länder müssen ihre wirtschaftlichen und sozialen Probleme ganz wesentlich aus eigener Kraft lösen.
- Ein spürbarer positiver Beitrag westlicher Entwicklungshilfe kann nicht in der Quantität ihrer Transferzahlungen liegen, denn dazu sind sie bei den meisten Empfängerländern bei weitem zu gering, sondern nur in ihrer Qualität. Also nicht im Geldtransfer, sondern im Erfolg der Maßnahmen, die er bewirkt, sprich: in der Effizienz der Entwicklungspolitik.

Nachdem die letzten 30 Jahre wirtschaftlicher Entwicklung in den armen Ländern mit wenigen Ausnahmen ein ungenügendes bis katastrophales politisches, wirtschaftliches und soziales Resultat lieferten, ergibt sich daraus unmittelbar die weitere Schlußfolgerung:

- die Eigenleistungen in den armen Ländern sind in fundamentaler Weise unzureichend,
- die Qualität unserer Hilfe, ja unserer gesamten Beziehungen zu den armen Ländern ist ebenfalls fundamental unzureichend.

Obwohl dem so ist, arbeiten die verantwortlichen Politiker weder in den armen noch in den reichen Ländern an der Beseitigung dieser Unzulänglichkeiten:

- Die Verantwortlichen in den armen Ländern sind nicht oder nur unwesentlich mit der grundlegenden Steigerung ihrer Eigenleistung befaßt.
- Die Verantwortlichen in den reichen Ländern sind nicht mit der grundlegenden (qualitativen) Verbesserung ihrer Außenwirtschaftspolitik einschließlich Entwicklungshilfe gegenüber den armen Ländern befaßt.
- Beide, die Verantwortlichen in den armen wie in den reichen Ländern, sprechen dagegen übereinstimmend und fast ausschließlich von der (quantitativen) Aufstockung bisheriger Hilfsleistungen.

Als probaten Ausdruck dieser Haltung erlebte die Weltöffentlichkeit die Zusage der reichen Länder beim Umweltgipfel in Rio, die öffentliche Entwicklungshilfe künftig etwa zu verdoppeln, d. h. auf 0,7% des BSP der reichen Länder anzuheben. Aber die Weltöffentlichkeit blieb ohne jeden Hinweis dafür, wie ein ungenügendes bis katastrophales Ergebnis bei 0,4% des BSP in ein zufriedenstellendes bis gutes Ergebnis bei 0,7% des BSP umschlagen soll, selbst wenn man davon absieht, daß durch die künftige Hinzunahme der Länder der Zweiten Welt und das hohe Bevölkerungswachstum in den Ländern der Dritten Welt nicht einmal eine (quantitative) Aufstockung bisheriger Hilfe zustande kommt, wenn man die Bevölkerungszahl in den Empfängerländern zugrunde legt.

Seit 1968 bin ich für die staatliche deutsche Entwicklungshilfe tätig, seit 1975 als freiberuflicher Berater. Meine Fachgebiete sind Volkswirtschaft und

* In den ärmsten schwarzafrikanischen Ländern 10–30% des BSP.

Agrarökonomie. Für mich wie für zahlreiche meiner Kollegen kann die bisherige Art, in welcher die aufgezeigten Probleme bewältigt werden, nur Anlaß zur Verzweiflung sein. Meine erste hieraus resultierende Reaktion war eine Buchveröffentlichung im Herbst 1987*. Die vielfach positive Resonanz, die ich hierauf unter meinen Berufskollegen erfuhr, wie auch die bisherige entwicklungspolitische Behandlung der deutschen Wiedervereinigung gaben Anlaß zu diesem zweiten Beitrag, dessen Motiv gleichfalls große Sorge über unser Verhältnis zu den armen Ländern ist.

In diesem Buch wird der Leser herzlich eingeladen, einer gründlichen und freimütigen Bewertung der Qualität unserer Beziehungen zu den armen Ländern zu folgen, wobei die entwicklungspolitischen Grundsätze und Rahmenbedingungen zur Beseitigung der Armut und damit zur Schaffung von Heimat natürlich im Vordergrund stehen. Sie werden, meine ich, sehr bald zu dem alles beherrschenden Thema der Weltpolitik.

Für die Bundesrepublik ergibt sich aus diesem Thema eine Hausaufgabe besonderer Art: Wie können die Lebensverhältnisse der Menschen in den neuen Bundesländern nach der deutschen Wiedervereinigung möglichst rasch und nachhaltig an die in den alten Bundesländern angeglichen werden? Die BRD hat also das Generalthema der Entwicklungspolitik in besonderem Maße zu verinnerlichen.

Ich verwende die pauschalen Begriffe Erste, Zweite und Dritte Welt in diesem Buch bewußt, weil sie der pauschalen Außenwirtschaftspolitik entsprechen, welche die westlichen Industriestaaten, die »Erste Welt«, gegenüber den Ländern der Zweiten und Dritten Welt praktizieren und weil sie ihrerseits ebenso gleichgerichtete Reaktionen dieser Länder auslösten. Es gibt bislang nur eine kleine Gruppe von Ländern, die unter dem Einfluß der Außenwirtschaftspolitik des industriellen Westens ein grundsätzlich anderes Verhalten an den Tag legten. Dies sind Japan und die vier »kleinen Tiger«, Taiwan, Südkorea, Hongkong und Singapur.

Zur Dritten Welt, so wie ich diesen Begriff gebrauche, gehören Länder mit sehr unterschiedlichem Bruttosozialprodukt pro Kopf der Bevölkerung. Unter ihnen sind die ärmsten Länder wie Mosambik und Äthiopien mit 80 bis 120 $, aber auch Ölstaaten wie Venezuela und Gabun mit 2500 bis 3000 $ pro Kopf. Zur besseren Orientierung füge ich in Anlage 1a eine Übersicht der WELTBANK in der Rangfolge des BSP/Kopf für das Jahr 1989 bei.**

---

* Paul Alexander: »Der Trost des Entwicklungshelfers«, Frankfurt 1987, 3. Auflage 1992.

** Neben den auf Währungsparitäten beruhenden Übersichten zum BSP/Kopf werden von der WELTBANK neuerdings auch Übersichten zum Bruttoinlandsprodukt (BIP) auf der Grundlage der Kaufkraftparität veröffentlicht. Diese Zahlen, die dem »United Nations International Comparison Program« folgen, tragen noch vorläufigen Charakter und sind bislang nur für einen Teil der Länder ermittelt worden. Sie sind gleichfalls in Anlage 1a aufgeführt.

Im übrigen versuche ich in diesem Buch mit möglichst wenig Statistik auszukommen. Die Wissenschaftlichkeit einer Arbeit hängt nicht vom Angebot an Zahlen und Zitaten ab, sondern vom Annäherungsgrad an die Wirklichkeit. Schließlich ist es mein Anliegen, über persönliche Erfahrungen und darauf gegründete Überzeugungen zu berichten.

Sie beginnen mit meinen Eindrücken über die wirtschaftlichen und sozialen Wirkungen der Gastarbeitertätigkeit in ihren Heimatländern und setzen sich fort in den wirtschaftlichen Wirkungen von Transferleistungen, die dem Konsum dienen, wie Nahrungsmittelhilfe und Kleiderspenden. Es folgt die Frage nach den Rahmenbedingungen wirtschaftlicher und sozialer Entwicklung und der Rolle von Entwicklungsträgern, den Eliten in den armen Ländern. Im Zentrum meines Erfahrungsberichts steht die bisherige Effizienz unserer Entwicklungsprojekte und ein Rückblick auf die entwicklungspolitischen Prioritäten im Spiegel der öffentlichen Meinung während der letzten 30 Jahre.

Auf der Grundlage meiner in der Dritten Welt gewonnenen Erfahrungen folgt im zweiten Teil des Buches eine knappe entwicklungspolitische Bewertung der heutigen Situation in der Sowjetunion (bzw. ihren Nachfolgestaaten) und unseren neuen Bundesländern.

Im dritten Teil des Buches schließlich versuche ich, Aktionsbereiche und Maßnahmen aufzuzeigen, die allen Menschen auf dieser Erde Heimat schaffen könnten.

Im Juli 1992.

Teil 1:
Die Dritte und die Erste Welt

1 Einwanderungsland Europa – ein aktuelles Thema

Für die BRD und andere westeuropäische Industrieländer sei die Beschäftigung ausländischer Arbeitskräfte und deren Integration in unsere Bevölkerung nur von Vorteil, betonen die Vertreter der Bundesregierung und zahlreiche Vertreter des öffentlichen Lebens angesichts der kriminellen Ausschreitungen gegen Asylanten und deren Unterkünfte.

Kein Zweifel, unsere ökonomischen Vorteile bei der Beschäftigung von Ausländern liegen auf der Hand. Ausländische Arbeitskräfte sind in wachsendem Maße an der Steigerung unseres Bruttosozialprodukts beteiligt, sie übernehmen häufig Arbeiten, die von Deutschen ungerne ausgeführt werden, sie und ihre Familien stellen darüber hinaus ein wichtiges Nachfragepotential für unsere Erzeugnisse dar. Insbesondere der Markt für Gebrauchtartikel aller Art findet seine entscheidende Stütze bei unseren ausländischen Mitbürgern. Sie sind vergleichsweise arm und haben einen hohen Nachholbedarf an Komsumgütern. Last not least tragen ausländische Arbeitskräfte angesichts einer schrumpfenden deutschen Bevölkerung dazu bei, unsere staatliche Sozialversicherung zu stützen.

Ohne Frage: Rechnen wir die wirtschaftlichen Effekte für die Bundesrepublik insgesamt aus, so ergeben sich beachtliche Vorteile aus der wachsenden Zuwanderung von Ausländern.

Allerdings sind diese Vorteile für einzelne Gruppen in unserem Lande sehr unterschiedlich. Den zweifellos größten Vorteil ziehen daraus die Unternehmer. Einmal aus dem Zuwachs an Arbeitskräften, mit deren Hilfe die Produktion gesteigert werden kann, zweitens aus dem Zuwachs an Konsumenten zum Absatz der wachsenden Produktion und drittens übt der Zuwachs an solchen Arbeitskräften eine dämpfende Wirkung auf den Anstieg der Lohnkosten aus.

Wie verhalten sich die Gewerkschaften?

In ihrer Ausländerfreundlichkeit hat sich während der letzten 20 Jahre ein grundlegender Wandel vollzogen. Bei den wichtigsten Gewerkschaften, wie der IG Metall und der IG Bau, nehmen die ausländischen Arbeitskräfte einen sehr starken Anteil, sowohl an den Beschäftigten der Branche als auch an den gewerkschaftlichen Organisierten ein. Seither gehören die Gewerkschaften zu den wichtigsten Fürsprechern ausländischer Arbeitskräfte. Ausländer, insbesondere ausländische Facharbeiter, finden heute somit eine wichtige Lobby, sowohl bei Unternehmern wie Gewerkschaften.

Für den durchschnittlichen deutschen Bürger indessen ist der Zustrom von Ausländern nicht nur mit Vorteilen verbunden, denn er steht mit ihnen in wachsender Konkurrenz bei der Nachfrage nach Wohnraum und in der Benutzung der vorhandenen Infrastruktur (Verkehrswege, Ausbildung, Gesundheitsdienste etc.).

Beides, Wohnraum und Infrastruktur sind in den letzten Jahren deutlich langsamer gewachsen, als es dem Zustrom an Ausländern entsprochen hätte, und dies hat zu Spannungen geführt.

Aber selbst dann, wenn Wohnraum und Infrastruktur rascher wachsen würden, müßte der Bürger über Steuern und Abgaben an seiner Finanzierung beteiligt werden, also an etwas, was ihm gar nichts nützt, vielmehr seinen Lebensraum (1992 lebten in den alten Bundesländern rund 253 Einwohner pro km^2) weiter einengt und seine Umwelt weiter belastet.

Ein großer Teil unserer Bevölkerung, wahrscheinlich eine qualifizierte Mehrheit, sieht dem weiteren Zustrom von Ausländern mit großer Sorge entgegen.

Die Regierung und die im Bundestag vertretenen Parteien versuchen dieser Sorge auf zweierlei Weise Rechnung zu tragen:

- einmal durch einen forcierten Ausbau von Wohnraum und Infrastruktur,
- zum zweiten durch eine Reglementierung des Ausländerzustroms mit dem Ziel, diesen mit dem Wachstum von Wohnraum und Infrastruktur in Einklang zu bringen.

Im ganzen sind Parteien wie Regierung aber weit davon entfernt, den Zustrom an Ausländern zum Stillstand bringen zu wollen. Wichtig erscheint lediglich eine Harmonisierung der Wachstumsraten.

Muß bei solch hoher Aufnahmebereitschaft für die Menschen aus den armen Ländern mein Herz als Entwicklungshelfer nicht höher schlagen?

Die Antwort hierauf finden wir rasch, wenn wir uns der Frage zuwenden, welchen Vorteil die Heimatländer unserer ausländischen Mitbürger aus der Abwanderung von Teilen ihrer Bevölkerung ziehen. Eine Fragestellung, mit der wir endlich zum Thema der Entwicklungspolitik vorstoßen und zugleich eine Fragestellung, die m. E. allein geeignet ist, einen Maßstab für unsere Ausländerfreundlichkeit zu liefern. Dabei ist es entwicklungspolitisch unerheblich, ob der aus dem Ausland Zuziehende politisch Verfolgter ist oder Wirtschaftsflüchtling, deutschstämmig oder nicht.

Als ich im Sommer 1968 mit einem Forschungsauftrag unseres Entwicklungshilfeministeriums am Institut für ausländische Landwirtschaft der Universität Hohenheim meine Arbeit in der Entwicklungshilfe begann, galt die Türkei, unser Hauptlieferant an ausländischen Arbeitskräften, als ein Schwellenland, das nach Einschätzung von Fachleuten keiner Entwicklungshilfe mehr bedurfte, da es zu einer weiteren selbsttragenden Aufwärtsentwicklung, insbesondere seiner Industrie, künftig allein imstande sein würde.*

Diese Einschätzung hat sich in der Folgezeit, in der immer mehr Türken eine Beschäftigung im Ausland fanden, als Fehleinschätzung erwiesen. Die Türkei ist bis heute nicht über das Stadium des Schwellenlandes hinausgewachsen. Im BSP/Kopf rangiert sie in der Weltbankliste unter den gleichen Plätzen 67–70

* Der Nationalökonom W. W. ROSTROW legte die nach ihm benannte »Take-off-Periode« für die Türkei auf die Jahre 1933–1961 fest.

wie schon zuvor, etwa auf der Höhe von Tunesien und Jordanien. Auch unter Berücksichtigung der Kaufkraftparität lag die Türkei 1989 hinter Polen und ganz deutlich hinter Ländern wie Jugoslawien und Ungarn. Das größte Wachstum verzeichnete der Dienstleistungssektor (Tourismus und Handel). Demgegenüber blieb das Wachstum des Industriesektors, das vom Textilsektor dominiert wird, deutlich zurück. Auslandsschulden und Inflation nahmen zu. Von 1983–89 erhielt die Türkei noch immer öffentliche Entwicklungshilfe in Höhe von durchschnittlich 0,4% ihres BSP von 1989, wenn auch weniger als der Durchschnitt der Länder ihrer Einkommensgruppe mit 1,3% des BSP (vgl. Anl. 1b).

Was hat diese Entwicklung mit der wachsenden Beschäftigung ihrer Arbeitskräfte im Ausland zu tun? Wären die Probleme des Landes ohne die hohen Devisenzuflüsse durch die Gastarbeiterüberweisungen in ihre Heimat nicht noch größer? Diese Frage läßt sich nur beantworten, wenn wir die wirtschaftlichen Wirkungen der Gastarbeitertätigkeit für die Türkei analysieren:

- Zunächst besteht der potentielle Reichtum eines Landes nicht zuletzt in der Zahl der Arbeitskräfte, über die es verfügt. Jeder Wegzug von Arbeitskräften reduziert somit dieses Potential.
- Hinzu kommt, daß es nicht vorzugsweise Arbeitslose in der Türkei sind, die wegen fehlender Ausbildung und/oder Motivation um Arbeit in der BRD nachsuchen, sondern um vergleichsweise gut ausgebildete und hochmotivierte Kräfte, die bereit sind, hart zu arbeiten und die besonderen Anpassungsschwierigkeiten, die mit dem Leben im Ausland verbunden sind, zu überwinden.
  Bei solchen Arbeitskräften kann man gewiß sein, daß ihr Wegzug eine spürbare Lücke im Bruttosozialprodukt der Türkei hinterläßt.
- Wird diese Lücke nicht überkompensiert durch die hohen Ersparnisse, die ein Arbeiter bei einer Beschäftigung in der BRD macht und in seine Heimat überweisen kann?
  Verdient er beispielsweise netto DM 3000 pro Monat, kann er hiervon DM 1000 bis DM 1500 nach Hause überweisen, während er selbst als Facharbeiter in der Türkei nur DM 500 bis DM 700 pro Monat verdient hätte.
- Entscheidend ist also, was mit dem Geld, das er nach Hause schickt, geschicht. Wird es produktiv angelegt, sei es im landwirtschaftlichen, sei es im gewerblichen oder kleinindustriellen Bereich, kann es maßgeblich zur Wertschöpfung der türkischen Volkswirtschaft beitragen und stellt zugleich die Devisen zum Import überlegener Technologie zur Verfügung, solange und soweit diese in der Türkei noch nicht hergestellt werden kann.
- Tatsache ist nun, und dies gilt nicht nur für die Türkei, sondern für alle Länder, die Teile ihrer Arbeitskräfte nach Westeuropa entsenden, von der Türkei im Osten bis in den Senegal im Westen, daß die harten Devisen, die sie nach Hause überweisen, ganz überwiegend dem Konsum zufließen und dabei wiederum vorzugsweise dem Konsum von Importwaren.

Um dies zu verstehen, müssen wir uns vergegenwärtigen, welchen Einfluß oder, besser gesagt, welchen Eindruck die Überweisungen der im westlichen Ausland tätigen Arbeitskräfte auf die zu Hause gebliebenen Teile ihrer Familien, ihre weiteren Verwandten und Freunde ausüben.

In den genannten Ländern des Mittelmeerraumes leben etwa 30 bis 50% der Bevölkerung von einer landwirtschaftlichen Tätigkeit. Sie erwirtschaften dort ein Arbeitseinkommen von etwa 5,– bis 15,– DM pro Arbeitstag (den Arbeitstag zu 6 Stunden gerechnet), was einen Stundenlohn von DM 0,80 bis DM 2,50 ausmacht, ohne irgendwelche Zuschläge für soziale Absicherung. In dem noch schwach ausgeprägten Industriesektor liegt das Arbeitseinkommen für Facharbeiter etwa zweimal so hoch, also zwischen DM 1,50 und DM 5,– pro Stunde. Die Lohnnebenkosten liegen bei 30 bis 60% verglichen mit 80% in der Bundesrepublik.

Überweist nun ein türkischer Arbeitnehmer aus der Bundesrepublik oder ein marokkanischer Arbeiter aus Frankreich, wo er vielleicht am Fließband in einer Automobilfabrik arbeitet, DM 1000 bis DM 1500 pro Monat an seine Großfamilie, so wirkt dies gleich doppelt demotivierend auf die im Berufsleben stehenden Familienmitglieder und Freunde: Einmal können dort von dem überwiesenen Geld 5 bis 10 Personen leben, zum anderen fühlen sich die lokalen Arbeitskräfte für ihre Arbeit maßlos unterbezahlt. Dies gilt in besonderem Maße für den landwirtschaftlichen Sektor mit seiner vergleichsweise niedrigen Arbeitsproduktivität. Da dieser Sektor aber in den genannten Ländern nach wie vor dominiert, kann man sich leicht vorstellen, welche Wirkung die Gastarbeiterüberweisungen haben. Anstatt die Gelder produktiv anzulegen, werden sie von den Familienangehörigen für den Kauf von zunehmend importierten Basisnahrungsmitteln und sonstigen, meist westlichen Konsumgütern ausgegeben, während die Eigenerzeugung reduziert bis eingestellt wird.

Während der letzten 30 Jahre hat die Bevölkerung in den armen Ländern der Dritten Welt eine unerwartet hohe Präferenz für moderne westliche Konsumgüter entwickelt, von der Taschenlampe über den Transistorradio und den Kühlschrank bis zum PKW, aber in keinem dieser Länder wurde diese Präferenz so ausgeprägt wie in jenen, die Teile ihrer Bevölkerung in eben jenen westlichen Ländern in Beschäftigung bringen konnten und die dadurch zugleich die Möglichkeit erhielten, ihre Nachfrage nach westlichen Konsumgütern zu befriedigen. Wir alle kennen jene »Gastarbeiterüberweisungen«, die nicht in bar in die Heimat fließen – und daher auch nicht den Devisenvorrat ihrer Nationalbanken erhöhen –, sondern von vornherein in Gestalt westlicher Konsumgüter die PKW unserer ausländischen Mitbürger randvoll füllen, wenn diese auf Heimaturlaub fahren und mit dem Flugzeug zurückkommen, weil auch der PKW vor Ort günstig verkauft werden konnte.

Die Präferenz für Produkte aus den USA, Westeuropa und Japan ist in allen Ländern der Dritten Welt ungebrochen und stellt seit 30 Jahren ein gewaltiges Hindernis für jeden Unternehmer dar, der, gleichgültig ob als westlicher Ausländer oder als Einheimischer, die gleichen Konsumgüter im

Entwicklungsland herstellen und verkaufen möchte. Nur bei einfachen Textilien wendet sich das Blatt inzwischen.

1980 bereiste ich im Auftrag einer Entwicklungshilfeorganisation Malawi, um zusammen mit zwei Experten der deutschen Tabakindustrie die Möglichkeiten für den Anbau von Orienttabak zu erkunden. Wie mir diese Experten versicherten, gab man dem sehr arbeitsintensiven Orienttabakanbau in seinen klassischen Produktionsländern Griechenland und Türkei kaum noch Chancen, weil die Bauern nicht mehr bereit waren, Kulturen mit derart niedriger Arbeitsproduktivität anzubauen.

Zur großen Enttäuschung der Tabakexperten mußten wir auch in Malawi feststellen, daß die Bauern wenig Neigung zeigten, sich mit dem vergleichsweise niedrigen Arbeitseinkommen pro Manntag zufriedenzugeben, das der Orienttabakanbau bot, denn ein großer Teil von ihnen konnte sein Geld wesentlich günstiger in den Goldminen Südafrikas verdienen. Erst als Südafrika seine malawischen Gastarbeiter wegen der rückläufigen Goldpreise in ihre Heimat zurückschickte, hatte der Orienttabakanbau in Malawi wieder etwas mehr Chancen.

1975 führte mich meine Arbeit in den Nordjemen. In keinem Land hatte ich zuvor eine so hoch entwickelte traditionelle Landwirtschaft vorgefunden, mit der sich seine Bevölkerung auch unter schwierigsten Umweltbedingungen ihre Lebensgrundlage gesichert hatte. Eine weiträumige Gebirgslandschaft in semiaridem Klima war durch mühevolle Anlage unzähliger Terrassen und Bewässerungsgräben für eine saisonale Zusatzbewässerung in eine intensive Nutzung gebracht worden. Aber wie wurden diese Anlagen, in Jahrhunderten mühevoller Arbeit geschaffen, im Jahre 1975 genutzt?

Der Ölboom hatte ihre armen nomadisierenden Nachbarn, die Saudis, über Nacht zu Millionären gemacht, die es sich fortan leisten konnten, jeden Handgriff von bezahlten Dienstboten ausführen zu lassen, und bei guter Bezahlung fanden sich solche dienstbaren Geister. Es kamen Palästinenser und sogar Philippinos und es kamen auch die Bauern aus dem jemenitischen Hochland. Bis 1975 arbeitete schon etwa die Hälfte ihrer männlichen Bevölkerung im arbeitsfähigen Alter in Saudi-Arabien. Die Veränderung ihrer wirtschaftlichen Situation konnte mit der jener Türken verglichen werden, denen es gelungen war, in der BRD Arbeit zu finden. Mit dem, was die jemenitischen Gastarbeiter zu Hause ablieferten, konnten ihre Großfamilien leben. Die mühsame Terrassenlandwirtschaft verkam mehr und mehr. Der landwirtschaftliche Anbau wurde auf die günstigen Tallagen beschränkt und die Bewässerungslandwirtschaft mit Hilfe moderner Tiefbohrgeräte unter Raubbau am Grundwasserspiegel betrieben. Zur Rentabilisierung der Investitionen wurde vorzugsweise das Rauschmittel Qat angbaut, nicht nur bei der heimischen Bevölkerung begehrt, sondern auch in den Nachbarländern. Der wachsende Bedarf an Grundnahrungsmitteln wurde indessen durch Importe gedeckt. Auch hier führte also die gutbezahlte Tätigkeit von Arbeitskräften im Ausland nicht zur Stimulanz lokaler Produktion, sondern ganz eindeutig zu deren Abbau. Man verließ sich mehr und mehr auf das westliche Ausland und geriet in immer größere Abhängigkeit von dessen Konjunktur, hier: der Nachfrage nach Erdöl.

Ein weiteres Beispiel solcher Wirkungen erlebte ich noch im gleichen Jahr 1975 im Gebiet des östlichen Rifs in Marokko, einer vom Klima besonders benachteiligten Region: marginale Böden, unzureichende Niederschläge, schlechte Verkehrsanbindung. Hier wollte die marokkanische Regierung durch ein von der BRD unterstütztes staatliches Arbeitsbeschaffungsprogramm der verbreiteten Arbeitslosigkeit entgegenwirken und zugleich die Produktionskapazität der Region durch Investitionen in den Ressourcenschutz und die Infrastruktur stärken, also durch Aufforstung, Anlage von Trinkwasser- und Bewässerungsbrunnen, durch Feldwegebau etc. Mit anderen Worten: Mit westlicher Hilfe sollten eben jene Maßnahmen neu durchgeführt werden, die aufgrund westlichen Einflußes (Ölboom) im Jemen dem Verfall anheimgegeben waren.

Bei der Prüfung dieses Projekts fiel mir sogleich auf, daß sich trotz hoher Arbeitslosigkeit kaum Arbeitskräfte fanden, um sich am Programm zu beteiligen. Es waren vorwiegend alte Leute und Jugendliche unter 14 Jahren, die man jedoch kaum zum Wegebau in diesem felsigen Gelände einsetzen konnte. Die Bevölkerung im arbeitsfähigen Alter aber hatte weit bessere Verdienstmöglichkeiten, als jene Grundnahrungsmittelrationen, die das staatliche food for work-Programm für harte körperliche Arbeit anbot.

Bereits wesentlich günstiger war es, zeitweilig als Erntearbeiter in anderen Teilen Marokkos zu arbeiten, noch besser natürlich als Saisonarbeiter oder gar permanent Beschäftigter in Frankreich. Den Gipfel an bequemer Verdienstmöglichkeit aber bot die Beschäftigung in der nahegelegenen spanischen Exklave auf marokkanischem Boden, dem Freihandelshafen Melilla. Hier verdiente man als Hilfsarbeiter nicht nur eine harte Währung, man konnte seinen Verdienst darüber hinaus durch den Schmuggel mit zollfreiem Alkohol aus dem Freihafen verdoppeln. Durch die Nähe Spaniens verwandelte sich unser Hilfsprojekt im östlichen Rif in eine tragikomische Farce.

Was unternahm die Bevölkerung mit dem Geld, das sie in Frankreich oder im spanischen Melilla so günstig verdiente? Hier, wie schon in unseren Beispielen aus der Türkei, aus Malawi und dem Jemen, wurde nicht in die lokale landwirtschaftliche Produktion investiert. Die mit deutscher Hilfe verbesserte ländliche Infrastruktur blieb ungenutzt. Vielmehr ließ auch hier die lokale Eigenerzeugung nach und der Konsum von importierten Basisnahrungsmitteln und sonstigen importierten Konsumgütern nahm entsprechend zu. Wer es gewohnt war, sein Geld mit einer Produktivität von DM 3000 pro Monat zu verdienen, war nicht mehr zu bewegen, sich bei noch größerer Anstrengung nur mit DM 300 pro Monat zufriedenzugeben. Und wer nicht das Glück hatte, DM 3000 zu verdienen, während sein Bruder oder sein Vetter dieses Glück hatte, war entmutigt und versuchte, am Reichtum des Verwandten zu partizipieren.

So schädlich dieses Verhalten für ihre Heimatländer und deren wirtschaftliche und soziale Entwicklung ist – u. a. hat es auch zu einer beschleunigten Inflation beigetragen –, verurteilen können wir dieses Verhalten nicht, ohne uns zuvor die Rahmenbedingungen zu vergegenwärtigen, unter denen diese Menschen leben.

Eine entwicklungspolitisch zu fordernde produktive Verwendung von Gastarbeiterüberweisungen setzt im Heimatland eine unternehmerische Tätigkeit voraus, ist also vorrangig eine Aufgabe der Eliten in den Heimatländern (wir bezeichnen sie in diesem Buch als die »lokalen Eliten«). Unsere ausländischen Beschäftigten gehören in aller Regel nicht zu diesen Eliten. Sie entstammen meist dem kleinbäuerlichen Milieu.

Diese kleinbäuerliche Bevölkerung zu höherer Produktion und Produktivität zu bringen, ist das Hauptziel meiner Arbeit in der Entwicklungshilfe seit 1968 gewesen. Ich glaube, in dieser Zeit eine Vorstellung von der Produktions- und Innovationsfreudigkeit dieses Bevölkerungsteils gewonnen zu haben. Ihre tradierte Aufgabe ist die der Subsistenzwirtschaft*.

Es würde jeder Erfahrung widersprechen, anzunehmen, daß mehr als eine Minderheit von 10 bis 20% dieser Kleinbauern die persönlichen Voraussetzungen dafür mitbringen, ihre Wirtschaft auch unter intensiver Beratung auf eine moderne marktorientierte Produktion unter Wettbewerbsbedingungen umzustellen. Auch bei uns war dies nicht der Fall, ganz abgesehen davon, daß ein höherer Prozentsatz als 10 bis 20% in einer modernen Volkswirtschaft selbst bei hohem Agraranteil im Bruttoinlandsprodukt gar nicht benötigt wird. In der BRD liegt dieser Anteil heute bei 2 bis 3% der Erwerbstätigen.

Selbst bei günstigen sonstigen Rahmenbedingungen in der landwirtschaftlichen Produktion darf es folglich nicht verwundern, wenn nur ein kleiner Teil jener Familien, aus denen unsere ausländischen Beschäftigten überwiegend stammen, produktive Verwendungen der Mittel, die sie nach Hause überweisen, finden. Wie wir aber noch sehen werden, sind die Rahmenbedingungen in der landwirtschaftlichen Produktion keineswegs günstig.

Bei meinen zahlreichen Interviews im kleinbäuerlichen Milieu stelle ich den Familienchefs immer wieder die Frage: Was würden Sie mit einer größeren Summe Geldes tun, wenn Sie diese, beispielsweise in der Lotterie, gewinnen würden. Auf diese hypothetische Frage können mir dann auch jene Familienchefs antworten, die keinen Sohn im westlichen Ausland in Arbeit und Lohn wissen und mit entsprechenden größeren Summen nicht rechnen können und folglich auch gar nicht ohne weiteres die Möglichkeit haben, dieses Geld für westliche Importwaren auszugeben. Jene Inhaber landwirtschaftlicher Kleinbetriebe, die spontan eine größere Summe in die Ausweitung ihrer Produktion oder gar in die Verbesserung ihrer Produktivität investieren und dieser Investi-

---

* Subsistenzwirtschaft besteht in der überwiegenden Produktion für den Eigenbedarf. Überschüsse werden lediglich vermarktet, um mit dem Erlös Waren des täglichen Bedarfs (Kleidung, Handwerkszeug etc.) zu kaufen.

tion Priorität vor anderen Ausgaben geben würden, liegen unter 5 %. Die vorrangig genannten Ausgabenwünsche liegen fast immer im spekulativen Bereich: städtischer Grundbeseitz, Viehkauf oder Steigerung des Prestiges. In den islamischen Ländern heißt dies meist Kauf einer weiteren Frau oder Reise nach Mekka.

Wie steht es mit dem Wechsel vom landwirtschaftlichen Subsistenzmilieu in das handwerklich-gewerbliche Milieu? Gemessen an der handwerklichen Ausbildung, die unsere ausländischen Beschäftigten in der BRD erhalten, erscheinen sie auf den ersten Blick am besten geeignet, diesen Wechsel zu unternehmen. Meiner Erfahrung nach liegt aber auch hier die Rate jener ausländischen Beschäftigten, die später in ihrem Heimatland erfolgreich eine selbständige handwerkliche Existenz gründen, bei unter 5 %. Eine Arbeit am deutschen Fließband ist eben etwas völlig anderes, als das handwerkliche Wirtschaften auf eigenes Risiko im Heimatland*.

Wie wir es drehen und wenden, die Aufgabe der Produktion über die Subsistenz hinaus, erst recht die innovative Umgestaltung der Produktion, ist Sache einer schöpferischen Minderheit tradierter oder neu aufstrebender Eliten.

Ihre Aufgabe ist es, die Devisenzuflüsse durch jenen Teil der Gastarbeiterüberweisungen, der in bar – und nicht in importierten Konsumgütern – geleistet wird und folglich der Zentralbank des Heimatlandes zur Bezahlung von importierten industriellen Ausrüstungsgütern zur Verfügung steht, zu unternehmerischen Investitionen zu nutzen. Die unternehmerischen Eliten haben also die Möglichkeit, der für ihre Heimatländer entwicklungsschädlichen Wirkung ausländischer Beschäftigung (Reduzierung des Interesses an Eigenproduktion, hohe Präferenz für importierte Konsumgüter) entgegenzuwirken und Devisenzuflüsse der Gastarbeiter dabei produktiv zu verwenden. Wir haben daher in einem besonderen Kapitel der Frage nachzugehen, ob sie diese Möglichkeit auch nutzen. Zunächst verdient jedoch einer der negativen Aspekte der Beschäftigung ausländischer Arbeitskräfte in ihren Heimatländern, nämlich der Abbau landwirtschaftlicher Eigenversorgung, verbunden mit dem wachsenden Rückgriff auf importierte Grundnahrungsmittel, eine nähere Erläuterung.

---

* Eine positive Ausnahme ist nur in Regionen mit hohem Tourismus zu erkennen. Hier sind Betriebsgründungen im Bereich der Gastronomie häufig.

2 Agrarüberschüsse aus Nord und West gegen Arbeitskräfte aus Süd und Ost

So einfach ist es für arme Länder nicht, harte Devisen für den Kauf von Grundnahrungsmitteln auszugeben. Und muß es trotz Gastarbeiterüberweisungen entwicklungspolitisch nicht als ein Widersinn erscheinen, wenn ausgerechnet jene Produkte, welche die armen Länder bislang stets selbst erzeugen konnten, nämlich ihre Grundnahrungsmittel, gegen harte Devisen importiert werden, die dann für den Import moderner Technologie nicht zur Verfügung stehen?

Die Antwort lautet: Das durch die Gastarbeitertätigkeit – aber nicht durch diese allein – bewirkte zunehmende Ausweichen auf Nahrungsmittelimporte wäre in seinem heutigen Umfang nie möglich gewesen, der Zwang zur Eigenversorgung wäre weitgehend erhalten geblieben, hätten hier nicht die westlichen Industrieländer kräftig nachgeholfen.

Sie erzeugen ja nicht nur Überschüsse an industriellen Gütern, sondern haben aufgrund einer verfehlten Agrarpolitik schon seit 30 Jahren landwirtschaftliche Überschüsse auf den Weltmarkt gebracht, und dies in wachsendem Umfang, die im Grunde niemand haben wollte: Zuerst den Weizen, dann den Zucker und schließlich Eiweiß, Öle und Fette. Um sie loszuwerden, mußten sie zu Dumpingpreisen angeboten werden, oder man mußte sie gänzlich verschenken.

Wer solche »Sonderangebote« auf dem Weltmarkt annahm, war den westlichen Überschußländern gleichgültig. Es ging um eine Subventionierung der eigenen Landwirtschaft zu Lasten des Steuerzahlers, aber man war froh, wenn man dem murrenden Steuerzahler beweisen konnte, daß man damit nicht nur der eigenen Landwirtschaft unter die Arme greife, sondern auch den armen Völkern in der Dritten Welt Hilfe leiste. Mit solchen Argumenten wurde die Entwicklungshilfe vor 30 Jahren geboren.

Es ist bezeichnend, daß sich die westlichen Industriestaaten untereinander nur sehr ungerne mit landwirtschaftlichen Überschüssen beschenken lassen, sich ganz im Gegenteil solche Geschenk- und Dumpingpraktiken energisch verbitten. Die EG schützt sich gegenüber amerikanischen Dumpingpraktiken massiv, z. B. bei Weizen und Soja durch Zölle und Abgaben, denn wir Europäer wissen, daß solche Dumpinggeschenke Danaergeschenke sind. Sie legen die eigene Produktion still, sie erzeugen Arbeitslosigkeit, und ihre Annahme würde bedeuten, ein Feld im Wettbewerb kampflos zu räumen, vor der vorübergehenden finanziellen Überlegenheit des Gegners die Waffen zu strecken, ohne den Versuch zu wagen, einer überlegenen Auslandskonkurrenz durch neue Produkte oder Produktivitätssteigerung Paroli zu bieten.

Nein, wir verbitten uns zu Recht solche Geschenke, und obwohl wir unermüdlich dem Rest der Welt die Wohlfahrtsvorteile ungehinderten Freihandels vorrechnen, schützen wir unsere Märkte ungeniert überall dort, wo uns die

Auslandskonkurrenz gefährlich wird, nicht nur bei Weizen und pflanzlichen Ölen, sondern auch bei Textilien, Computern und Automobilen, bei welchen wir dem Fernen Osten Selbstbeschränkungsverpflichtungen abtrotzen.

Ausgerechnet aber gegenüber jenem Teil der Welt, der dringend mehr produzieren muß, der Millionen neue Arbeitsplärze braucht und der im Wettbewerb noch nicht mithalten kann, weil er vor 30 Jahren erst am Anfang eines grundlegenden Innovationsprozesses stand, eben gegenüber jenen Entwicklungsländern haben wir es mit Erfolg verstanden, unser produktionshemmendes Abladen von Überschüssen nicht nur durchzusetzen, sondern es auch noch mit dem Heiligenschein christlicher Nächstenliebe zu drapieren.

Im Verkehr zwischen Industrieländern spricht man bei solchem Vorgehen von Handelskrieg – ich erinnere an den Hähnchenkrieg, den Weinkrieg, den Sojakrieg bis hin zu der gegenwärtigen nervenzehrenden Uruguay-Runde in den GATT-Verhandlungen, verbunden mit Drohungen zwischen USA und EG. Das gleiche Vorgehen gegenüber den armen Ländern der Dritten Welt bezeichnen wir aber als Entwicklungshilfe!

In seinem hervorragenden Buch »A Bent in the River« schreibt der Inder V. S. NAIPAUL über die Europäer der Kolonialzeit: »The Europeans wantet gold and slaves, like everybody else; but at the same time they wanted statues put up to themselves as people who had done good things for the slaves. Being an intelligent and energetic people, and at the peak of their powers, they could express both sides of their civilization; and they got both the slaves and the statues.«

Nun, wir Europäer haben die Heuchelei nicht erfunden, aber wir haben darin zweifellos ein besonderes Maß an subtiler Gestaltungskraft entwickelt. Beim Unterbringen unserer Nahrungsmittelüberschüsse in den armen Ländern haben wir vor allem zwei Passierscheine entwickelt, die der Öffentlichkeit immer wieder als moralisch einwandfrei vorgestellt werden, verbunden mit massiven Spendenaufrufen: Die Katastrophenhilfe und die Unterstützung der Armen.

Bei der Katastrophenhilfe lehrt die Erfahrung, daß häufig ein Vielfaches dessen an Nahrungsmitteln und sonstigen Hilfsgütern geliefert wird, das zur Beseitigung der akuten Lebensgefahr der Menschen erforderlich ist, und daß man regelmäßig ignoriert, welche Hilfe aus der betroffenen Region selbst mobilisiert werden kann. Seit wenigstens 25 Jahren werden diese Mißstände bei der Katastrophenhilfe kritisiert, ohne daß eine Besserung der Situation eingetreten wäre. Vor allem scheint niemand daran zu denken, daß die lokale Eigenvorsorge auch für den Katastrophenfall mit zu jener Selbsthilfe gehört, zu deren Förderung wir stets vorgeben, beitragen zu wollen. Allein die Tatsache, daß nach 30 Jahren Entwicklungshilfe eine Nahrungsmittelhilfe im Katastrophenfall in fast allen armen Ländern der Dritten Welt immer noch regelmäßig aus dem Ausland kommt, spricht ein deutliches Urteil über den wahren Charakter dieser »Hilfe«. Seit 30 Jahren heben die Organisatoren der Katastrophenhilfe bei jeder Sendung beschwörend die Arme und beteuern, daß die Nahrungsmittelsendung natürlich nur der Abwendung einer akuten Hungersnot diene und solche Maßnahmen alsbald durch Entwicklungsprojekte zur Hebung der Eigenversorgung abgelöst werden und sich dann künftig erübrigen würden.

Daß die sog. Katastrophenhilfe überwiegend ein knallhartes Geschäft zum Abladen von Überschüssen ist und im Empfängerland überwiegend Schaden anrichtet, zeigte sich nirgends so deutlich wie am Beispiel Äthiopiens unter der vierzehnjährigen Gewaltherrschaft MENGISTUs. Meine Tageszeitung hat während dieser 14 Jahre unzählige Spendenaufrufe der Kirchen und anderer Hilfsorganisationen veröffentlicht, die während der ganzen Zeit nie Zweifel daran gelassen hatten, daß unsere Spenden hilfreich und unerläßlich seien.

Nachdem MENGISTU endlich gestürzt war, berichtete sie im September 1991 unter der Überschrift »Hungerhilfe hat Bürgerkrieg in Äthiopien verlängert«, was die Menschenrechtsorganisation »AFRICA WATCH« in einer Dokumentation hierzu vermerkte: »Die Hungerhilfe der Vereinten Nationen und anderer Hilfseinrichtungen in Äthiopien hat dazu beigetragen, daß sich das Regime des kommunistischen Diktators MENGISTU an der Macht halten konnte und der Bürgerkrieg künstlich verlängert wurde ... Die UNO habe die massive Zweckentfremdung von Hilfsgeldern gedeckt ... Die EG gab umfassende Hilfen, ohne daß sie irgendwelche Fragen stellte ... Bei der großen Hungerkatastrophe in Tigre 1983/84, bei der mindestens 400 000 Menschen ums Leben kamen, gab es im Norden Äthiopiens große Lebensmittelüberschüsse. Die Regierung habe jedoch Hilfe für die Hungernden verhindert. Die Lebensmittelhilfe der UNO und anderer Organisationen sei zu 90% an die Regierungsseite und nur zu 10% an die Rebellen gegangen. Dabei habe sich der weitaus größte Teil der Hungergebiete in der Hand der Rebellen befunden. Während der vierzehnjährigen Herrschaft MENGISTUs seien die westlichen Hilfen von 105 Millionen auf mehr als eine Milliarde $ im Jahr gestiegen.« (Vgl. Anlage 2)

Die Bemerkung, »die EG gab umfassende Hilfen, ohne daß sie irgendwelche Fragen stellte«, spricht Bände. Sie zeigt einmal mehr: Das Leitmotiv ist die Unterstützung jener, welche diese Überschüsse produzieren, die Katastrophe ist der Aufhänger, die Überschüsse mit Hilfe von Steuergeldern und Spenden loszuwerden. Und daher stellt niemand die Frage, ob die Mittel nach Art und Umfang benötigt, ob sie schon im Empfangshafen verderben oder geplündert werden, oder an jene verteilt, die gar nicht von der Katastrophe betroffen bzw., wie im Falle Äthiopiens, hauptsächlich an jene verteilt werden, die für die Katastrophe verantwortlich sind ... oder ob die Hilfe vielleicht der Grund dafür ist, daß die Empfängerländer von Katastrophe zu Katastrophe weniger in der Lage sind, sich selbst zu helfen.

Ich komme zum zweiten Passierschein, mit welchem wir das Abladen unserer Überschüsse als einen Akt christlicher Nächstenliebe deklarieren: die Armenhilfe.

Jede Sachspende an die Armen in der Dritten Welt, etwa das Verschiffen gebrauchter Kleidung, kann scheinbar plausibel damit begründet werden, die

Empfänger hätten nicht die Mittel, um diese Produkte aus lokaler Produktion zu bezahlen.

Hierzu ein praktisches Beispiel aus jüngster Zeit.

Die Dominikanerin MANSUETA MEISTER, Missionsreferentin im Eichstätter Bischöflichen Ordinariat, wagte es, Kirchenfunktionäre vor den schädlichen Folgen von Altkleiderspenden aus Deutschland und anderen Industrienationen für die Bevölkerung Afrikas zu warnen, und bewies damit eine für eine Dienerin der Kirche höchst seltene entwicklungspolitische Aufgeschlossenheit (vgl. Anlage 3): »Verteilung oder Billigstverkauf von Kleidung aus dem Ausland behindere die Entwicklung von Handwerk und Textilindustrie in den Empfängerländern. Es sei deshalb verständlich, daß Kleiderspenden von seiten afrikanischer Regierungen nicht gerne gesehen werden und schon ganze Ladungen etwa im Hafen von Mombasa verbrannt wurden. Die Ordensfrau warnt Missionare davor, Afrika aus falschem Mitleid Kleidung aus Deutschland auszuhändigen. Die gutmeinend gespendeten Altkleider trügen zum Untergang einheimischer Kultur bei, behinderten die körperliche Entwicklung der Empfänger und führten zu Ungeziefer, Flechten und Krankheiten. Die Lagerung von Kleiderspenden in Missionsstationen hat nach Darstellung der Dominikanerin öfters schon zu Überfällen auf solche Einrichtungen geführt und dadurch die kirchliche Sozialarbeit insgesamt, beispielsweise in einem Slumviertel von Lusaka, in Frage gestellt.«

Die Hauptverantwortlichen für die solchermaßen aus den eigenen Reihen kritisierten Altkleidersendungen konterten prompt. Ich zitiere die SCHWÄBISCHE ZEITUNG vom 25.8.1991 (vgl. Anlage 3):

»Die katholischen Verbände im Bistum Rottenburg/Stuttgart werden weiter gebrauchte Kleider gezielt in Entwicklungsländer schicken. Nur Gutes werde damit geschaffen, nichts geriet in falsche Hände, es wäre zynisch, die Ärmsten in Lumpen liegen zu lassen, erklärte der Vorsitzende des Ausschusses Mission und Entwicklungshilfe der Verbändearbeitsgemeinschaft (AKO), HERMANN SCHAM.

Die Sammelzentrale in Laupheim versuche im Gegenteil, den vielen Anfragen nachzukommen und den jährlichen Versand nach Übersee von 600 auf 800 Tonnen zu steigern. SCHAM verwies darauf, daß der von Kirchenleuten vor Ort angeforderte und überwachte Kleiderversand – Wiederverwertung statt Mülltonne – Arbeitsplätze in Entwicklungsländern erst schaffe. In Ländern mit Textilindustrie liefere die AKO nicht. Eine Fülle von Dankbriefen aus Afrika und Südamerika bestätige, daß sich Tausende von Familien dort Neues aus heimischer Produktion nicht leisten können. Sie seien auf Gebrauchtkleidung angewiesen. Dafür habe sich ein regelrechter Markt entwickelt. Weitere Arbeitsplätze entstünden auch bei Näh- und Änderungsstuben.«

Zunächst ist die Behauptung, in Länder mit Textilindustrie würde keine Altkleidung geliefert, die grobe Unwahrheit. Ich habe in über 25 Ländern Afrikas und Lateinamerikas gearbeitet und bin stets auf gespendete europäische Altkleidung bei der Bevölkerung gestoßen. Der größte Teil dieser Länder verfügte über die Voraussetzugnen für den Baumwollanbau und damit über einen (nachwachsenden und ökologisch einwandfreien) Rohstoff für die Textilindustrie. Von einer eigenen Rohstoffbasis aber völlig unabhängig ist die Konfektionsindustrie, welche aus Textilien Bekleidung herstellt. In allen afrikanischen Ländern gibt es seit Jahrzehnten eine handwerkliche Konfektionsindustrie, die teils aus selbstgewobenen Textilien, teils aus importierten ostasiatischen Stoffen Bekleidung herstellt. Das gleiche gilt von den Ländern Lateinamerikas und des Orients.

Man kann also ganz im Gegenteil feststellen, daß unsere Kleiderspenden in allen Ländern der Welt schädlich sind und die lokale Eigenproduktion substituieren. Und wer durch Altkleiderspenden 50 Arbeitsplätze kaputtmacht, sollte sich nicht damit brüsten, vielleicht einen Arbeitsplatz von diesen 50 durch Änderungsschneiderei* zu erhalten.

Wenn die Kirchen etwas für die Armen, die den lokalen Preis für ein Kleidungsstück nicht bezahlen können, tun wollen: Warum werden die Mittel für den teuren und umweltschädigenden Transport unserer Altkleider nicht benutzt, um die Kleidung aus lokaler Produktion auf einen akzeptablen Preis herunterzusubventionieren? Eine Maßnahme, die mit großer Selbstverständlichkeit alle reichen Industrieländer bei den Sozialleistungen für ihre eigene Bevölkerung unternehmen.

Was würde denn geschehen, wenn der riesige Etat, über den unser Sozialminister NORBERT BLÜM verfügt, dazu benutzt würde, um die Transport- und Verteilungskosten für amerikanische Carepakete zu bezahlen, die dann an unsere arme Bevölkerung zur Verteilung kämen? Deutschland wäre in wenigen Jahren ein Armenhaus und der Etat des Sozialministeriums verschwindend klein, weil es das Steueraufkommen unserer blühenden Industrie mangels Beschäftigung nicht mehr gäbe.

Was die Kirchen mit ihren Sachspenden aus westlicher Produktion unternehmen, hat für die Bevölkerung der Empfängerländer also nur negative Wirkungen und kann durch nichts gerechtfertigt werden. Da man nicht annehmen kann, daß leitende Kirchenfunktionäre, wie etwa Herr SCHAM, die tatsächlichen wirtschaftlichen und sozialen Wirkungen ihrer importierten Sachspenden ignorieren, stellt sich die Frage, warum sie solche Maßnahmen mit dreister Hartnäckigkeit weiter betreiben. Sie wird uns an anderer Stelle beschäftigen.

Was den Kirchen recht ist, kann manchem hypokritischen Geschäftsmann nur billig sein. Der Gipfel an »Hilfsbereitschaft« wurde erst Ende 1990 durch die private Initiative eines Schuhhändlers aus Peine erreicht, der zur mildtätigen Spende gebrauchter Schuhe aufrief und Schiffsladungen solcher Spenden in die armen Länder der Dritten Welt organisierte (vgl. Anlage 4).

---

* Bei der zahlreich gespendeten Bekleidung, der ich auf meinen Reisen begegnete, hatte ich nie den Eindruck, daß sie Gegenstand von Änderungsschneiderei gewesen waren. In den meisten Fällen wäre so etwas sinnlos und unterbleibt daher.

Auch Herr REGENTHAL, wie schon zuvor Herr SCHAM, hat sich weniger Gedanken darüber gemacht, was seine Hilfssendung in Afrika bewirkt, als darüber, was sie wohl auf dem Schuhmarkt seiner Heimatregion erreicht. Dort belebt sie zweifellos das Geschäft mit neuen Schuhen, denn zahlreiche Spender werden sich nun im naiven Glauben, ein gutes Werk zu tun, rascher zur Hergabe gebrauchter und damit zur Anschaffung neuer Schuhe bewegen lassen, und die Verschiffung der gebrauchten Schuhe ins ferne Afrika stellte sicher, daß auch die 1990 und 1991 ins Land gekommenen Asylanten und Aussiedler in der BRD mit neuen Schuhen versorgt werden mußten.

Was das ferne Afrika betrifft, so wird man vergeblich darauf hinweisen, daß es dort schon seit Jahrhunderten reiche und arme Leute gab und daß sich auch die Armen wenigstens mit einfachen Sandalen aus lokaler Produktion versehen konnten, wenn sie dies wollten. Man wird vergeblich darauf hinweisen, daß die weltweit operierende Firma BATA mit ihren Billigsandalen aus Kunststoff auch dort die Märkte schon überschwemmt hat. Auch der Hinweis, daß gerade den ärmsten Ländern Afrikas der Rohstoff Rindsleder in Fülle zur Verfügung steht, wird wohl ungehört bleiben. Nur die Unverfrorenheit, mit der Herr REGENTHAL seinen rücksichtslosen Geschäftssinn als Nächstenliebe anbietet, geht wohl auf keine Kuhhaut mehr!

Kehren wir von der mehr exotischen Kuriosität des Gebrauchtschuhexports zurück zu den ganz und gar nicht exotischen westlichen Nahrungsmittelexporten.

Natürlich sind es hier nicht die Kirchen und die Hilfsorganisationen in erster Line, die sich vor den Wagen einer überzogenen Exportlobby spannen lassen, aber – und das muß klar herausgestellt werden – sie gehören mit dazu. Die Hauptverantwortlichen sind die westlichen Regierungen, die solche Überschüsse, die niemand haben will, erst durch Preisstützung entstehen lassen, um sie anschließend für den Weltmarkt herunterzusubventionieren, bzw. gänzlich an die Regierungen der armen Länder zu verschenken. Damit dies möglichst reibungslos und unauffällig geschehen kann, wurden Einrichtungen wie das Welternährungsprogramm der VEREINTEN NATIONEN geschaffen. Die geschenkweise Belieferung der armen Länder mit Getreide erfolgt nach der Food Aid Convention. Ihr Volumen hat sich von 1968 bis 1988 von etwa 4,2 Mio Tonnen Getreide auf etwa 13 Mio Tonnen verdreifacht. Hinzu kommen andere Nahrungsmittel.

Weit höher als die reinen Geschenklieferungen liegen die kommerziellen Importe, ihr Getreidenateil erreichte bis 1988 110 Mio Tonnen. Auch bei diesen sog. kommerziellen Lieferungen ist der Geschenkanteil sehr hoch, weil sie zu Dumpingpreisen auf dem Weltmarkt angeboten und nur deshalb genommen werden.

Die Getreideexportlobbyisten verteidigen ihr Verhalten mit dem Hinweis, daß die 100 Mio Tonnen kommerzielle und die 13 Mio Tonnen Hilfssendungen nur etwa 12 bis 15% der Eigenproduktion der Empfängerländer ausmachen. Solche Gesamtdurchschnitte, in denen die Produktion von Ländern wie

Indien und China eingerechnet sind, täuschen jedoch über die Tatsache hinweg, daß wir zahllose arme Länder der Dritten Welt ohne jede Notwendigkeit in eine totale Abhängigkeit von westlichen Grundnahrungsmittelimporten gebracht haben, indem erstere inzwischen ein Drittel bis die Hälfte ihres Bedarfs an Grundnahrungsmitteln importieren, ohne im entferntesten über die Deviseneinnahmen zu solchen Importen zu verfügen.

Wie die Statistiken der WELTBANK allein bei Getreideimporten und Getreidehilfssendungen zeigen (vgl. Anlage 5), lagen diese 1989 bei den Ländern der niedrigsten Einkommensgruppe bei 11,1% ihres Bedarfs (mit 34% Geschenklieferungen) und bei der nächsthöheren Einkommensgruppe, zu der Länder wie Senegal, Marokko, Tunesien, Jemen und die Türkei gehören, bei sage und schreibe 58% (mit 9% Geschenklieferungen)! In Wirklichkeit ist aber der Geschenkanteil dieser Getreidelieferungen viel höher, weil sie durch massive Preissubventionierung der westlichen Überschußländer auf den Weltmarkt kommen. Anlage 6 liefert eine Statistik über den Anteil der landwirtschaftlichen Erzeugereinkommen, der nicht über den Preis, sondern durch staatliche Unterstützung einschließlich Importbeschränkungen zustande kommt. Je nach Getreideart liegt er bei der EG und den USA zwischen 25% und 47%. Das Ergebnis ist, daß selbst beim niedrigen Lohnniveau der Entwicklungsländer nur wenige, wie z. B. Thailand, bereit sind, zum Weltmarktpreis auf dem Weltmarkt anzubieten, vielmehr dazu korrumpiert werden, die eigene Getreideproduktion zugunsten von Billigimporten massiv einzuschränken.

Zwei Beispiele unter vielen: 1987 bereiste ich Guinea Bissau, ein Jahr darauf Gambia. Beide Länder sind so klein, daß sie im Entwicklungsbericht der WELTBANK nicht vorkommen. Aber die westliche Agrarlobby hat sie nichtsdestoweniger längst entdeckt. In der Weltbankstatistik würden sie zur Gruppe mit den niedrigsten Pro-Kopf-Einkommen zählen. 1987/88 waren beide Länder trotz rasch wachsender Bevölkerung noch weit davon entfernt, ihr landwirtschaftliches Potential voll zu nutzen, importierten aber etwa 50% ihres Bedarfs an Getreide, und hiervon waren die Hälfte unentgeltliche Hilfssendungen.

Vor Ort begegnete ich einem Food-for-work-Projekt der deutschen WELTHUNGERHILFE. Hier wurden Arbeiten zur Verbesserung der ländlichen Infrastruktur unternommen, wie Wege- und Brückenbau, Renovierung von Erddämmen im bewässerten Reisanbau. So gut, so schön. Aber weshalb mußten diese Arbeiten mit importiertem Reis entlohnt werden und nicht mit Geld, das zur Stimulierung lokaler Produktion hätte dienen können?

Die WELTHUNGERHILFE und andere Organisationen glauben, solchen Einwänden schon dann enthoben zu sein, wenn sie Nahrungsmittel aus anderen Entwicklungsländern importieren, im Falle Guinea Bissaus und Gambias z. B. thailändischen Bruchreis, der in Westafrika zu niedrigen Preisen angeboten wird. Es mag sein, daß Thailand Reis ungleich billiger produzieren kann als Guinea Bissau oder Gambia. Solange diese Länder aber nicht ihr landwirtschaftliches Potential ausschöpfen – gleichgültig mit welchen Anbaukulturen – und auch auf dem gewerblichen Sektor weit davon entfernt sind, vollbeschäftigt zu sein und dadurch ausreichend Devisen zum Ankauf von thailändischem Reis zu erwirtschaften, gibt es keine Rechtfertigung, Reis geschenkweise ins Land zu bringen. Jeder Sack Reis, der damals in diese Länder kam, war kontraproduktiv, war importierte Arbeitslosigkeit und daher schädlich, ganz gleich, welche Arbeiten damit entlohnt wurden.

Wer zwei Herren zugleich dienen will, wie die WELTHUNGERHILFE, verliert dabei leicht sein Gesicht. Und wenn einer der beiden Herren, nämlich die westlichen Industrieländer, ausschließlich das Sagen hat, wird das Ganze vollends zur Farce.

Den Originalton des Westens in Sachen Nahrungsmittelhilfe hat GRAHAM HANCOCK in seinem lesenswerten Buch »Händler der Armut« in drei Zitaten zusammengefaßt:

Senator HUBERT HUMPHREY 1957: »Ich habe gehört, daß Menschen durch Nahrungsmittel von uns abhängig werden könnten. Für mich ist das eine gute Nachricht – denn bevor Menschen etwas tun können, müssen sie essen. Und wenn wir nach einer Möglichkeit suchen, Menschen dazu zu bringen, daß sie sich auf uns verlassen und auf uns angewiesen sind, und zwar in dem Sinne, daß sie mit uns zusammenarbeiten, dann, so meine ich, ist Abhängigkeit durch Nahrungsmittel eine großartige Sache.«

Präsident J. F. KENNEDY 1961: »Auslandshilfe ist eine Methode, durch die sich die Vereinigten Staaten in aller Welt eine mächtige und einflußreiche Position erhalten und zahlreiche Länder versorgen, die andernfalls zusammenbrechen oder in den kommunistischen Block abdriften würden.«

Präsident RICHARD NIXON 1968: »Wir wollen eines nicht vergessen: Das Hauptziel unserer Hilfe ist nicht, anderen Nationen zu helfen, sondern uns selbst.«

Man muß diesen drei Politikern hoch anrechnen, daß sie ihre Meinung offen sagten und nicht, wie die meisten ihrer Kollegen, ihr Tun mit salbungsvollen Worten der Nächstenliebe kaschierten. Am Ende wundern wir uns nicht, wenn Politiker ausschließlich dem kurzfristigen Interesse ihrer Länder oder einzelner Gruppen in diesen Ländern dienen, auch wenn sie uns erzählen, daß sie die ganze Menschheit beglücken wollen.

Was uns aber überaus wundern muß, ist, wie es möglich war, daß die Länder der Dritten Welt das schädliche Verhalten der westlichen Industrieländer offensichtlich ohne ernsthafte Abwehr seit 30 Jahren akzeptierten.

3 Die lokalen Eliten

Wie kommt es, daß sich die Eliten dieser Länder mit Entwicklungen, wie der zunehmenden Abwanderung ihrer Arbeitskräfte und dem zunehmenden Import von Gütern, die in ihren Ländern selbst produziert werden könnten, zwei entwicklungsschädlichen Einflüssen also, einverstanden erklären und diese sogar noch unterstützen? Entwicklungen, die – würden sie sich in den westlichen Industrieländern abspielen – unverzüglich Abwehrreaktionen bei Bevölkerung wie Regierung auslösen würden.

Die Tatsache, daß die Eliten dieser Länder offenbar auf breiter Front bereit waren, die Wahrnehmung der Interessen ihrer Länder aufzugeben, um sich den Interessen fremder Mächte zu beugen, ist die eigentliche Tragik der armen Länder, und sie ist weit schlimmer als die materielle Armut, in der ihre Bevölkerungen leben, denn sie hat zu einem umfassenden Identitätsverlust dieser Bevölkerungen geführt und ihre Lage, solange dies so bleibt, ausweglos gemacht. Sie betrifft die schwarzafrikanischen Länder ebenso wie die Länder Nordafrikas, die Länder des Vorderen Orients ebenso wie die Staaten Lateinamerikas. Völker also mit sehr unterschiedlichem kulturellen Erbe und sehr unterschiedlicher Vergangenheit, was ihre Beziehungen zu Europa und Nordamerika anbelangt.

Sie alle aber sind Völker, von denen wir annehmen müssen, daß sie ihre Heimat lieben, sich mit ihrem kulturellen Erbe verbunden fühlen und großen Wert auf ihre Unabhängigkeit legen.

Schon auf den ersten Blick scheint es unmöglich, die Eliten dieser äußerst heterogenen Staaten und Völker über einen Leisten scheren zu wollen, und dennoch, bei aller Vielfalt, sind ihnen zwei Dinge gemeinsam: Die Länder, für die sie Verantwortung tragen, sind arm, und sie sind arm, weil sie – ihre Eliten – an ihrer Aufgabe scheiterten. Und was ihre Völker bei aller Unterschiedlichkeit des geschichtlichen Erbes gleichmacht ist: Sie leben nicht etwa in klassischer Armut und Bescheidenheit, die manchem konsumüberdrüssigem Westler fast erstrebenswert erscheint, sie leben bequemer als noch vor 40 Jahren, aber sie leben in einem Gefühl wachsender Selbstaufgabe und Verantwortungslosigkeit wegen des Fehlens jeglicher aufwärtsgerichteter Perspektiven.

Die aus dem Westen schon seit Jahrzehnten importierte medizinische Versorgung hat zu einem Wachstum ihrer Bevölkerung zwischen 2 und 4% per annum geführt – was eine Bevölkerungsverdoppelung in 35 bis 18 Jahren bedeutet – und damit zu einem in der Geschichte in diesem Ausmaß beispiellosen Dynamisierungsprozeß. Um die Dynamik im Bevölkerungswachstum sozial und wirtschaftlich zu beherrschen, mußte sie von einem ebenso beispiellosen Innovations- und Wachstumsprozeß in Wirtschaft und Gesellschaft begleitet sein.

Dieser Herausforderung haben sich die Eliten in den armen Ländern der Dritten Welt bis heute nicht oder nur sehr unzureichend gestellt. Entscheidendes Hindernis war ihr Unvermögen in der Akzeptanz einer neuen Cheffunktion und damit verbunden in einer veränderten Haltung zur ausführenden Arbeit. Ihre Haltung zur ausführenden Arbeit entspricht noch heute weitgehend der in der Antike üblichen: Der Chef arbeitet nicht, er ruht, er repräsentiert, er hält die Macht in seinen Händen und paßt auf, daß sie ihm kein Nebenbuhler streitig macht, aber er arbeitet nicht. Ausführende Arbeit ist Sklavensache und daher jenseits seines Interesses. Mit dieser Haltung zur Arbeit blieb denn auch die Technologie der Antike über Jahrhunderte unverändert.

Sie konnte sich erst dann ändern, als die Eliten begannen, sich für ausführende Arbeit zu interessieren. Die Entwicklung und praktische Anwendung technisch-wissenschaftlicher Intelligenz war in unserer westlichen Zivilisation – wie wir alle wissen – ein allmählicher Prozeß, der schon im 15. Jahrhundert begann und zu einer langsamen Ablösung der feudalen durch die bürgerlichen Eliten führte, wobei der private, im Wettbewerb arbeitende Unternehmer zum entscheidenden Motor wirtschaftlichen und sozialen Wandels wurde.

Ein solcher Wandel hatte sich bei den schwarzafrikanischen Völkern bis zu deren Unabhängigkeit noch gar nicht vollzogen, in den arabisch-islamischen Ländern nur in ersten Ansätzen und in den lateinamerikanischen Ländern war er – grob gesprochen – erst auf halbem Wege angelangt.

Nun besteht kein Zweifel, daß ein solcher Innovationsprozeß mit all seinen gesellschaftlichen Umwälzungen heute keine Angelegenheit von Jahrhunderten mehr ist, sondern nur von Jahrzehnten. Wir stellen aber heute, drei Jahrzehnte nachdem das Gros der afrikanischen Länder seine Unabhängigkeit erlangte, mit Verwunderung fest, daß westliche Technologie zwar auf dem afrikanischen Kontinent überall präsent ist, ohne daß sich jedoch das schwarzafrikanische oder das arabische Chefverständnis nennenswert von dem der Antike entfernt hat. Heute kann man in jeder schwarzafrikanischen Kleinstadt angelernte Mechaniker antreffen, die in der Lage sind, die Aggregate eines Kraftfahrzeugs in ihre Einzelteile zu zerlegen und repariert wieder zusammenzufügen mit Hilfsmitteln, angesichts derer ein deutscher KFZ-Meister die Arbeit verweigern würde, aber man trifft auf diesem Kontinent kaum einen schwarzafrikanischen Diplomingenieur an, der eine Fertigungshalle eingerichtet und dort die Herstellung einer Maschine organisiert hat.

Diese Tätigkeit wird von den Eliten weiterhin als »Sklavenarbeit« betrachtet, und weil sie technisch kompliziert ist, bedarf es hierzu weißer »Sklaven«. Sie heißen heute nicht mehr Sklaven, nicht der Bey von Tunis fängt sie auf Piratenschiffen ein, wie weiland im 18. und beginnenden 19. Jahrhundert, nein, sie kommen freiwillig und mit einem gutgepolsterten GTZ- oder Consulting-Vertrag in der Tasche.

Diese Haltung gegenüber ausführender Arbeit und ihrer Technologie ist ganz offensichtlich kein Mangel an technischer Intelligenz, sondern ein bislang fortwährendes Ausweichen der Eliten vor der Akzeptanz einer neuen Cheffunktion.

Sie stellt zugleich ein Zurückbleiben vor eigenen geschichtlichen Leistungen dar. Wie zahlreiche Beispiele aus der Geschichte belegen, ist der »Schumpetersche Unternehmerpionier« nicht ein ausschließliches Merkmal westlich-kapitalistischen Wirtschaftsgeistes, sondern die Inkarnation einer Problembewältigung, wie sie jedes Volk hervorzubringen weiß. Die 1000 Jahre alten Reisterrassen auf Java und den Philippinen, die jahrhundertealten Terrassenlandschaften im Nordjemen, die jahrzehntealten fortschrittlichen Landnutzungsformen im dichtbesiedelten Kisii-Distrikt Kenias, sind nur einige von zahlreichen Problembewältigungen außerhalb der westlichen Kultur, die von autochtonen »Schumpeterschen Pionieren« realisiert wurden.

Ganz zu schweigen von der radikalen Hinwendung zu dieser neuen Cheffunktion, welche die japanischen, koreanischen und chinesischen Eliten (letztere vor allem außerhalb des kommunistischen Machtbereichs) vollzogen haben.

Auch ihnen wurde der Kontakt zum Westen und seiner modernen Güterwelt von eben diesem Westen aufgezwungen. Aber eines war diesen Eliten von vornherein klar: Die Frage, ob sie ihre Kultur ohne Identitätsverlust würden fortsetzen können, hing nicht davon ab, ob sie die westliche Güterwelt übernehmen würden oder nicht, sondern allein davon, ob sie die westliche Güterwelt würden selbst herstellen können. Und so konzentrierten sich ihre Eliten nicht nur auf das Studium westlicher Naturwissenschaft und Technik, sondern auch auf ihre unmittelbare praktische Nachahmung. Sie ließen nicht zu, daß ihre motiviertesten Arbeitskräfte im westlichen Ausland eine besserbezahlte Arbeit suchten, sondern beschäftigten sie selbst. Nicht ihre Arbeitskräfte reisten in den Westen, sondern ihre Ingenieure. Und diese nicht, um von ihren Spesengeldern für sich und ihre Frauen westliche Konsumgüter zu kaufen, sondern sie trieben Industriespionage mit dem Ziel, diese Produkte zu Hause unverzüglich selbst herstellen zu können. Dies war die einzig adäquate Reaktion auf das anmaßende Auftreten des Westens und, wie der Vergleich mit anderen Eliten zeigt, die einzige Chance, der westlichen Herausforderung ohne Identitätsverlust zu begegnen.

Das Versagen der Eliten in den armen Ländern der Dritten Welt besteht also bis heute in einem Ausweichen vor dem Wirtschaften auf eigenes Risiko, vor der Übernahme einer Unternehmerfunktion im Wettbewerb.

Bei meiner Arbeit lernte ich 1985 den Leiter eines Ausbildungszentrums für Zuckerrohranbau und Verarbeitungstechnologie kennen. Sein auf der Insel Mauritius angesiedeltes und von der UNO finanziertes Zentrum bot praktische und theoretische Ausbildungslehrgänge für Teilnehmer aus dem gesamten afrikanischen Raum an, einer Region, die seit Mitte der siebziger Jahre enorme Investitionen durchführte, um eine eigene Versorgung mit Zucker auf der Basis von Zuckerrohr zu erreichen.

Ich fragte diesen Herrn, wie hoch denn der Anteil privater Unternehmer oder deren Söhne unter seinen Lehrgangsteilnehmern sei. Ohne lange nachzudenken sagte er, dieser Anteil läge bei null, es kämen bislang nur Funktionäre aus Staatsgesellschaften.

Dieses kleine Detail wirft ein Schlaglicht auf die Wirtschaftsstruktur, die in sämtlichen Ländern Afrikas während der vergangenen 30 Jahre errichtet wurde.

Um vor der Aufgabe des Wirtschaftens auf eigenes Risiko auszuweichen und dennoch die Macht in traditioneller Weise in Händen zu halten, mußte die Wirtschaft monopolitischen Charakter annehmen. Kennzeichnend hierfür wurde eine Dominanz des Staatsapparats, d. h. der Ministerialbürokratie und staatlicher, häufig mit Monopolrechten ausgestatteter Gesellschaften in der industriellen Produktion, im modernen Dienstleistungssektor (Banken, Versicherungen, Tourismus etc.), im Außenhandel und bei einer Reihe von Produkten auch im Binnenhandel.

Dem sog. »modernen« oder »formellen« Sektor, der also bis heute vom Staat beherrscht wird, steht der »traditionelle« oder »informelle« Sektor gegenüber. 50 bis 80% des traditionellen Sektors sind Kleinbauern, der Rest sind überwiegend Kleinhändler und traditionelle Handwerker. Auch dieser informelle, nichtstaatliche Sektor wurde indessen von staatlicher Reglementierung überzogen. Vor allem wurden die Beschaffung landwirtschaftlicher Produktionsmittel (Saatgut, Düngemittel, Landmaschinen etc.) sowie die Vermarktung landwirtschaftlicher Produkte weitgehend durch staatliche Gesellschaften oder Genossenschaftsverbände monopolisiert. In Indien waren 1986 ca. 70% der im »modernen« Sektor Beschäftigten für staatliche Betriebe und Behörden tätig. In den meisten afrikanischen Ländern liegt dieser Anteil noch höher.

Anstatt mehr und billiger zu produzieren, versuchten die Eliten ein privates Ausbeuten des von ihnen kontrollierten öffentlichen Mangels. Um dies zu erreichen, gab es eine Reihe von Verfahrensweisen, deren Verfolgung aber ihre Bevölkerung in eine zunehmend miserable Lage bringen mußte.

Eine erste wichtige Methode lag in der Manipulation der eigenen Landeswährung, genauer: In ihrer systematischen Überbewertung – was einer Subventionierung von Importen und einer Besteuerung der Exporte gleichkommt –, bei gleichzeitiger Kontrolle des Außenhandels durch Importlizenzierung. Letztere erlaubte den Eliten den alleinigen Zugriff auf die verbilligten Importe, die Mercedeslimousinen und LKW zum halben Preis, mit denen sie sich und ihre Gefolgschaft in der staatlichen Verwaltungsbürokratie versorgten, während die Masse der Kleinbauern die Mittel für die Subventionierung dieser Importe zu erwirtschaften hatte, d. h. sie hatten die Exportkulturen anzubauen, die mit direkten und indirekten (also über die überbewertete Währung zu leistenden) Abgaben belegt wurden. Diese Abgaben dienten dann der Finanzierung der Importsubventionen, an denen die Kleinbauern aber nicht teilhatten.

Ein weiterer Weg der Bereicherung lag im Ausnützen der staatlich erzeugten Knappheit auf zahlreichen Teilmärkten, wenn man als einziger z. B. über private Transportmittel verfügte, um Produkte (oft illegal aus den Nachbarländern herbeigeschafft) zu Höchstpreisen auf diesen Teilmärkten abzusetzen.

Diese privaten Nebengeschäfte im Rahmen einer staatlichen Monopolwirtschaft sind eine Perversion des privaten Unternehmers im Wettbewerb, der seine Gewinne nicht aus der Restriktion, sondern aus der Mehrproduktion von Waren erzielt, die jenen der Konkurrenz durch höhere Qualität oder niedrigeren Preis überlegen sind. Am Ende dieser Perversion steht zwangsläufig die massive Kapitalflucht der Eliten vor der galoppierenden Inflation im eigenen Land. Sie ist das Eingeständnis der Unfähigkeit, die eigene Volkswirtschaft durch geeignete Maßnahmen zu entwickeln und sich mit ihrer Bevölkerung und deren Zukunft zu identifizieren.

Es darf nicht wundernehmen, wenn die einfache Bevölkerung bei solchem Verhalten ihrer Eliten den Glauben an die Zukunft des eigenen Landes verliert und ihre Ersparnisse, erst recht ihre Devisenersparnisse aus dem Ausland in der Heimat nicht produktiv anlegt, sondern dem raschen Konsum importierter Waren und der Spekulation in städtischem Grundbesitz zuführt. Denn jeder weiß, daß unter diesen Rahmenbedingungen Landflucht und Inflation weiter voranschreiten werden.

Der entwicklungshemmenden Wirtschaftspolitik ihrer Eliten hätte sich die einfache Bevölkerung, insbesondere die Masse der Kleinbauern, rasch total verweigert und die Eliten schon während der siebziger Jahre zur Umbesinnung gezwungen, wäre ihr politisches Überleben nicht von außen gesichert worden.

4 Der Einfluß des Westens

4.1 Die westlichen Exportinteressen

An der Sicherung des politischen Überlebens der lokalen Eliten und ihrer Machtstrukturen waren vor allem die Vertreter westlicher Exportinteressen und die zahlreichen westlichen Hilfsorganisationen beteiligt.

Das Mittel, welches die westlichen Exportindustrien einsetzten, bestand in einem günstig finanzierten, aber dennoch völlig unwirtschaftlichen und die lokale Produktion lähmenden Übermaß an Konsum- und Investitionsgütern, die an die armen Länder geliefert wurden. Dies war nur möglich, weil die Empfänger solcher Lieferungen Ministerien und Staatsgesellschaften waren, deren Beamte und Angestellte nicht auf eigenes Risiko und mit eigenem Geld wirtschaften mußten.

War es z. B. wirtschaftlich nicht gerechtfertigt, in einem Land mehr als zwei Baumwollentkernungsanlagen zu installieren, so hinderte die Beamten dennoch nichts daran, sich von den westlichen Exportmanagern zum Kauf von fünf solchen Anlagen überreden zu lassen. Das Schmiergeldkonto in der Schweiz, das für diese Beamten angelegt wurde, half ihnen, ihre Skrupel zu überwinden, ebenso die Feasibility-Studien »unabhängiger« Consultingunternehmen (die der Exportmanager gleich mitlieferte) und die vorrechneten, daß fünf Anlagen in diesem Land voll beschäftigt sein würden. Unter Hinweis auf die Studien konnten sich die Beamten rechtfertigen, wenn sich hernach ergab, daß alle fünf Anlagen rote Zahlen erwirtschafteten, weil sie bei 30% ihrer Kapazität arbeiteten. Die Verluste der Staatsgesellschaften trugen nicht ihre Manager, sie wurden zu Lasten des Staatshaushalts ausgeglichen, d. h. zu Lasten der Steuerzahler im Entwicklungsland und den westlichen Geberländern (vgl. hierzu auch Anlage 7).

Was nun die Vertreter der westlichen Exportinteressen anbelangte, so zögerten sie nicht, ein Wirtschaftssystem nach Kräften zu fördern, das sie bei sich zu Hause kategorisch ablehnen würden. Dort in der Dritten Welt erschien der Staatsmonopolismus für sie geradezu ideal, um ihre Überschüsse in scheinbar unbegrenztem Umfang und im wahrsten Sinne des Wortes abzuladen.

Als infolge der Kuba-Krise während der Jahre 1963/64 die Weltmarktpreise für Zucker auf das Zwei- bis Dreifache kletterten, entwickelten zahlreiche afrikanische Regierungen den Wunsch nach Selbstversorgung bei diesem wichtigen Grundnahrungsmittel. Der abermalige extreme Preisboom von 1974–76 beschleunigte diesen Wunsch. Für 10 bis 15 Jahre erlebte Afrika Gründerjahre in der Errichtung von Zuckerrohr- und in Nordafrika auch von Zuckerrübenprojekten, verbunden mit dem Bau von Verarbeitungsanlagen für Zuckerrohr und Zuckerrüben. Eine Entwicklung, die in gewissen Grenzen auf ausreichend geeigneten Standorten durchaus einen wichtigen Beitrag zur wirtschaftlichen Entwicklung zahlreicher afrikanischer Länder hätte leisten können und ihn auch geleistet hätte, vorausgesetzt, diese Anlagen wären von selbständigen, auf eigenes Risiko wirtschaftenden Privatunternehmen betrieben worden. Aber, wie wir bereits aus dem Beispiel des Ausbildungszentrums für Zuckerrohrtechnologie auf Mauritius wissen, das Geschäft lag ausschließlich in Händen staatlicher, auf Risiko des Steuerzahlers wirtschaftender Funktionäre. Für sie war es allemal einfacher, das Einkommen mit größeren und kleineren Veruntreuungen und vor allem der Annahme von Schmiergeldern in harter Währung zu steigern, als mit erfolgreicher Unternehmensführung. Hier, wie in allen anderen Industriezweigen, wurden daher Industriekapazitäten errichtet, die in keiner Relation zu den Absatzchancen standen, sondern nur noch in Relation zur Zahl derer, die sich an Schmiergeldern bereichern wollten.

Den Rekord an Fehlplanung und Fehlinvestitionen erreichte auf dem Zuckersektor zweifellos die Elfenbeinküste, deren Regierung sich Mitte der siebziger Jahre anschickte, Verarbeitungskapazitäten für 600 000 Jahrestonnen zu planen und zu realisieren bei einem optimistisch geschätzten mittelfristigen Eigenbedarf von 100 000 Jahrestonnen. 500 000 Jahrestonnen waren also für den Export geplant in einer Zeit, in welcher bereits feststand, daß der Hauptimporteur, die EG, schon bald eine weitgehende Eigenversorgung erreichen würde. Infolge derartiger, in zahlreichen Entwicklungsländern errichteter Überkapazitäten – immer mit dem gleichen Hintergrund korrupter Staatsbediensteter – sank der Weltmarktpreis deutlich unter das Selbstkostenniveau auch des kostengünstigsten Herstellers.

Die finanzstarken westlichen Erzeugerländer konnten es sich leisten, ihre Zuckerüberschüsse zu Dumpingpreisen auf dem Weltmarkt anzubieten. In der Elfenbeinküste baute man einen Teil der Verarbeitungsanlagen wieder ab. Die enormen Verluste, die solche unverantwortlichen Fehlinvestitionen durch Staatsbeamte zur Folge hatten, mußten zu Lasten der Staatskasse ausgeglichen werden.

Die lokalen Staatskassen aber nahmen Darlehen bei den westlichen Kapitalgebern auf. Schon bis zum Ende der siebziger Jahre hatten die meisten Länder der Dritten Welt beträchtliche Darlehensschulden angesammelt, die notleidend geworden waren und die Umschuldung mit Hilfe von WELTBANK, IWF und weiteren günstigen Darlehen nationaler Entwicklungshilfeinstitutionen erforderlich machten. Das vieldiskutierte Schuldenproblem der Dritten Welt, auf das wir später noch einmal eingehen werden, hat seine wesentliche Ursache im staatsmonopolistischen System dieser Länder und dem dadurch ermöglichten Mißmanagement von Eliten.

In Verbindung mit dem politischen System von Diktatur und Polizeistaat, das sie allesamt errichteten, ist es ihren Bevölkerungen bis heute nur schwer möglich, die Eliten zu einer Änderung ihres Verhaltens bzw. zum Abtreten zu zwingen.

Die westlichen Firmen, die solche Industriekapazitäten errichteten und die meist genau wußten, daß diese Anlagen infolge Fehlplanung und Mißmanagement nur rote Zahlen erwirtschaften würden, hatten sich bezüglich ihrer Bezahlung von vornherein abgesichert. Dies nicht zuletzt durch staatliche Exportbürgschaften, in der BRD durch die HERMES-Versicherung. Auch diese an sich gute Einrichtung wurde durch das Versagen der Eliten in den armen Ländern zu einem Finanzierungsinstrument ihrer Mißwirtschaft umfunktioniert.

Unsere westliche Exportwirtschaft kümmerte – wie schon gesagt – diese Mißwirtschaft wenig. Wer von jeder Mark Gewinn, die er aus solchen Geschäften zog, bestenfalls mit einem Pfennig an der »Entwicklungshilfe« teilnahm, die zum Schuldenerlaß oder zur Umschuldung dieser maroden Volkswirtschaften in der Dritten Welt notwendig wurde, den brauchte die politische, wirtschaftliche und soziale Situation in jenem Teil der Welt nicht weiter zu kümmern. Blieb ihr Anteil am Handel mit dem Westen (ohne das Erdöl) doch über Jahrzehnte hinweg bei unbedeutenden 10 bis 12%.

Hier wurden nicht Märkte aufgebaut und gepflegt, wie im Verhältnis zu wichtigen Handelspartnern, etwa den USA und Frankreich, hier genügte eine HERMES-Absicherung.

Die Mißwirtschaft und Korruption ihrer Eliten bekam die Bevölkerung in den armen Ländern der Dritten Welt natürlich sehr deutlich zu spüren. Um das Überleben der lokalen Regierungen zu erreichen, genügte es nicht, ihnen die Schulden aus ihren Fehlinvestitionen zu stunden, zu reduzieren oder gänzlich zu erlassen. Die Bevölkerung konnte nur durch direkte Hilfen politisch beruhigt werden.

Während der vergangenen 30 Jahre kam diese Beruhigung der lokalen Bevölkerung und damit die Stabilisierung ihrer Regierungen im wesentlichen auf zwei Ebenen zustande:

1. Auf der Ebene der Nahrungsmittelhilfe,
2. Auf der Ebene sog. Entwicklungshilfeprojekte.

Wir wollen im folgenden die Nahrungsmittelhilfe und die Entwicklungshilfeprojekte getrennt voneinander behandeln, obwohl sie in direkter Beziehung zueinander stehen und im Falle der Food-for-Work-Projekte eine Einheit bilden.

Zur Nahrungsmittelhilfe müssen wir nicht nur die gänzlich kostenlosen Nahrungsmittellieferungen in die armen Länder zählen, sondern auch die mehr oder minder durch Preissubventionierung verbilligten Grundnahrungsmittel. Wir haben sie beide nach Art und Umfang bereits beschrieben und festgestellt, daß sie weit davon entfernt sind, für die armen Länder eine Hilfe darzustellen. Sie sind einschließlich der sog. Katastrophenhilfe und der Armenhilfe entwicklungsschädigend, sie bedeuten den Import von Arbeitslosigkeit.

Zu Beginn des Kapitels 3 hatten wir die Frage aufgeworfen, wie es kommen konnte, daß die Eliten den Import von Produkten, die in ihren Ländern erzeugt werden können, zu Dumpingpreisen zuließen und sogar als nützlich betrachteten. Ihre Unfähigkeit, eine neue offensive, produktions- und wettbewerbsorientierte Cheffunktion zu übernehmen, zeigte sich nicht nur im modernen industriellen Bereich, sondern auch im landwirtschaftlichen. Konnte man im industriellen Bereich glauben, die für sie neue und komplizierte Technologie sei der Grund ihres Versagens, so zeigte die Situation in dem ihnen vertrauten Agrarbereich sehr deutlich, daß ihr Problem nicht in der Adoption einer komplizierten Technologie lag, sondern in der bereits beschriebenen tradierten Einstellung zur ausführenden Arbeit und zur Leistung unter Wettbewerbsbedingungen. Vor beidem, der Hinwendung zur exekutiven Arbeit und zur Leistung auf eigenes Risiko unter Wettbewerbsbedingungen, weichen die lokalen Eliten bis heute aus. Daher ziehen sie es vor, die Versorgung ihrer Bevölkerung mit Grundnahrungsmitteln durch das Danaergeschenk ausländischer Nahrungsmittelhilfe sicherstellen zu lassen.

Falsch ist in diesem Zusammenhang die Behauptung, die unzureichende Eigenerzeugung an Grundnahrungsmitteln sei das Ergebnis einer einseitigen Exportorientierung der landwirtschaftlichen Produktion. Wir werden uns mit diesem Argument noch in Kapitel 5.3 auseinandersetzen. Die Agrarpolitik der lokalen Eliten erwies sich vielmehr sowohl für die Exportkulturen als auch für Grundnahrungsmittel als kontraproduktiv. Ich nannte bereits die weitverbreitete Überbewertung der eigenen Währung und die meist viel zu hohen Exportabgaben. Beides belastete ausschließlich den Anbau von Exportkulturen. Hinzu traten fast generell ineffiziente bürokratische Monopolgesellschaften beim Export sog. »cash crops« (Verkaufskulturen wie Kaffee, Tee, Kakao, Baumwolle, Zucker, Palmöl etc.). Der verbreitete Schwarzhandel der Kleinbauern über die Grenze zur Umgehung der staatlichen Absatzorganisationen betraf gleichermaßen Grundnahrungsmittel wie Exportkulturen und wirft ein Schlaglicht auf den kontraproduktiven Charakter der offiziellen Agrarpolitik.

Aufgabe der lokalen Eliten wäre es gewesen, sicherzustellen, daß die wachsende städtische Bevölkerung durch steigende Marktleistung der bäuerlichen Bevölkerung mit Grundnahrungsmitteln versorgt wurde. Maßnahmen zur Verfolgung dieses Ziels wären gewesen: eine Abwehr von Dumpingangeboten des Auslands, eine Förderung des Wettbewerbs in der Produktion (soweit erforderlich durch Bodenrechtsreformen) und im Bereich von Beschaffungs- und Absatzorganisationen und schließlich technische Beratung zur Steigerung von Produktivität und Einführung neuer Produkte.

Die lokalen Eliten unternahmen aber genau das Gegenteil: Sie monopolisierten die landwirtschaftlichen Beschaffungs- und Absatzwege durch ineffiziente parastaatliche Gesellschaften und Genossenschaftsverbände. Unter dem Vorwand, die Knebelung der Bauern durch den wucherischen Landhandel zu beseitigen, begann erst eigentlich die Knebelung der Bauern. Als die Bauern mit einer Reduzierung ihrer Marktleistung antworteten, verließen sich die Eliten mehr und mehr auf den für sie bequemen und lukrativen Weg der Annahme ausländischer Dumpingangebote und Geschenke.

Durch den Verkauf geschenkter oder stark preissubventionierter Grundnahrungsmittel an die städtische Bevölkerung konnten die Eliten gleich mehrere für sie wichtige Ziele verfolgen:

- Budgethilfe.

Ein Teil des Erlöses konnte der Staatskasse zugeführt werden. Die Warenhilfe kam somit einer Budgethilfe gleich.

- Private Bereicherung.
  Ein Teil der importierten Nahrungsmittel konnte teils offiziell, teils schwarz der bevorzugten Belieferung jener Bevölkerungsgruppen dienen, welche die Regierung zu ihrer Stützung benötigte, also Militär, Polizei, hochgestellte Beamte und Politiker etc. Diese Gruppen erhielten häufig Mengen über den Eigenbedarf hinaus und konnten die Überschüsse auf dem schwarzen Markt verkaufen.
- Vermeidung politischer Unruhen in den Städten.
  Mit der Vernachlässigung der ländlichen Bevölkerung wuchs die Landflucht, somit wuchs die arbeitslose städtische Bevölkerung. Diese war in besonderem Maße auf eine preiswerte Versorgung mit Grundnahrungsmitteln angewiesen. Die städtische Slumbevölkerung, die in afrikanischen Städten erst während der siebziger Jahre rapide zunahm, wurde zum sozialen Sprengstoff. Damit war ein Teufelskreislauf in Gang gesetzt. Die lokalen Eliten gingen angesichts dieser bedrohlichen Situation nun erst recht den Weg des geringsten Widerstands, d. h. der Annahme entwicklungsschädlicher Hilfssendungen an Nahrungsmitteln, um politische Unruhen in den Städten zu vermeiden.
- Niedrighalten der Lohnkosten in der Industrie.
  Dieses einzig entwicklungspolitisch gerechtfertigte Ziel unter den verschiedenen Zielsetzugnen der lokalen Eliten wurde weitgehend verfehlt. Denn die Industrialisierung kam unter der staatlich-bürokratischen Führung nicht voran. Von den verbilligt abgegebenen Importnahrungsmitteln profitierten vor allem die schlecht bezahlte, aber in der Zahl maßlos aufgeblähte städtische Bürokratie und die Arbeitslosen in den Slums.
  Einer unter privatwirtschaftlicher Anleitung arbeitenden Industriearbeiterschaft hätte ein höheres Lohnniveau bei gleichen oder noch geringeren Stückkosten in der Produktion zugestanden werden können und sie hätte mit ihren Löhnen ohne weiteres angemessene Preise für ein lokales Marktangebot an Lebensmitteln bezahlen können.

Die lokalen Eliten wichen vor ihren wirtschaftspolitischen Aufgaben aus, weil ihnen die Dumping- und Hilfssendungen angeboten wurden. Wären sie nicht angeboten worden, hätten die Eliten spätestens Ende der siebziger Jahre einen ersten positiven Lerneffekt erlebt und ernsthafte Anstrengungen zur Selbstversorgung unternommen. So aber wurde die unversorgte städtische Bevölkerung gegenüber dem Ausland zum Dauernotstand erklärt, und die Vertreter unserer Agrarlobby sahen geflissentlich darüber hinweg, daß dieser Notstand ein durch und durch selbstverschuldeter, ja beabsichtigter war. Die bäuerliche Bevölkerung draußen auf dem flachen Land hatte das Nachsehen. Sie war, wie überall, konservativ und geduldig, sie fiel mehr und mehr in Selbstversorgung zurück und in den Tauschhandel, der ihr bei der meist galoppierenden Inflation als das einzig zuverlässige erschien.

Es bleibt noch die o. g. Maßnahme der technischen Beratung der Kleinbauern zu behandeln. Sie wurde Aufgabe ausländischer Hilfsprojekte, oder sie unterblieb gänzlich, denn sie entsprach nicht dem Selbstverständnis der lokalen Eliten. Was die ausländischen Hilfsprojekte unter diesen Rahmenbedingungen noch mit technischer Beratung bewirken konnten, ist nun zu beleuchten.

4.2 Die Hilfsorganisationen

Aufgabe der ausländischen Hilfsprojekte, darüber herrschte seit ihrem Beginn Anfang der sechziger Jahre unter allen Beteiligten Einigkeit, sollte es sein, in den armen Ländern der Dritten Welt zu einer selbsttragenden wirtschaftlichen und sozialen Aufwärtsentwicklung beizutragen. Diese unter dem Slogan »Hilfe zur Selbsthilfe« zusammengefaßte offizielle Zielsetzung war zumindest entwicklungspolitisch einwandfrei formuliert und klar von der traditionellen Sozialhilfe abgegrenzt. Letztere galt jenen, die sich nicht selbst helfen können, den Alten, Kranken und Kindern, die stets Teil einer Gesellschaft sind, unabhängig von ihrem wirtschaftlichen und sozialen Entwicklungsstand, also auch in einem reichen Land, wie etwa der BRD, zu leisten ist.

Wichtigste Partner der oben formulierten, vom westlichen Ausland angebotenen Entwicklungshilfe mußten die lokalen Eliten sein, und zwar in zwei verschiedenen Funktionen:
- als private, auf eigenes Risiko wirtschaftende Unternehmer zur Durchsetzung von Wachstum und Innovation in der Produktion,
- als Staatsbeamte zur Durchsetzung einer marktwirtschaftlichen Ordnungspolitik, insbesondere zur Schaffung und Aufrechterhaltung eines funktionierenden Wettbewerbs auf den lokalen Märkten.

Ohne die lokalen Eliten zu einer Zusammenarbeit auf dieser Grundlage zu bringen – und sei es auch nach einer anfänglich schwierigen Gewöhnungsphase –, konnte und kann eine wirtschaftliche Entwicklung nicht stattfinden. Denn wirtschaftliche Entwicklung war und ist keine Aufgabe von Geldgebern, sondern von Investoren, sprich: Unternehmern, die im Wettbewerb arbeiten. Ohne das Tätigwerden solcher Investoren treten die Geldgeber im Leeren. Geben sie ihr Geld dennoch aus, schaffen sie keine wirtschaftliche Entwicklung, sondern ihr Gegenteil, Alimentation. Ohne das Tätigwerden solcher Investoren kann es aber auch keine soziale Aufwärtsentwicklung geben. Wirtschaftlicher Erfolg und sozialer Ausgleich stehen in keinem antagonistischen, sondern in einem komplementären Verhältnis zueinander. Ohne ein Wachstum des Kuchens »Sozialprodukt« zu erreichen, bleiben Wohlstandsgewinne durch Umverteilung eine Illusion, und auch die Umverteilung gerät zur Alimentation von außen.

Obgleich diese grundlegende entwicklungspolitische Erfahrung nirgends deutlicher zutage getreten war als in der BRD der sechziger Jahre, wurde sie weder bei uns noch in den anderen reichen westlichen Ländern zur Grundlage ihrer Entwicklungshilfe gemacht. Auch eine weitere Erfahrung der westlichen Staaten blieb unberücksichtigt: Eine marktwirtschaftliche Ordnungspolitik, das Wirtschaften unter den Bedingungen eines funktionierenden Wettbewerbs, setzt demokratische Machtstrukturen wie Gewaltenteilung, Rechtsstaatlichkeit und Wahlfreiheit als politische Rahmenbedingungen voraus. Auch diese Erfahrung lag bei den verantwortlichen Politikern aller westlichen Geberländer zu Beginn ihrer Entwicklungshilfe vor, aber gleich zu Beginn ignorierten die westlichen Geberländer diese Erfahrungen und akzeptierten die lokalen Eliten in ihrer entwicklungsschädlichen Rolle monopolitischer und diktatorischer Machtausübung.

Unter dieser Datenkonstellation war es im Grunde nicht mehr möglich, im Rahmen der Entwicklungshilfe an wirtschaftliche und soziale Entwicklung zu denken. Der Entwicklungshilfe blieb nur noch eine Rolle im Spannungsfeld von westlicher Exportförderung (wozu auch der Export von Consultingleistungen gehört) und westlicher Sozialhilfe.

Sicher ist der Einwand richtig, daß die Eliten in den armen Ländern der Dritten Welt zu Beginn der sechziger Jahre über eine noch sehr geringe Zahl an unternehmerischen Kräften und demokratisch gesinnten politischen Führern verfügten. Aber es gab damals keine entwicklungspolitisch zu rechtfertigenden Gründe, Hilfe zu gewähren, bevor diese als unerläßlich erkannten Rahmenbedingungen gewährleistet waren. Anfang der sechziger Jahre kam es nicht darauf an, rasch viel Geld in der Dritten Welt auszugeben, sondern vor allem, den richtigen entwicklungspolitischen Weg einzuschlagen. Es war Aufgabe der lokalen Eliten, durch *ihre* Leistung das Tempo auf diesem Weg zu bestimmen, und es wäre Aufgabe des Westens gewesen, sich diesem Tempo anzupassen, d. h. auch seine Mitwirkung so lange zurückzustellen, bis der richtige Weg gefunden war.

Nichts macht erfinderischer und mobilisiert besser unternehmerische Kräfte, nichts orientiert die Mächtigen im Lande besser in Richtung Effizienz, als die blanke Not, in der einem niemand hilft. Dafür gab es genügend Beispiele in der Geschichte.

Kein Zweifel: Das Wirtschaften auf eigenes Risiko ist stets mit Schwierigkeiten verbunden. Tempo und Umfang der Hilfe hätte dieser Tatsache Rechnung tragen müssen. Aber ich bin sicher, nach 10 bis 15 Jahren geduldigen Beharrens auf dieser Voraussetzung stünde die Wirtschaft und Gesellschaft der allermeisten Länder der Dritten Welt heute auf soliden Grundlagen und wäre in ihrer Entwicklung längst weit vorangeschritten.

Dagegen blieb nach 30 Jahren westlicher Alimentation das Lebensniveau in den Ländern der Dritten Welt außerordentlich niedrig und die Zukunftsaussichten haben sich zwangsläufig verdüstert. Es ist für sie heute außerordentlich schwierig, wenn nicht unmöglich geworden, ohne die grundlegende Erfahrung der tugendbildenden Not, von der man sich selbst befreien muß, den Übergang in eine marktwirtschaftliche Ordnungpolitik und in ein politisches System der Demokratie zu finden.

Man muß es als den Sündenfall westlicher Entwicklungshilfe bezeichnen, daß sie ihre Maßnahmen ohne lokale, auf eigenes Risiko wirtschaftende Investoren und ohne lokale marktwirtschaftliche Ordnungspolitiker durchzuführen versuchten. Der Wegfall des Entwicklungsträgers »lokale Eliten« hatte weitreichende Konsequenzen für den Charakter, den die Entwicklungshilfe in der praktischen Durchführung bekommen sollte. Dazu gehörte vor allem:

a) das Gleichsetzen von Entwicklungshilfe mit finanziellen Transfers,
b) der Aufbau planwirtschaftlicher Fremdkörper in Gestalt der Entwicklungsprojekte,
c) eine übermäßige Konzentration der Hilfe auf den Infrastruktursektor,
d) die Umkehr der Knappheitsverhältnisse: die Entwicklungshilfe als Mittelabflußproblem,
e) die fortwährende passive Anpassung an äußere Rahmenbedingungen,
f) die Herausbildung bürokratischer Organismen mit Eigeninteressen.

Auf diese besonderen Merkmale ist im folgenden näher einzugehen.

Zu a) Entwicklungshilfe gleich finanzielle Transfers:

Bis heute gilt der kostenlose bis stark subventionierte Transfer von Gütern und Diensten als Entwicklungshilfe. Kein Ministerium, keine Institution der nationalen oder supranationalen Entwicklungshilfe, die nicht ihren jährlichen Mittelabfluß in die Länder der Dritten Welt dem Publikum (Steuerzahlern und Spendern) mit großer Selbstverständlichkeit als »Entwicklungshilfe« präsentiert.

Diese Organisationen genießen nicht nur das in unserem Wirtschaftsleben seltene Privileg, ihre Ausgaben zum Maßstab ihres Erfolgs erheben zu dürfen, sie stellen zugleich die dreiste Behauptung auf: Unsere entwicklungspolitische Wirkung in der Dritten Welt verhält sich direkt proportional zu unserem Mittelabfluß.

Wirtschaftliche Entwicklung wird aber durch Realisierung von Innovationen (d. h. Investitionen, die entweder zur Durchsetzung von Herstellungsverfahren mit höherer Produktivität führen, oder zur Einführung überlegener Produkte am Markt) und nicht durch Transfers in Gang gesetzt.

Ob Transfers aus dem Ausland solche Innovationen bewirken, oder sie möglicherweise behindern, kann nur von Fall zu Fall ex post festgestellt werden.

Sicher wirkt der Transfer von Konsumgütern kontraproduktiv, aber auch der Transfer von Investitionsgütern und Diensten wirkt nur dann nicht kontraproduktiv, sofern sie erstens nicht schon im Empfängerland hergestellt bzw. angeboten werden und zweitens zu einer sich im Wettbewerb rentabilisierenden Investition führen.

Trotz zahlloser Evaluierungsgutachten zu allen Entwicklungsprojekten wird die Frage ihres Erfolgs nie einigermaßen sicher ermittelt werden können. Nach meiner Erfahrung – ich habe an zahlreichen Evaluierungen teilgenommen – haben nicht mehr als 10 bis 20% unserer Projekte erfolgreich Innovationen realisiert.

Eine deutsche Geschäftsbank, die Investitionskredite an ihre Kunden (Privatunternehmer) vergibt, hat meist einen recht guten Überblick über den wirtschaftlichen Erfolg, mit dem ihre Kredite bei den Unternehmern eingesetzt wurden. Da die Entwicklungshilfeinstitutionen den lokalen Privatunternehmer als Projektträger nicht oder nur sehr selten hatten, mußten sie einen anderen Träger finden, was zur Konstruktion des Entwicklungsprojekts führte.

Zu b) Fremdkörper Entwicklungsprojekt:

Obgleich aus den Überschüssen eines marktwirtschaftlichen Systems finanziert, hat die westliche Entwicklungshilfe bis heute einen ausgeprägt bürokratisch-planwirtschaftlichen Charakter.

Während sich die staatliche Wirtschaftspolitik in den meisten westlichen Ländern auf das Setzen adäquater Rahmenbedingungen für die Wirtschaft beschränkt und staatliche Produktion weitgehend unterläßt, wurden diese Grundsätze in der Entwicklungszusammenarbeit aufgegeben. Hier ist die bürokratische Reglementierung wie auch die Verquickung von Ordnungspolitik mit Produktionsaktivitäten eine sehr enge. Für beides liefert das sog. »Entwicklungsprojekt« den rechtlich-organisatorischen Rahmen. Das Entwicklungsprojekt muß sachlich und räumlich abgegrenzt sein, seine Findung, Durchführbarkeitsprüfung und Ingangsetzung stellt regelmäßig einen zeit- und geldraubenden administrativen Vorgang dar. Bevor auch nur die geringste positive Wirkung bei der Zielgruppe (z. B. den Kleinbauern im Entwicklungsland X in der Projektregion Y) festgestellt werden kann, erreicht der administrative Aufwand, bei dem verschiedenste Behörden beider Länder zusammenwirken müssen und dabei jeweils hoheitliche Ausschließlichkeitsrechte beanspruchen, die Millionengrenze.

Zwangsläufig stellt das Entwicklungsprojekt einen Fremdkörper in der wirtschaftlichen, sozialen und administrativen Struktur des Empfängerlandes dar und meist steht es in Widerspruch zu einer marktwirtschaftlichen Ordnungspolitik wie auch zu einer marktwirtschaftlichen Produktion. Es schaltet fast regelmäßig lokale Handelswege und sonstige Dienstleistungen durch die eigene Projektlogistik aus und beansprucht eine ordnungspolitische Sonderbehandlung. Und dies alles, obwohl seine Lebensdauer regelmäßig sehr kurz ist, d. h. im Schnitt bei 8–10 Jahren liegt und der ganze Fremdkörper in der Volkswirtschaft des Empfängerlandes mit seinem logistischen Drum und Dran danach wieder aufgelöst werden muß.

Am trügerischsten erweist sich dabei die von Pfadfinderromantik geprägte Vorstellung, die Vielzahl der über die Landkarte der Dritten Welt verstreuten Entwicklungsprojekte könnte einen Ersatz für den Ausfall der lokalen Eliten als Entwicklungsträger darstellen.

Neben direkten Eingriffen in die Produktion (nach meiner Erfahrung zu 80 bis 90% in Form von Subventionen und zu 10 bis 20% in der Vermittlung von Innovationen) unternehmen die Entwicklungsprojekte verzweifelte Versuche des »institution building« und der sog. »Trägerqualifizierung«, meist auf regionaler Verwaltungsebene und bis in jüngste Zeit so gut wie nie in Zusammenarbeit mit Privatunternehmern oder potentiellen Privatunternehmern. Seit 30 Jahren wird dabei immer wieder die Erfahrung gemacht, daß sich die lokale Verwaltung als Entwicklungsträger nicht qualifizieren läßt, insbesondere die regionalen Verwaltungen des ländlichen Raumes zu den personell wie materiell am schlechtesten ausgestatteten Einrichtungen der Entwicklungsländer gehören. Nach Begabung, unternehmerischem und/oder ordnungspolitischem Denken und Handeln, politischem Einfluß, Vorbildung und Bezahlung ist hier regelmäßig die »Fünfte Kolonne« des Landes versammelt. Der lokale Schumpetersche Pionier steht am einen Ende der Eignungsskala, das Personal der Distriktverwaltungen am anderen. Die Eliten des Landes arbeiten weder in den Distriktverwaltungen noch in der Ministerialbürokratie. Dort haben sie nur ihre »petits frères« untergebracht und ihnen ihre Direktiven erteilt, während sie sich selbst ihren privaten Kungel- und Schiebergeschäften als Großhändler und Transporteure widmen sowie der Anlage ihres Geldes in den Hartwährungsländern.

Zu c) Überbetonung der Infrastruktur:

Mit dem entwicklungsschädlichen Wirtschaftssystem der lokalen Eliten waren die westlichen Geberländer zwar nicht glücklich, aber sie glaubten, durch eine Konzentration ihrer Hilfe auf die Infrastruktur der Empfängerländer auch unter dieser ungünstigen Rahmenbedingung Nutzen stiften zu können, insbesondere durch gezielte Bevorzugung der ländlichen Bevölkerung bei Infrastrukturprojekten wenigstens einen sozialen Ausgleich zu erreichen. Kaum eine Hafenanlage oder Hauptverkehrsader, kaum ein Flugplatz oder Staudamm, der in den armen Ländern der Dritten Welt nicht mit günstigen Krediten westlicher Hilfsinstitutionen finanziert und natürlich von westlichen Baufirmen errichtet wurde, und das gleiche gilt für zahllose Infrastrukturinvestitionen auf Gemeindeebene, von Trinkwasserbrunnen und Lagerhäusern bis zu Verbindungsstraßen, Schulen, Krankenstationen etc., ihrer Ausrüstung und regelmäßigen Erneuerung. An ihrer Erstellung wirkte immerhin auch die örtliche Bevölkerung mit.

Das moderne Verkehrswegenetz hatte natürlich eine massive Nachfrage nach westlichen Verkehrsmitteln zur Folge, ganz zur Freude unserer KFZ- und Flugzeugindustrie.

Der augenfälligste Wandel, den der Westen in Afrika und Lateinamerika in nur zwei Jahrzehnten erreichte, war denn auch die Mobilität der Bevölkerung dieser Kontinente, und diese konsumierte ihre Mobilität in ungeahntem Umfang.

Daß indessen sowohl die Infrastruktur wie die Sozialleistungen aus Überschüssen einer rentablen Produktion finanziert werden müssen, wußten natürlich die westlichen Regierungen, und sie wußten auch, daß ebendiese rentable Produktion durch die ineffizienten Staatsgesellschaften in den armen Ländern nicht zustande kam mit der Folge, daß beides, Infrastruktur und Sozialleistungen, ohne den permanenten Transfer westlicher Geberländer nicht aufrechterhalten werden konnte. All das ignorierten die westlichen Regierungen nicht, aber, wie schon bei den Nahrungsmittelexporten, das Hemd saß ihnen näher als der Rock, sprich: Die Förderung der heimischen, mit der Infrastrukturerrichtung beauftragten Firmen erschien ihnen dringlicher als die wirtschaftliche Stabilität in der Dritten Welt. Die unausweichlichen Umschuldungen und schlußendlichen Schuldenerlasse wurden zögernd zwar, aber kontinuierlich immer wieder gewährt, denn nur so konnte das Geschäft weitergehen. Betrug der Handel mit der Dritten Welt (ohne Erdöl) doch nur 10–12%. Wenn aus diesem Handel die Hälfte der Forderungen als uneinbringlich im Haushalt der Bundesregierung (zu Lasten des Steuerzahlers) oder in den Bilanzen der Großbanken (durch Inanspruchnahme großzügig bemessener Rückstellungen zu Lasten von Bankenpublikum und Aktionären) abgeschrieben werden mußte, wen juckte dies schon! Bis heute war die Entwicklungshilfe bei uns nie ein Wahlkampfthema. Muckte doch mal jemand auf und fragte nach dem Sinn dieser verlorenen Zuschüsse, so hatte man stets eine Antwort parat: Den Kirchgängern sagte man, es sei unsere christliche Pflicht, an die armen Menschen in der Dritten Welt zu denken und zum »Teilen« bereit zu sein, und dem weniger gläubigen Publikum sagte man genau das Gegenteil, nämlich, die Entwicklungshilfe würde unsere Arbeitsplätze sichern helfen, womit dann beide, die Gläubigen und die weniger Gläubigen, von der Unanfechtbarkeit dieser Argumentation überzeugt, wieder ihres Weges gingen.

Tatsächlich hatte man beide Gruppen an der Nase herumgeführt. Den Kirchgängern hatte man die Tatsache vorenthalten, daß ihre Hilfe überwiegend kurzfristigem Konsum dienen würde, wobei es gleichgültig war, ob dieser Weizen betraf oder Autostraßen oder Trinkwasserbrunnen, bei denen das Empfängerland nicht einmal die Unterhaltung sicherstellen konnte. Und den nüchtern Rechnenden hatte man nicht gesagt, daß sie die Sicherung deutscher Arbeitsplätze selbst mit ihren Steuern zu finanzieren hatten. Dabei ging es lediglich um eine Umverteilung innerhalb der BRD: Von der Allgemeinheit der Steuerzahler und Spender hin zu der kleinen Minderheit jener Firmen und ihren Beschäftigten, welche die Waren und Dienste in die Dritte Welt lieferten.

Zu d) Entwicklungshilfe als Mittelabflußproblem:

Mit dem weitgehenden Wegfall der lokalen Eliten als Entwicklungsträger war zwangsläufig eine Umkehr der Knappheitsverhältnisse in der Entwicklungshilfe verbunden.

Da die Investoren (d. h. die lokalen Unternehmer) fehlten, traten die ausländischen Geldgeber im Leeren. Seit 30 Jahren gehört daher nicht das Mittelaufkommen, sondern der Mittelabfluß zu den Hauptproblemen der Entwicklungshilfeorganisationen.

Ihr Auftrag ist es, wirtschaftliche Entwicklung zu stimulieren, aber mangels geeigneter Entwicklungsträger gelingt ihnen dieser Auftrag nur selten. Da sie gezwungen sind, ihre Budget- und Spendenmittel auszugeben, da die schreiende Not breiter Bevölkerungsschichten ihre Verausgabung auch dringend nahezulegen scheint, geben sie ihr Geld aus, obgleich sie wissen, daß ihre Geldausgabe zur bloßen Alimentation verkommt und sie folglich überwiegend kontraproduktiv handeln. Hinzu tritt der massive Einfluß westlicher Exportlobby, der abermals auf kontraproduktive Mittelverausgabung drängt.

Da der weitaus größte Teil des mittleren Managements in den Entwicklungshilfeorganisationen entwicklungspolitisch äußerst engagiert ist und die fatale Situation durchschaut, arbeitet er im ständigen Gefühl innerer Zerrissenheit zwischen dem entwicklungspolitischen Auftrag und dem Zwang, diesem Auftrag zuwiderhandeln zu müssen.

Während man sich in den ersten 15 Jahren Entwicklungszusammenarbeit nicht scheute, z. B. die landwirtschaftlichen Projekte mit großen deutschen Materiallieferungen zu Demonstrationszwecken und zur subventionierten Verteilung von Produktionsmitteln (Düngemittel, Schädlingsbekämpfungsmittel, Landmaschinen, Zuchtvieh etc.) auszustatten, versucht man derart kontraproduktive Materialspenden heute zumindest von der Projektarbeit fernzuhalten – und damit den schizophrenen Druck vom Projektpersonal – und führt sie als projektungebundene Warenhilfe durch.

Umweltfreundlicher und weniger kontraproduktiv erscheint es dem mittleren Management seit einigen Jahren, die Budgetmittel vorzugsweise in Personalkosten zu investieren. In diesem Zusammenhang wurde der heimische Verwaltungsapparat weiter ausgedehnt und vor allem die Consultingindustrie mit Studienaufträgen aller Art bedacht. Die internationalen Hilfsorganisationen wie UNDP/FAO und WELTBANK gingen mit dieser Politik voran, die deutsche staatliche Entwicklungshilfe folgte. Die Studien füllen inzwischen die Archive, niemand kümmert sich um ihren Inhalt, das einzige, was Interesse erweckt, ist der mit ihrer Erstellung verbundene Mittelabfluß. Anstatt neue Gutachterreisen in ein Projekt zu unternehmen, hätte ich mich während der vergangenen 15 Jahre meist darauf beschränken können, die unerfüllt gebliebenen Empfehlungen aus den zahlreichen vorausgegangenen Gutachten meiner Kollegen zu wiederholen.

Keine Arbeit und kein Selbstverständnis wurde indessen durch die Schwierigkeit des Mittelabflusses und der damit bewirkten Situation des Mittelüberflusses in der Entwicklungszusammenarbeit grundlegender in Frage gestellt als das der Ökonomen. Während Naturwissenschaftler im Milieu satter Mittelausstattung geradezu ideale Arbeits- und Forschungsbedingungen vorfinden und in aller Regel voll des Lobes über ihre Arbeit in der Entwicklungshilfe sind, reiben sich die Ökonomen, denen während ihres Studiums eingebleut wurde, daß die Basis aller Wirtschaftswissenschaften die Grundtatsache der Knappheit aller Mittel sei, im Milieu des Mittelüberflusses verwundert die Augen. Ihre Wissenschaft scheint nichts mehr zu gelten, gefragt ist vielmehr eine neue Wissenschaft, zu deren Grundtatsache ein Mittelüberfluß gehört, und die sich mit der Kunst zu befassen hat, den Abfluß dieser Mittel entwicklungspolitisch zu rechtfertigen.

Zu e) Passive Anpassung an Rahmenbedingungen:

Selbstredend, daß in dieser Situation Fragen nach Rentabilität und Wirtschaftlichkeit von Projekten, denen Ökonomen von ihrem traditionellen Selbstverständnis her stets auf der Spur sind, von ihren Kollegen aus anderen Disziplinen zunehmend als deplaziert bis anstößig empfunden wurden. Aber diese Querelen, denen man sich als Ökonom in seiner Heimatbehörde ausgesetzt sah, waren ja nur eine matte Kopie jener fundamentalen Schwierigkeiten, unter denen man an der Front, also im Entwicklungsland selbst, kämpfte. Was sollte man dort tun und mit wem zusammenarbeiten, wenn die eingangs als unerläßlich für jede wirtschaftliche Aufwärtsentwicklung genannten Personenkreise

- die privaten Unternehmer in der Produktion,
- die marktwirtschaftlich agierenden Ordungspolitiker in der Verwaltung

fehlten?

Man ahnt, welch eminent wichtige Rolle volkswirtschaftliche Regierungsberater aus der Bundesrepublik und anderen westlichen Ländern bei Durchführung einer marktwirtschaftlichen Ordnungspolitik hätten spielen können und mit welch hohen Erwartungen meine zahlreichen Kollegen und ich ihre Arbeit begannen. Man ahnt aber auch, welch traurige Rolle meine Fachkollegen und ich unter den tatsächlichen Rahmenbedingungen spielten. Nehmen wir beispielsweise den Fall der Elfenbeinküste, die in den siebziger Jahren ihre Zuckerrohr-Verarbeitungskapazitäten so gegen jede wirtschaftliche Vernunft aufblähte. Entweder wir waren im Interesse westlicher Lieferfirmen tätig und haten in einer Feasibility-Studie nachzuweisen, daß die Elfenbeinküste über den Eigenbedarf hinaus ohne weiteres würde 500 000 Jahrestonnen Rohzukker exportieren können, oder wir waren als volkswirtschaftliche Regierungsberater im Kabinett eines Ministers tätig, um ihn bei seinen gut geschmierten Investitionsentscheidungen zu beraten.

Ich hatte dieses Vergnügen 1975 im Falle von zwei Baumwollentkernungsanlagen, die mein Chef, Generaldirektor einer staatlichen Monopolgesellschaft, gegen jede volkswirtschaftliche Vernunft in den USA bestellt hatte. Er war noch sehr freundlich zu mir gewesen, als ich ihm den Widersinn dieser Bestellung auf eigene Initiative in einer Vorlage nachgerechnet hatte, was nicht immer so sein mußte. Aber der Lieferant dieser Anlagen hatte für meinen Chef die besseren Argumente schon auf Schweizer Konten überwiesen. Ein anderer Chef, Generaldirektor einer staatlichen Regionalentwicklungsgesellschaft, für den ich 1972/73 arbeitete, hatte als zweiten Mann in seinem Kabinett einen für diesen Posten völlig unqualifizierten Menschen, der mit keinem Kollegen aus dem Kabinett Kontakt hielt und dessen ausschließliche Aufgabe es war, die Gelder seines Chefs in Frankreich zu verwalten. Einen deutschen Landsmann lernte ich 1983 in ähnlicher Funktion in der Dominikanischen Republik kennen. Vormittags betrieb er ein Mietwagengeschäft. Jeden Nachmittag aber flog er als Botengänger für Fluchtgelder nach San Juan auf der zu den USA gehörenden Insel Puerto Rico und kam noch am selben Abend wieder zurück.

Und schließlich kann man sich vorstellen, wie hoch unser Gehalt sein mußte, um uns über den Frust solcher Tätigkeiten hinwegzutrösten. Nein, der Westen betrieb 30 Jahre lang die totale Anpassung an die bestehenden Rahmenbedingungen, und was den Botschaftern recht war, konnte den einfachen Entwicklungshelfern nur billig sein.

Auch die Ökonomen streckten nach mühseligem Grabenkrieg die Waffen. Am Ende waren sie glücklich, daß ihr Ministerium zu Beginn der achtziger Jahre ein neues Planungs- und Evaluierungsverfahren, Zielorientierte Projektplanung (ZOPP) genannt, einführte, das nicht nur die traditionelle Forderung nach Rentabilität und Wirtschaftlichkeit ad acta legte, sondern auch den prekären Rahmenbedingungen, unter denen die Arbeit draußen stand, voll Rechnung trug (vgl. Anlage 7a).

ZOPP hatte zunächst den Vorteil, daß man in den Verwaltungen unendlich über logische Zusammenhänge diskutieren und kommunizieren konnte, ohne viel sachliche und fachliche Ahnung von dem zu planenden oder zu evaluierenden Projekt zu haben. Und so konnte es nicht wundernehmen, daß sich die Formulierungen in den Projektplanungsübersichten außerordentlich ähnelten, auch wenn es sich jedesmal um ganz verschiedene Projekte handelte. Entscheidend an den logisch-semantischen Übungen aber war, daß es den in der Entwicklungshilfe Tätigen erlaubte, sich eine von der Realität der Dritten Welt unabhängige Erfolgswelt aufzubauen. Man definierte aus eigener Machtvollkommenheit Oberziele, Projektziele, Ergebnisse und Aktivitäten und machte von Stufe zu Stufe »Annahmen« über externe, d. h. vom Projekt nicht beeinflußbare Faktoren, die eintreten müssen, damit der jeweilige Erreichungsgrad möglich würde. Traten nun die vom Projekt nicht beeinflußbaren »Annahmen« nicht ein, und hierzu gehörte nun nicht nur ein günstiger Witterungsverlauf, sondern die ganzen sonstigen leidigen Rahmenbedingungen in der Zusammenarbeit mit den lokalen Partnern, den Zielgruppen (Kleinbauern) und den Distriktverwaltungen und schließlich dem Landwirtschaftsministerium mit seiner Agrarpolitik, konnte dies den Projekterfolg nicht beeinflussen, denn diese Einflüsse kamen ja von außen, waren sozusagen nicht vom Projekt verschuldet.

Der Unterschied zu einem privaten Unternehmer wird deutlich. Er steht denselben Rahmenbedingungen gegenüber, aber, wenn er am Jahresende sein Geld verloren hat, ist es für ihn müßig zu sagen, der Verlust sei nicht seine Schuld gewesen, sondern beispielsweise die Schuld ungünstiger Preisentwicklung. Er hat die Wahl, das Risiko einer ungünstigen Preisentwicklung einzugehen, oder, wenn es ihm zu hoch erscheint, das Projekt gar nicht erst zu beginnen.

Auch das ZOPP-Verfahren sieht diese Alternative vor. Es kennt die sog. »tödliche Annahme«. Ist die Wahrscheinlichkeit, mit der eine wichtige Annahme zur Zielerreichung eintreten soll, sehr niedrig, zwingt dies lt. ZOPP-Anweisung zur Aufgabe des Vorhabens, wenn sie nicht durch eine risikoärmere Konzeption ausgeschaltet werden kann. In der Praxis hat dies aber noch nie zur Aufgabe eines Projekts geführt, denn die Budgetmittel sollen ja verausgabt werden, sondern lediglich zu einer weniger anspruchsvollen Formulierung des Projektzieles. Sollte beispielsweise ein landwirtschaftliches Projekt so viel Mut gehabt haben, die Aktivität des Verkaufs von verbessertem Saatgut mit dem Projektziel einer 10%igen Einkommenssteigerung bei den Saatgut kaufenden Bauern zu verbinden, und ist diese Annahme deshalb sehr unwahrscheinlich, weil die Regierung des Gastlandes im laufenden Wirtschaftsjahr geplant hat, die Billigimporte an Reis um 20% zu erhöhen, so umgeht man die Killer-Annahme »konstantes Erzeugerpreisniveau« einfach, indem man als Projektziel nur noch formuliert: »X Tonnen Reissaatgut an Bauern verkauft.« In solch einer Zielformulierung erscheint dann vorsichtshalber auch nicht der Preis, zu dem man das Saatgut verkauft. Wird nämlich durch Geschenk- und Dumpingangebote des Auslands der Preis für Konsumreis gedrückt, hat dies natürlich auch Auswirkungen auf den Preis, der für Saatgut erzielt werden kann, und die Zielvorgabe »X Tonnen Reissaatgut verkauft« läßt sich möglicherweise nur durch hohe Subventionierung des Verkaufspreises erzielen.

Dies alles ist das tägliche Geschäft unserer Agrarprojekte. Aus ihrer Fülle sei lediglich das Beispiel des deutschen Saatgutprojekts Sierra Leone herausgegriffen.

Gegen Ende seiner Kolonialherrschaft konnte Sierra Leone seinen Eigenbedarf am Hauptnahrungsmittel Reis sicherstellen und sogar geringe Mengen exportieren. Sierra Leones Reisimporte begannen seit Mitte der sechziger Jahre im Zusammenhang mit dem Aufschwung des Diamantenexports. Die zwischen 1955 und 1969 durchschnittlich importierten Reismengen von 22300t waren zwar unnötig, denn sie hätten ohne weiteres im Lande produziert werden können. Immerhin erlaubte die durch das Diamantengeschäft günstige Devisenlage, diese Importe voll zu bezahlen.

Als das von deutscher Seite finanzierte »Seed Mulitplication Projekt« (SMP) Anfang 1979 seine Arbeit begann, hatte das Diamantengeschäft eine deutliche Abschwächung erfahren, und die im Land engagierten westlichen Hilfsorganisationen, allen voran WELTBANK, US-AID und die BRD, empfahlen der sierra-leonischen Regierung konzertierte Anstrengungen zur Erhöhung der nationalen Reisproduktion. Mit enormem Mittelaufwand wurden nahezu flächendeckend für das ganze Land landwirtschaftliche Regionalentwicklungsprogramme ausländischer Hilfsorganisationen in Gang gesetzt. Ein wichtiges Element im Angebot dieser Organisationen war ein leistungsfähiges Saatgut für Reis, das aus vorliegenden lokalen Züchtungen gewonnen und vermehrt werden sollte. Dieser Aufgabe unterzog sich das deutsche SMP.

Aber dieselben westlichen Regierungen, die ihre massive Hilfe zur Steigerung der lokalen Reisproduktion angeboten hatten, begannen gleichzeitig in einem zuvor nicht gekannten Umfang ihre Agrarüberschüsse zu Dumpingpreisen und als Geschenke abzusetzen. Die lokalen Eliten ihrerseits hießen die Programme zur Steigerung der Reisproduktion gut, dachten gleichzeitig aber gar nicht daran, sich ihnen bietende geschäftliche Vorteile aus dem Import von Billigreis entgehen zu lassen.

Auch ohne nennenswerte Förderprojekte im Agrarsektor war die nationale Reisproduktion Sierra Leones zuvor von 1961 bis 1971 von 150300 t auf 260800 t (+ 74%) angestiegen, nur weil die Erzeugerpreise einigermaßen attraktiv und die Importe niedrig und überwiegend voll zu bezahlen waren. Nach 1977 dagegen stieg die Agrarproduktion trotz massiver Fördermaßnahmen in weiteren 10 Jahren nur auf 311500 t (+ 19%) und stagnierte dann im Schnitt bis 1989 auf einem Niveau von durchschnittlich 294000 t, und dies nicht wegen ungünstiger Witterung, sondern ausschließlich wegen einer korrupten, den Interessen des Landes extrem zuwiderlaufenden Politik der Eliten in der Hauptstadt Freetown. Lagen die Reisimporte in den sechziger Jahren noch bei durchschnittlich 22300 t im Jahr, so stiegen sie bis 1987–89 auf durchschnittlich 136700 t pro Jahr an, wobei die Nahrungsmittelhilfe (100% geschenkt) einen Anteil von 34% erreichte. Unter der Agrarpolitik der Eliten hatte die Landflucht weiter zugenommen. Die Hauptstadt Freetown wuchs von 230000 Einwohnern im Jahr 1970 auf 470000 im Jahr 1985 an.

Und wie erging es unserem deutschen SMP? Der Grund seiner Ingangsetzung war gewesen, im Zusammenwirken mit den landwirtschaftlichen Regionalentwicklungsprogrammen die Produktion von Reis drastisch zu steigern, um damit Sierra Leone in wenigen Jahren von Reisimporten unabhängig zu machen. Aber wohlweislich hatte es sich eine solch selbstmörderische Zielsetzung innerhalb seines ZOPP-Rituals nicht gegeben. Nein, man blieb bescheiden und nahm sich zum Ziel, »die Reisbauern in der Republik Sierra Leone mit Saatgut hoher Qualität zu versorgen«. Das Projekt wurde zielstrebig verfolgt, hatte besonders gute Projektleiter, sein Saatgut erreichte im praktischen Anbau bis 1990 eine Diffusionsrate von rd. 40%. Das Projekt hat auch unter den chaotischen Verhältnissen, unter denen Sierra Leone seit etwa fünf Jahren regiert wird, weiterbestanden, was allein schon eine Leistung ist, und gilt bei seiner Heimatbehörde als Vorzeigeprojekt.

Auch ein ausreichender volkswirtschaftlicher Erfolg des Projekts läßt sich ausrechnen, wenn man ohne Rücksicht auf die tatsächliche bäuerliche Mehrproduktion einen durchschnittlichen Mehrertrag des verbesserten Saatguts von 20%, was zumindest erzielbar ist, der Rechnung zugrunde legt. Nur kommt man nicht an der Tatsache vorbei, daß die Bauern das ihnen zu subventionierten Preisen angebotene verbesserte Ertragspotential nicht zu einer nennenswerten Produktionsausweitung nutzten, denn es stagnierte – wie schon gesagt – die Reisproduktion nach 1977 weitgehend, weshalb dieses gute Projekt mit seinem Aufwand von rd. 29 Mio DM bis 1991 (ein Mehrfaches kosteten die Regionalentwicklungsprojekte) ein Schlag ins Wasser bleiben mußte.

Andererseits wage ich die Behauptung, daß allein ein konsequentes Unterlassen jeglicher Getreidelieferungen zu Dumpingpreisen und in Geschenkform die Eigenversorgung Sierra Leones mit Reis sichergestellt und zudem noch die Bauern zu Maßnahmen zur Erhaltung der Bodenfruchtbarkeit veranlaßt hätte. Eine Aktivität, auf welche die Hilfsprojekte derzeit in Sierra Leone vergeblich hoffen.

Zu f) Entwicklungshilfebürokratie mit Eigeninteressen:

Der geneigte Leser wird sich nach diesen Zeilen zu Recht die Frage stellen, was der ganze Unfug mit der sog. Entwicklungshilfe eigentlich soll. Wäre nicht wenigstens zu erwarten, so wird er sagen, daß sich die Agrarminister und die Entwicklungshilfeminister der westlichen Welt vor Festlegung ihrer Programme darüber einigen, welche Art von Programm sie in den armen Ländern der Dritten Welt realisieren wollen: ein Alimentationsprogramm mit westlichen Agrarüberschüssen oder ein Entwicklungsprogramm mit westlichem technischen Know-how.

Nun, die versammelten Minister werden ihm mit großer Gelassenheit antworten, daß sie selbstverständlich so weitermachen wollen wie bisher und dies möglichst mit jährlich leicht aufgestocktem Budget. Die Agrarminister sitzen allemal politisch am längeren Hebel als die Entwicklungshilfeminister, und dies nicht nur in der BRD, wo man die untergeordnete Funktion des Entwicklungshilfeministers schon an der Tatsache ablesen kann, daß dessen durchschnittliche Verweildauer im Amt nicht in Jahren, sondern nur in Monaten zu messen ist. Daß sie am kürzeren Hebel sitzen, wissen die Entwicklungshilfeminister schon lange, was sie nicht davon abgehalten hat, ihre Hilfsorganisationen während der letzten 30 Jahre auf nationaler wie supranationaler Ebene zu einer mächtigen Organisation auszubauen, einschließlich der kirchlichen, und hier wiederum der Organisation der Altkleiderversender des Herrn HERMANN SCHAM.

Zehntausende sind in den Zentralen beschäftigt, Zehntausende sind in den Ländern der Dritten Welt im Einsatz, ergänzt durch Zehntausende als Auftragnehmer, insbesondere in der Bau-, Industrieanlagen- und Consultingindustrie, aber auch in vielfältigen Forschungseinrichtungen und zahlreichen Ausbildungsstätten.

Sollte sich heute, nachdem all diese Beschäftigungsverhältnisse, Budgetfestlegungen, Niederlassungen in den verschiedensten Zentren der Welt zu einem festen Gefüge geworden sind, die Erkenntnis durchsetzen, daß ihre Tätigkeit zur Entwicklung der armen Länder nicht beiträgt, sondern nur der Einkommenssicherung für einige zehntausend Akademiker einschließlich Hilfspersonal zu Lasten der Steuerzahler und Spender dient, so heißt dies noch lange nicht, daß solche Organisationen mir nichts, dir nichts von der Bildfläche zu verschwinden haben.

Waren nicht die meisten der hier tätigen Fachleute ehrlich bemüht, eine Aufwärtsentwicklung in der Dritten Welt in Gang zu setzen? Hatten sie nicht ihre ganze Karriere diesem Ziel untergeordnet? Sollen sie nun zu der Enttäuschung über ihre verfehlten Bemühungen noch den Schaden einer Entlassung mit ungewisser Zukunft tragen, vor allem die älteren unter ihnen?

Ganz gleich, wer die Verantwortung für die entwicklungspolitisch schädlichen Entwicklungen in der Dritten Welt trägt und wer mit falschen Weichenstellungen zum Aufbau der jetzt bestehenden Bürokratien im Entwicklungshilfebereich beigetragen hat: Wer heute in verantwortlicher Stellung in diesen Organisationen tätig ist, muß im Interesse der Besitzstandswahrung und der sozialen Verpflichtung gegenüber seinen Mitarbeitern zunächst einmal jeden Zweifel an der Wirksamkeit unserer Entwicklungshilfeprojekte von sich weisen.

Die Ehrlichen unter ihnen – und dies ist die Mehrheit – werden die Mißstände zwar offen zugeben, sie werden die schwierigen Rahmenbedingungen, also vor allem das fehlende unternehmerische Engagement und die mangelnde marktwirtschaftlich-ordnungspolitische und demokratische Gesinnung der Eliten in der Dritten Welt beklagen, sie werden auch offen zugeben, daß der Westen durch seine rücksichtslose Überschußabladepolitik diese Entwicklung maßgeblich mitverschuldet hat. Aber sie werden fest behaupten und davon überzeugt sein, daß ihre Entwicklungsprojekte zwar nicht viel bewirken konnten, aber wenigstens geholfen haben, noch Schlimmeres zu verhüten.

Sind unsere zahllosen Projekte der staatlichen, suprastaatlichen, kirchlichen und privaten Hilfsorganisationen nicht die einzige Stütze für die zahllosen Kleinbauern in der Dritten Welt? Was wären die lokalen Landwirtschaftsverwaltungen ohne die fortwährende logistische Unterstützung durch diese Hilfsprojekte? Gilt nicht dasselbe in den Bereichen des Erziehungswesens und der Gesundheitsfürsorge?

Nehmen wir den Fall unseres Saatgutprojekts in Sierra Leone. Was wäre denn ohne unser Projekt geschehen, werden die Chefs in der Heimatbehörde fragen. Wären denn die Rahmenbedingungen deshalb besser geworden? Und konnten wir durch die Versorgung von 40% der Saatflächen mit unserem verbesserten Saatgut zu subventionierten Preisen den Bauern nicht wenigstens gewisse Einkommensvorteile verschaffen? Konnten wir nicht wenigstens für eine ausreichende Erhaltungszüchtung verbesserter lokaler Reissorten sorgen, die dann, wenn in den kommenden Jahren vielleicht doch eine produktionsfreundliche Agrarpolitik in Sierra Leone Einzug hält, voll ihre Wirkung zeigen können?

Wie wir schon gesehen haben, ist es leider durchaus so, daß die zahllosen Entwicklungshilfeprojekte mit ursächlich für die verderbten Rahmenbedingungen in der armen Ländern der Dritten Welt sind. Schon seit den ersten Jahren der Entwicklungshilfe haben ihre zahlreichen Organisationen nicht etwa einen geduldigen Abwehrkampf gegen die Alimentationsstrategie unserer Exportlobby geführt, sondern sich selbst überwiegend in den Dienst des bloßen Transfers von Gütern und Diensten, die der simplen Alimentation dienten, gestellt. Hätten sie konsequent jede Alimentationspraktiken abgelehnt und einen entwicklungspolitisch einwandfreien, auf die Vermittlung von Innovationen ausgerichteten Kurs eingeschlagen, hätten sie bis heute nur einen Bruchteil, etwa ein Viertel ihres tatsächlichen Volumens, ausgegeben und ihren Apparat entsprechend klein gehalten.

Tatsächlich hatten aber in allen Entwicklungshilfeorganisationen von Anfang an die westliche Exportlobby und die Parkinsonschen Apparatschiks das Sagen, während die ehrlich auf Entwicklung der armen Länder hinarbeitenden Fachleute die Schwächeren blieben. Letzteren wurde zwar die hehre Gallionsfigur des Schiffes »Entwicklungshilfe« nachgebildet, das Aushängeschild, den Kurs bestimmten indessen mit zynischer Kälte die ersteren.

Aber auch ein entwicklungspolitisch integres Entwicklungshilfeschiff hätte angesichts der durch Exportlobby und lokale Eliten bestimmten Großwetterlage ehrlicherweise nach ein paar Jahren in den Heimathafen zurückkehren müssen, die Arbeit einstellen, bestenfalls unter Zurücklassung eines Notdienstes. Im Falle unseres Saatgutprojekts etwa hätte man sich auf die Erhaltungszüchtung der Lokalsorten beschränkt, um bessere Tage abzuwarten.

Mit der Tatsache, daß dies alles nicht so geschah, mußten sich am Ende nolens volens auch die entwicklungspolitisch engagierten, inzwischen zu Veteranen im Dienst gereiften ehemaligen Enthusiasten einverstanden erklären.

So auch ich selbst. Wir wiederholen zwar unser Klagelied über die verderbten Rahmenbedingungen mit der Gleichförmigkeit einer lithurgischen Übung, klammheimlich haben wir uns in diese verliebt. Ihre Existenz allein garantiert uns, daß wir bis zu unserer Pensionierung in der Entwicklungshilfe beschäftigt sein werden.

Mit diesen Zeilen will ich denn auch nicht meinen vielen Kollegen im Geiste auf die Füße treten. Sie sind vielmehr an junge Menschen gerichtet, etwa Abiturienten oder Hochschulabsolventen, die mit Tatendrang erfüllt sind und die großen Probleme unserer Gegenwart und nahen Zukunft anpacken wollen.

Sie sollten das dubiose Schiff »Entwicklungshilfe« gar nicht erst besteigen. Sie sollten weder ihr Fernweh und ihre Abenteuerlust noch ihren jugendlichen Idealismus – meist gepaart mit Unerfahrenheit in wirtschaftlichen Fragen – in den Dienst von Organisationen stellen, die derart weit vom Prinzip des Wirtschaftens auf eigenes Risiko entfernt sind wie unsere Hilfsorgansiationen für die Dritte Welt.

Letztere werden nicht von ihren Kunden bezahlt, etwa den Kleinbauern in den armen Ländern, sondern von Steuerzahlern und Spendern in den reichen Ländern, die nie Gelegenheit erhalten, sich über die Wirksamkeit ihrer Beiträge ein Urteil zu verschaffen. Es bleibt ihnen nur, der Werbung zu glauben, die man für sie bereithält (vgl. Anlage 7 b).

Seit 30 Jahren wiederholen die Hilfsorganisationen in ihren »Frontberichten« Erfolgsmeldungen, obwohl Steuerzahler und Spender inzwischen erfahren haben, daß die Wirklichkeit anders aussieht. Seit 30 Jahren werben vor allem die kirchlichen Organisationen mit ihrer »Arbeit an der Basis« und halten sich zugute, dabei ohne lokale Regierungen und deren Bürokratie auszukommen. Sie haben immer noch nicht bemerkt, daß diese Haltung entwicklungspolitischer Nonsens ist, denn auch für den Erfolg eines jeden ihrer Projekte ist eine solide Wirtschaftspolitik der lokalen Eliten das A und O.

Aber anstatt Steuerzahlern und Spendern zu erklären, was die Eliten zu einer solchen soliden Wirtschaftspolitik bewegen könnte, ziehen sie es vor, KARL RIDDERBUSCH für sich werben zu lassen. Woher dieser Herr seine Kenntnisse in Entwicklungspolitik hat, darüber schweigt des Sängers Höflichkeit. Die These der Hilfsorganisationen: »Viele kleine Leute, die an vielen kleinen Orten viele kleine Dinge tun, können das Gesicht der Welt verändern«, ist eben nur die halbe Wahrheit. Die andere Hälfte heißt: Ohne das Tätigwerden der lokalen Eliten als Privatunternehmer im Wettbewerb und als marktwirtschaftliche und demokratische Ordnungspolitiker ist weder wirtschaftliche und soziale Entwicklung noch kulturelle Identität möglich. Wer diese ganze Wahrheit auch nach 30 Jahren nicht erkennen und daraus keine Konsequenzen ziehen will, handelt gegenüber der Dritten Welt verantwortungslos und denkt nur an den Erhalt seiner Organisation.

5 Entwicklungshilfe und öffentliche Meinung

In einer modernen Demokratie läßt sich nur schwer etwas gegen die öffentliche Meinung durchsetzen, aber man kann die öffentliche Meinung manipulieren, um politisch etwas zu erreichen.

Die öffentliche Meinung wird vom jeweiligen Zeitgeist beherrscht, einer Grundströmung des Denkens und Empfindens, den zu analysieren jenseits meiner Kompetenz liegt. Nur soviel scheint mir, obwohl ich kein Hegelianer bin, ziemlich sicher: Der Zeitgeist ist immer damit beschäftigt, sich gegen den unmittelbar vorausgegangenen Zeitgeist abzugrenzen. Man denkt und fühlt so, weil man nicht mehr so denken und fühlen möchte wie bisher. Vielmehr scheint die Menschheit ihr Glück und ihr bißchen Freiheit nur in der fortwährenden Infragestellung alles Bestehenden zu finden.

Ich will in wenigen Sätzen versuchen, den wechselnden Zeitgeist der letzten 30 Jahre in bezug auf unsere westliche Entwicklungshilfe aus meinem Erleben nachzuvollziehen, nicht zuletzt, um jüngeren Lesern auf die Frage zu antworten: Wie konnte die Entwicklungshilfe zu dem werden, was sie geworden ist.

5.1 Im Zeichen der Entkolonialisierung

Die ersten politischen Nachrichten, die ich als Oberschüler in Wochenschauen bei gelegentlichen Kinobesuchen in mir aufnahm, waren jene über MAHATMA GANDHI und die Unabhängigkeit des indischen Subkontinents und jene über den Mau-Mau-Aufstand in Kenia, der sich über Jahre hinzog, gemischt mit den Unruhen im belgischen Kongo. KENYATTA, LUMUMBA und KASAVUBU waren uns Oberschülern genauso geläufig, wie den heutigen Oberschülern die Namen SCHEWARDNADSE, GORBATSCHOW und JELZIN.

Als die westliche Welt Anfang der sechziger Jahre mit ihrer Entwicklungshilfe begann, stand der Zeitgeist des Westens im Zeichen der Entkolonialisierung. Wie immer ist der Zeitgeist ganz von sich selbst eingenommen – solange zumindest, als die Menschen seiner nicht überdrüssig geworden sind und so lange er so in voller Blüte steht, kann man nicht gegen ihn angehen.

Während der ersten zehn Jahre Entwicklungshilfe, im Zeichen der Entkolonialisierung also, war in der öffentlichen Meinung des Westens so ziemlich alles richtig, was die jungen Eliten der zur Unabhängigkeit gelangten Staaten Afrikas dachten und unternahmen. Niemand konnte es wagen, ihnen gegenüber eine restriktive Haltung einzunehmen, ohne Gefahr zu laufen, als Kolonialist oder, schlimmer noch, als Rassist eingestuft zu werden.

So wäre es müßig gewesen, den jungen Eliten beispielsweise zu sagen: Liebe Freunde, es ist zwar schön, daß Ihr endlich Eure nationale Selbständigkeit bekommen habt, aber, wenn Ihr sie nicht gleich wieder verlieren wollt, dann müßt Ihr schauen, daß Ihr die Aufwärtsentwicklung Eurer Länder nicht bremst, sondern vorantreibt, und bei letzterem müßt Ihr schauen, daß Ihr die Geschicke Eurer Länder selbst in Händen behaltet, und wenn Euch dies wiederum gelingen soll, dann müßt Ihr vor allem hart arbeiten und viel lernen. Ihr müßt Eure Haltung zur ausführenden Arbeit und ihrer Technologie grundlegend ändern und ... pi, pa, po ..., alles, was ich dem Leser schon zur Genüge aufgetischt habe, bis hin zu den privaten Investoren und staatlichen Wettbewerbshütern.

Nein, das zu sagen war damals nicht opportun, denn niemand hätte hingehört. Man hätte zuvor die öffentliche Meinung gehörig manipulieren müssen. Nun kann man die öffentliche Meinung nie in der Weise manipulieren, daß man frontal gegen sie anläuft. Auch mit viel Geld und politischem Einfluß gelingt dies nicht. Stets muß man dies geschickt anstellen, man muß seine politischen Ziele dadurch verfolgen, daß man sich als Vorreiter des Zeitgeistes profiliert.

Dies tat denn auch der Westen unverzüglich. Hatte er die politischen Führer Afrikas noch kurze Zeit zuvor gefangengesetzt und interniert und ihre Anhängerschaft militärisch verfolgt, mit Beginn der neuen Ära der Entkolonialisierung wetteiferten die Länder des Westens gegenüber den neuen Eliten in Zuvorkommenheit. Die jungen Eliten wollten erst gar nicht glauben, was ihnen da alles zum Aufbau ihrer Länder angeboten wurde. Der dornenreiche Weg des Wirtschaftens auf eigenes Risiko schien gar nicht nötig. Es kam alles so rasch und in solcher Fülle auf sie zu. Anstatt selbst zu produzieren, genügte es, die Importe an Gütern und Diensten und technischen Anlagen zu kanalisieren und zu verwalten und dabei vor allem die Macht in Händen zu behalten, insbesondere gegenüber eifersüchtigen, aber zu kurz gekommenen Stämmen im eigenen Land. Es konnte nicht verwundern, wenn die jungen Eliten in dieser Situation zu politischem Zentralismus und Diktatur griffen und zu wirtschaftlichem Dirigismus und Monopol.

Politik und Wirtschaft glichen einem großen Schauspiel; für den zur neuen Elite Gehörenden genügte es, in seine Rolle zu schlüpfen und zu posieren, für die Gagen sorgte das Publikum, die staunende eigene Bevölkerung wie die westliche öffentliche Meinung. Das Theatermanagement einschließlich Kulissenschieben besorgten die weißen Heinzelmännchen im Hintergrund, die Industrievertreter und die Leute von den Hilfsorganisationen. Wer letztere tüchtig einsetzte, wie etwa die Elfenbeinküste und Kenia, konnte rasche Erfolge vorweisen, dort lebten nach der Unabhängigkeit mehr Weiße (Europäer und Inder in Kenia, Europäer und Libanesen in der Elfenbeinküste) als zur Kolonialzeit. Oberflächliche Beobachter priesen beide Volkswirtschaften als marktwirtschaftliche Modelle in Afrika. Das galt aber nur, soweit und solange man private ausländische Gesellschaften zuließ. Die afrikanischen Eliten organisierten den von ihnen kontrollierten Teil der Wirtschaft – und das war der Löwenanteil – hier genausowenig marktwirtschaftlich, wie in allen anderen Ländern dieses Kontinents und versäumten hier wie anderwärts, sich von staatlich bezahlten Unternehmerdarstellern zu tatsächlichen Unternehmern zu entwikkeln.

Was den westlichen Exportinteressen aber gleich in dieser ersten Dekade der Entwicklungshilfe trefflich gelang, war die Manipulation der öffentlichen Meinung. Sie machte sich geschickt zum Vorreiter der Entkolonialisierung und begann in Wirklichkeit ihre Politik der Alimentation und der Erschließung von Plattformen zum Abladen von Überschüssen. Anstatt den jungen Ländern Afrikas zu tatsächlicher Unabhängigkeit zu verhelfen, brachten sie diese in eine neue Abhängigkeit, die – wie ich meine – weit schlimmer ist als die koloniale. Die koloniale Abhängigkeit weckte den Widerspruch der afrikanischen Staaten und stärkte den Selbstbehauptungswillen ihrer Eliten. Die neue Abhängigkeit hingegen infizierte die Eliten mit dem schleichenden Gift der Selbstaufgabe.

Bei all dem hat den Westen nach meiner Meinung die Angst vor einem Abdriften der Staaten Afrikas in die sowjetische Machtsphäre weit weniger motiviert, als dies immer behauptet wurde.

Nicht die Angst vor den Sowjets beflügelte ihre Lieferungen und Kreditzusagen, sondern die Angst vor der Konkurrenz anderer verbündeter Staaten des Westens. Die Engländer und Franzosen waren vor allem von den USA und der BRD beunruhigt und umgekehrt und, wie sich später deutlich zeigen sollte: Als die Sowjets zu Beginn der achtziger Jahre jeglichen Einfluß in Afrika verloren hatten, wurden die Abladepraktiken insbesondere mit Agrarüberschüssen erst recht forciert.

Schon nach zehn Jahren Entwicklungshilfe war diese zu einem Käufermarkt geworden, bei dem der Empfänger die Konditionen bestimmte und der Geber sich mit zusätzlichen Geschenken dafür bedankte, daß man sein Geschenk und nicht das der Konkurrenz genommen hatte.

5.2 Verteilungsgerechtigkeit und Grundbedürfnisbefriedigung

Inzwischen trat die westliche Entwicklungshilfe in ihre zweite Dekade. Der Zeitgeist füllte sich mit neuen Inhalten. Afrika rückte ganz aus den Augen der Weltpolitik und der öffentlichen Meinung. Die Entkolonialisierung war gelaufen. Sehr geschäftsmäßig und ohne Aufsehen wurden 1974 als Nachzügler die portugiesischen Kolonien Afrikas in ihre Unabhängigkeit entlassen. Die Weltpolitik wurde von den Konflikten im Nahen Osten beherrscht und der Ost-West-Spannung, die Bundesrepublik erlebte ihre erste Links-Mitte-Regierung.

Unser Wohlstand hatte sich nach Kriegsende in ungeahntem Umfang auf der Basis privatwirtschaftlichen Unternehmertums und der marktwirtschaftlich-ordnungspolitischen Funktion des Staates gesteigert und gefestigt. Die politische Linke konnte nicht wagen, die marktwirtschaftlichen Grundlagen zu verändern, dazu gab es schon innerhalb der SPD keine Mehrheit, ganz zu schweigen bei den Wählern, aber sie setzte deutliche Akzente im volkswirtschaftlichen Verteilungsprozeß. Den dicken Kuchen, den Vater ERHARD hinterlassen hatte, nahmen seine Erben als etwas Selbstverständliches, über die Grundlagen seiner Entstehung wollte man nicht weiter nachdenken, um so mehr interessierte man sich für seine »gerechte« Verteilung. Die Achtundsechzigergeneration meldete sich zu Wort und trat den »Gang durch die Institutionen« an. Keine Institution machte ihr diesen Gang leichter, als unser Entwicklungshilfeministerium unter seinem Vordenker ERHARD EPPLER. Hier war ein noch junges Ministerium im Aufbau und hier konnten junge Hochschulabsolventen rasch Karriere machen, die sich dem sozialen Umverteilungsprozeß verbunden fühlten.

Verteilungsgerechtigkeit, Kampf für die Rechte der Unterprivilegierten, insbesondere der Frauen, waren die entwicklungspolitischen Losungen der zweiten Dekade.

Man begann, die Eliten in der Dritten Welt etwas differenzierter zu sehen. Es gab die guten, wie NYERERE in Tansania, die sich westlich-sozialistischem Gedankengut verbunden fühlten, und die weniger guten, wie AMIN in Uganda und BOKASSA in der Zentralafrikanischen Republik. Man hatte auch bemerkt, was die westliche Industrie in den Hauptstädten der Dritten Welt alles für klotzige Regierungsgebäude, Prachtstraßen, Kraftwerke und Industrieanlagen errichtet hatte. Sie war natürlich, wie schon zu Hause, schuld an der mangelnden Verteilungsgerechtigkeit in den jungen Staaten der Dritten Welt. Aufgabe der Entwicklungshilfe sollte es nun sein, hierzu eine Korrektur zu liefern, d. h. die moderne Infrastruktur aufs flache Land zu bringen. Dies sollte die neue Grundbedürfnisstrategie bewirken.

All das, die klotzigen Hauptstädte und die Rückständigkeit der Bauern, konnte man auf einfache Weise dem Fernsehpublikum vor Augen führen, man lag konform mit der öffentlichen Meinung, die forderte, daß mit Entwicklungshilfegeldern nicht am Ende noch die goldenen Badewannen des Schahs von Persien finanziert würden.

Was sich weniger gut filmen ließ, war die Effizienz, mit welcher die neu entstandenen Bürokratien in den Hauptstädten ihre Volkswirtschaften lenkten, die staatlichen Monopolbetriebe produzierten und Geld verdienten. Beide erlebten während der siebziger Jahre eine Ausdehnung ins Kolossale. Erschienen die roten Zahlen, die eine Staatsgesellschaft Jahr für Jahr schrieb, nicht mehr erträglich, wurde an ihrer Stelle eine neue Staatsgesellschaft gegründet – meist ohne die alte zu liquidieren –, und selbstverständich wirtschaftete die neue Staatsgesellschaft nicht besser, wie sollte sie auch! Nur waren noch mal für ein paar hundert Angestellte Planstellen geschaffen worden.

Gambia, der kleinste Staat Afrikas mit 630 000 Einwohnern im Jahre 1975, hatte im selben Jahr bereits rd. 4600 Staatsbeamte zu versorgen und ließ ihre Zahl innerhalb von fünf Jahren auf rd. 9200 anwachsen.

Bis zu Beginn der achtziger Jahre beunruhigte dies die Verantwortlichen für die Entwicklungshilfe in keiner Weise. Zu Beginn ihrer Unabhängigkeit verfügten die Länder Afrikas nun mal über wenige bis keine privaten Unternehmer, also, so sagte man sich, mußten ihre Aufgaben eben Staatsbeamte und öffentliche Angstellte übernehmen. Vielmehr wurde das »institution building« zu einem wichtigen Programmpunkt der Hilfsorganisationen.

Auch während der ganzen zweiten Dekade dachte also niemand daran, den privaten Unternehmer und mit ihm eine marktwirtschaftliche Wettbewerbsordnung in Afrika oder sonstwo zu fördern. Über mehr als 20 Jahre tauchte das Wort Privatunternehmer und Wettbewerbsordnung in der entwicklungspolitischen Literatur nicht auf. Im Gegenteil, die wenigen bestehenden privatwirtschaftlichen Strukturen, wie etwa der Landhandel, wurden als ausbeuterisch gebrandmarkt. Man bemühte sich, ihn durch Gründung von Genossenschaften auszuschalten, und übertrug ihnen deshalb, wo es ging, Monopolrechte. Im Kampf gegen die Ausbeutung glaubte man, Monopole schaffen zu müssen. Dies entsprach jedenfalls dem Zeitgeist. Hatte nicht zur gleichen Zeit der JUSO-Vorsitzende WOLFGANG ROTH, wie auch seine Vorgänger im Amt, die Verstaatlichung der Großbanken und der Schwerindustrie in der BRD gefordert?

Hier zeigte sich nun etwas für das weitere Schicksal der armen Länder sehr Wichtiges: Es war niemand da, der den armen Ländern der Dritten Welt ernsthaft geholfen hätte, ein marktwirtschaftliches System zu übernehmen oder auch nur seine Funktionsweise näherzubringen. Das Unternehmerlager nahm die neue Entwicklungspolitik hin, begnügte sich mit sarkastischen Anmerkungen über die »linken Typen«, dachte aber gar nicht daran, sich auf eine entwicklungspolitische Diskussion oder gar auf einen politischen Kampf um das, was Entwicklungspolitik sein sollte, einzulassen. Die Unternehmer fuhren kurzfristig gesehen weit besser damit, die armen Länder mit den Früchten der sozialen Marktwirtschaft zu füttern, als damit, ihnen deren Wurzeln zu vermitteln. Schließlich war dies auch nicht ihre Aufgabe. Sie waren Unternehmer, nicht Ordnungspolitiker. Und diese Früchte der Marktwirtschaft, das zeigte sich sehr rasch, konnten sie unter staatsmonopolistischen Strukturen in der Dritten Welt weit besser abladen als unter marktwirtschaftlichen. Nun kam noch die linke Umverteilungsgerechtigkeit unserer offiziellen Politik hinzu. Tant mieux! Nichts war geeigneter, das Abladen von Überschüssen in gesteigerter Form fortzusetzen, als die offizielle Politik der Grundbedürfnisbefriedigung.

Daß die lokalen Eliten sich durch diese Strategie nicht die Wurst vom Brot nehmen lassen und ihre gut geschmierten Industrie- und Infrastrukturprojekte fortsetzen würden, war ohnehin klar. Die Grundbedürfnisse des flachen Landes kamen nun noch hinzu. Jetzt konnte die Agrarlobby die Nahrungsmittelspenden nicht nur in die Hauptstädte, sondern auch aufs flache Land liefern. Das Vehikel hierfür waren die Food-for-work-Projekte. Die deutschen Institutionen nannten sie – um die Geister zu verwirren – Ernährungssicherungsprojekte. Angesehene Hilfsorganisationen, für deren Arbeit der Bundespräsident jedes Jahr wirbt, wie die WELTHUNGERHILFE, fanden es vertretbar, in einem Land, das sein Agrarpotential erst zu 50% ausnutzte, wie das erwähnte

Gambia oder Guinea Bissau, Reisbauern in bezahlter Arbeit das Ausbessern ihrer Erddämme abzunehmen und sie mit importiertem Reis zu entlohnen.

Nun nahm unsere Exportindustrie auch noch verhältnismäßig einfache Produkte mit in ihr Sortiment auf, wie Wellblech zum Decken von Schulen und Krankenstationen und allerlei sonstige Baustoffe, sodann Brunnenbohrgeräte und einfache Wasserpumpen zur Ausstattung von Trinkwasserbrunnen, landwirtschaftliche Handarbeitsgeräte etc.

Nach Vorstellung unserer Entwicklungspolitiker sollte die Grundbedürfnisstrategie natürlich nicht der Alimentation, sondern der Produktivitätssteigerung dienen. Zu einem verbesserten Produktionsklima, zur Bereitschaft der Bauern, überhaupt bei ihrer Scholle zu bleiben und nicht in die rasch wachsenden Slums der Großstädte abzuwandern, müsse man, so war die Überlegung, ihre Lebensbedingungen durch eine verbesserte Infrastruktur erträglicher machen.

Wäre die Produktivität tatsächlich nennenswert verbessert worden, hätte die Grundbedürfnisstrategie Erfolg gehabt, aber wie sollte sie dies mit solch peripheren Maßnahmen erreichen?

Um die landwirtschaftliche Produktivität deutlich zu verbessern, wären vor allem folgende Maßnahmen erforderlich gewesen:

a) eine die Agrarproduktion stimulierende Preispolitik,
b) effiziente landwirtschaftliche Beschaffungs- und Vermarktungswege,
c) eine den bäuerlichen Mittelstand fördernde Strukturpolitik,
d) eine erfolgreiche Politik der Industriealisierung.

Auf all diesen Gebieten hat die Entwicklungshilfepolitik während der siebziger Jahre kaum etwas Positives erreicht:

Zu a):

Der Einfluß auf die lokalen Eliten zur Anhebung der Erzeugerpreise blieb ohne Wirkung, dagegen stellten sich die Entwicklungshilfeorganisationen weiter in den Dienst westlicher Agrarexporte.

Zu b):

Die westlichen Entwicklungshilfeinstitutionen waren während der zweiten Dekade ganz von der Genossenschaftsidee eingenommen. Bei ihrer Verfolgung wurde – wie schon gesagt – eher der Monopolisierung der Beschaffungs- und Absatzwege Vorschub geleistet. Ohne funktionierenden Wettbewerb waren aber keine leistungsfähigen Strukturen aufzubauen.

Zu c)

Zielvorstellung der westlichen Hilfsorganisationen war es, jede Differenzierung unter der Masse der Kleinbauern nach Möglichkeit zu verhindern und mit ihren Hilfsprogrammen vorzugsweise die ärmsten unter den Kleinbauern zu erreichen. Das traditionelle Umverteilungsrecht des Dorfchefs am Land entsprach ganz ihrer kollektivistischen Grundhaltung in allen Fragen des Bodenrechts. Die Hilfsorganisationen arbeiteten somit jeder Herausbildung eines bäuerlichen Mittelstands mit Betriebsflächen, die Voraussetzung für maßgebliche Produktivitätssteigerungen waren, bewußt entgegen.

Zu d)

Eine wirtschaftliche Aufwärtsentwicklung kann bei einer Bevölkerung, die zu 50–70% aus Subsistenzbauern besteht, nicht ohne deutliche Schrumpfung des bäuerlichen Anteils an den Beschäftigten erreicht werden, verbunden mit einer Absorption der freiwerdenden Arbeitskräfte in Industrie und Dienstleistungssektor. Nach Vorstellung der Grundbedürfnisstrategen war der Industrialisierungsprozeß in den armen Ländern schon überzogen und mußte daher gebremst werden. Sie konzentrierten somit ihre Anstrengungen ganz überwiegend auf Infrastruktur und Landwirtschaft. Sie verwechselten aber das simple Aufstellen von gut geschmierten Industrieanlagen unter staatlichem Management mit gelungener Industrialisierung, weil sie vom Segen sozialistischer Wirtschaftsmethoden überzeugt waren. Tatsächlich brachten die siebziger Jahre keine Industrialisierung, d. h. größere Produktionsbreite und -tiefe mit der Wirkung geringerer Krisenanfälligkeit, sondern wachsende Abhängigkeit durch staatsmonopolistische Mißwirtschaft in allen Sektoren der Wirtschaft mit der Folge rapide anwachsender Verschuldung.

Somit ging die Grundbedürfnisstrategie an den eigentlichen Aufgaben vorbei ins Leere. An der Errichtung der unter dieser Strategie finanzierten dörflichen Infrastruktureinrichtung beteiligte sich die nutznießende Bevölkerung weit weniger mit Eigenleistungen, wie sich dies die Hilfsorganisationen erhofft hatten. Vor allem versagte jeglicher Gemeinschaftsgeist bei der Unterhaltung von Gemeinschaftseinrichtungen. Bald wurden kaum noch weitere Trinkwasserbrunnen gebaut und mit Pumpen ausgestattet, sondern nur alte erneuert, die nicht unterhalten worden waren. Während ihre Eliten auf fremdes Risiko wirtschaften konnten, waren die Kleinbauern die Dummen der Dritten Welt, die allein auf eigenes Risiko arbeiten mußten und dies unter den Launen des Klimas. Das Einkommen, das sie dabei pro Manntag erzielen konnten, lag in den siebziger Jahren bei DM 1 bis DM 3, den Tag zu 6 Stunden gerechnet. Wen wollte man bei solcher Produktivität schon durch den Bau eines Gemeinschaftsspeichers und der Ausstattung der Brunnen mit einer weiteren Generation von Handpumpen neue Perspektiven eröffnen! Nun erfuhren die Bauern durch den Kontakt mit den Hilfsprojekten auch noch, wie die Menschen im Westen lebten und in welchem Ausmaß ihre Eliten von diesen Kontakten profitierten. Wir an ihrer Stelle wären noch viel rascher in die Städte abgewandert.

Man darf nicht übersehen, daß alles, was dann Mitte der achtziger Jahre an an Dritte-Welt-Problemen in der Öffentlichkeit der westlichen Staaten heiß diskutiert werden sollte, durch eine fundamental fehlorientierte Entwicklungspolitik zuvor über 20 Jahre hinweg vorbereitet worden war.

Da im Westen gleich zwei einflußreiche politische Gruppen an dieser Fehlorientierung maßgeblich beteiligt waren, nämlich die am Export in die Dritte

Welt interessierte Industrie und Landwirtschaft und die zur Regierung gelangte politische Linke, blieb die westliche Öffentlichkeit über diese Fehlorientierung auch über 20 Jahre lang völlig desinformiert. Privatunternehmertum und marktwirtschaftliche Ordnungspolitik waren während dieser Zeit nicht nur in den Hilfsorganisationen kein Thema, sondern blieben auch durch die Medien unberührt. Daher die Hilflosigkeit, mit der dann Mitte der achtziger Jahre die Diskussion der Probleme in der Öffentlichkeit geführt wurde – abermals ohne zu den Kernproblemen vorzustoßen.

5.3 Der »Tag von Afrika« und die Dritte-Welt-Gruppen

Während der ersten Hälfte der achtziger Jahre überschlugen sich zunächst die Hiobsbotschaften über die Finanzlage zahlreicher Länder der Dritten Welt. Der schon erwähnte Mini-Staat Gambia beispielsweise hatte bis 1985 seine Beamtenzahl nochmals von 9200 auf 10 500 erhöht, Mißwirtschaft und galoppierende Inflation ließen jedoch die Realeinkommen seiner Staatsbediensteten rapide absinken. Als ich im Frühjahr 1988 ein deutsches Forstprojekt in Gambia besuchte, war das Gehalt des Forstministers auf 460 DM pro Monat herabgesunken, ein Forest Superintendant (mit akad. Ausbildung) verdiente 208 DM pro Monat und ein Chauffeur 54 DM pro Monat. Davon konnte man auch bei den Lebenshaltungskosten Gambias nicht leben. Es ergab sich, daß die Kosten des deutschen Projektleiters mit allen Nebenkosten in etwa so hoch lagen wie das gesamte Budget des Forstministeriums mit seinen 170 Beamten. Die Schulden Gambias aber waren bis 1986 auf 200% seines Bruttosozialprodukts angestiegen. So ähnlich sah die Situation in einer ganzen Reihe von Staaten aus. Es wäre die Stunde der Wahrheit über die Wirtschaftsordnung und das Selbstverständnis der Eliten dieser Länder gewesen. Da sich aber die einflußreichen politischen Gruppierungen in den westlichen Geberländern ganz bewußt über die Kernprobleme nicht äußern wollten, überließen sie die Diskussion über die Dritte Welt politischen Minderheiten, die dieses Vakuum in der öffentlichen Meinungsbildung mit um so größerem Eifer auszufüllen versuchten. Diese politischen Minderheiten waren ausnahmslos linksorientiert, teilweise mit engem Kontakt zur evangelischen und katholischen Kirche.

Zu dem sozialistischen bis revolutionären, aus Lateinamerika übernommenen Gedankengut (Theorie der Befreiung) traten in der zweiten Hälfte der achtziger Jahre zunehmend ökologische Inhalte hinzu.

Was die Schuldenkrise nicht erreichte, nämlich die Aufmerksamkeit der Öffentlichkeit auf die Probleme Afrikas zu lenken, gelang den Medien, insbesondere der ARD in Zusammenarbeit mit den Hilfsorganisationen durch zwei Berichterstattungen über Hungerkatastrophen in Afrika, nämlich die Fernsehsendung vom Karfreitag 1984 und die als »Afrikatag 1985« in die Geschichte eingegangene Sendung vom 23. 1. 1985.

WALTER MICHLER bezeichnete die Berichterstattung über die Dürrekatastrophe in Afrika in seinem »Weißbuch Afrika« (1988) als eine Katastrophe des Journalismus. Dem ist sicher nicht zu widersprechen, aber wichtiger noch wäre die Feststellung gewesen, daß die Ereignisse des Jahres 1984 eine Katastrophe unserer Entwicklungshilfe einschließlich der sie tragenden Organisationen war. NDR-Direktor SEELMANN-EGGEBERT leitete die erste große Sendung vom Karfreitag 1984 u. a. mit den Worten ein*: »Ein Viertel aller Afrikaner wissen nicht, was sie heute essen sollen. Sofort benötigt werden 700 000 t Getreide, wenn die Menschen den nächsten Monat noch erleben sollen. Sie sind die Almosenempfänger des 20. Jahrhunderts und sie werden es bleiben, wenn nicht rasch und dauerhaft geholfen wird. Der Hungertod bedroht in Afrika 150 Millionen Menschen . . .« Er schloß mit den Worten: »Es handelt sich um eine Jahrhundertkatastrophe, dieser Befund schließt aus, daß wir uns in Zukunft erneut mit ähnlichen Aufrufen an Sie wenden.«

Tatsächlich folgte mit noch größerem Aufwand ein neuer Aufruf schon ein dreiviertel Jahr später. Einige Hintergründe zur Situation in Äthiopien habe ich in Kapitel 2 wiedergegeben.

Die deutsche Öffentlichkeit war damals durch diese Sendungen zutiefst alarmiert und zunächst fassungslos. Wie war so etwas in unserem Jahrhundert des Überflusses möglich? Aber dem Fernsehpublikum wurde als simple Antwort die »Dürre« präsentiert. Viele wollten sich damit nicht zufriedengeben. Sie wollten vor allem wissen, wie so etwas in Zukunft vermieden werden könne. Die Hilfsorganisationen antworteten, ihr oberster Grundastz, um den sie sich schon seit 25 Jahren bemühten, sei stets die Hilfe zur Selbsthilfe gewesen und nicht das Verteilen von Almosen. Jetzt aber müsse man erst einmal 150 Millionen Menschen vor dem Hungertod bewahren und dazu benötige man schnell viel Geld, ohne Wenn und Aber. Danach würde man mit den Projekten der Selbsthilfe fortfahren.

Die Öffentlichkeit spendete nach der Karfreitagssendung die Rekordsumme von fast 50 Mio DM und 170 Mio DM nach dem »Tag von Afrika«, aber sie gab sich, mit einem gewissen Zorn im Herzen, mit den Spenden nicht zufrieden, sondern wollte mehr wissen über die Hintergründe der Not in der Dritten Welt.

Nun erlebten die kleinen politischen Zirkel und Aktionsgruppen ihre große Zeit. Zwei bis drei Jahre lang belieferten sie eine breite Öffentlichkeit mit ihren Erklärungsmustern, ihren »Materialien« und »Dokumenten« zur Dritten Welt**. Keine Volkshochschule in der BRD, die in ihr Semesterprogramm

* aus MICHLER, W. (1988), S. 12

** Wichtige Gruppen: Bundeskongreß entwicklungspolitischer Aktionsgruppen (BUKO), Hamburg, Informationszentrum Dritte Welt, Freiburg i. Br., Redaktion Entwicklungspolitik des Evangelischen Pressedienstes (EPD), Frankfurt/M., Publik-Forum, Zeitung kritischer Christen, Oberursel, Arbeitskreis Kultur und Entwicklung in Zusammenarbeit mit der Deutschen Stiftung für internationale Entwicklung (DSE), Bad Honnef.

nicht ein halbes Dutzend Dritte-Welt-Themen aufnahm. Es kamen fast überall die gleichen Referenten mit den gleichen Thesen zu Wort, es wurden die gleichen »Dokumentationsfilme« gezeigt und die gleichen Publikationen fanden tonnenweise ihren Absatz.

Danach, in den Jahren 1987/88, setzte eine allgemeine Ermüdung im Interesse der Öffentlichkeit ein. Die Aktionsgruppen verkehrten wieder unter sich, und die Ereignisse der Jahre 1989/90 haben diese Tendenz eher verstärkt.

Eine Auseinandersetzung mit den Thesen der Dritte-Welt-Gruppen ist indessen unerläßlich, denn ihr Einfluß – insbesondere in intellektuellen Kreisen unserer Bevölkerung – ist weiterhin groß. Ich greife im folgenden die wichtigsten Themen heraus:

5.3.1 Die Ausbeutungs- oder Dependenz-Theorie

Für die Vertreter dieser Theorie ist die Schuldenkrise der Dritten Welt »eine systemkonsequente Frucht der kapitalistischen Weltwirtschaftsordnung«*, welche aufgrund ungünstiger und sich ständig verschlechternder Terms of Trade (reales Austauschverhältnis zwischen importierten und exportierten Waren eines Landes) die armen Länder immer mehr benachteiligt. Um ihre Schulden zu begleichen, sind die Entwicklungsländer gezwungen, unter Vernachlässigung ihrer Nahrungskulturen immer mehr Exportkulturen anzubauen. Da der Westen die Exportkulturen aber immer schlechter bezahlt, muß sich die Bevölkerung in der Dritten Welt immer mehr schinden, um ihre Schulden nebst Zinsen zu begleichen oder um die vergleichsweise immer teureren Industrieprodukte des Westens zu kaufen. Die Ausbeutungstheorie gipfelt in der Behauptung: Wir sind so fett, weil die Dritte Welt hungert. Entwicklungshilfe, so diese Theorie, müsse das Unrecht durch entsprechende Transferzahlungen wiedergutmachen, welches der Dritten Welt im internationalen Handel von den kapitalistischen Ländern angetan wird.

Zur Dependenztheorie, die man bis heute als die Hauptargumentationsstütze der Dritte Welt-Gruppe bezeichnen kann, ist folgendes zu bemerken:

- Seit längerer Zeit schon umfaßt der Handel der Industrieländer mit der Dritten Welt, das Erdöl nicht eingerechnet, etwa 10 bis 12% des Welthandels (vgl. Anlage 8). Schon deshalb ist die Vorstellung, der Westen sei »so fett, weil die Dritte Welt hungert«, absurd. Auf die Wohlstandsvorteile, die sich aus dem preisgünstigen Bezug von Rohstoffen und sonstigen Produkten der armen Länder ergeben, könnte der Westen, ohne nennenswerte Einbußen zu erleiden, gänzlich verzichten. Wäre dem nicht so, wären die Preise dieser Produkte, z. B. die von Kaffee, Tee, Kakao, Palmöl, Erdnußöl, Baumwolle, Zucker, Naturkautschuk, Jute, Sisal sowie zahlreicher Metalle und sonstiger industrieller Rohstoffe auch weit höher.

* So der katholische Theologe NORBERT GREINACHER (Tübingen) im »Tagesanzeiger«, Zürich vom 25. 03. 1989

- Wie die Statistik belegt (vgl. Anlage 9), entwickelten sich die Terms of Trade der Entwicklungsländer bis zur Ölkrise 1974 ähnlich positiv wie jene der Industrieländer. Durch die danach steigenden Ölpreise entwickelten sich die Terms of Trade bis 1980 bei den Industrieländern in etwa in gleicher Weise negativ wie bei den nicht-ölexportierenden Entwicklungsländern. Erst während der achtziger Jahre gab es dann eine deutliche Schere zwischen den absinkenden Terms of Trade der nicht-ölexportierenden Entwicklungsländer und den Terms der Industrieländer. Die westlichen Industrieländer haben auf die Herausforderung der Ölkrise positiv reagiert. Entscheidend dabei war, daß ihnen von außen keine Hilfe in Form günstiger Darlehen oder billiger Energie zuteil wurde. Daher mußten sie auf die Krise mit Innovationen zur Verringerung von Energieverbrauch und Umweltbelastung reagieren, die sie sonst nicht realisiert hätten. Leider sind die Ölpreise seit Mitte der achtziger Jahre schon wieder viel zu niedrig.
- Die armen Länder der Dritten Welt sind ihre krisenhaften Probleme nicht oder sehr unzureichend angegangen, weil sich ihre Eliten durch Hilfe von außen korrumpieren und von ihren wirtschaftlichen und sozialen Aufgaben ablenken ließen. Eine Hauptaufgabe nach 1960 wäre es gewesen, ihre Produktion zu diversifizieren (Produktionsbreite und -tiefe), um von der einseitigen Situation des billigen Rohstofflieferanten unter der Kolonialherrschaft loszukommen. Ursache der verfehlten Diversifizierung war aber nicht der Umstand, daß eine solche Diversifizierung nicht versucht wurde, sondern daß sie nicht von privaten, auf eigenes Risiko wirtschaftenden Unternehmern realisiert wurde.

  In Taiwan, Hongkong, Singapur und Südkorea dagegen gelang diese Diversifizierung, weil sie auf privatwirtschaftliches Risiko aufbaute und sich der Staat auf das Setzen stimulierender Rahmenbedingungen beschränkte. Die Eliten dieser vier Länder verließen sich weder auf die kirchlichen Hilfsorganisationen, noch auf die Ratschläge der Weltbankexperten. Denn kein Weltbankexperte hätte ihnen je den Rat gegeben, dem Westen mit der Produktion von Automobilen, Fernsehgeräten, Filmkameras und moderner Elektronik Konkurrenz zu machen.

  Auch kann man sich leicht ausrechnen, welchen Lebensstandard beispielsweise die deutsche Bevölkerung heute führen würde, wären in unserer Landwirtschaft nicht 2–3 % unserer Erwerbstätigen, sondern noch 30 % beschäftigt. Nicht der Afrikaner wird schlecht bezahlt, sondern der Landwirt. Auch der deutsche Landwirt erhält seit 20 Jahren den gleichen Preis für den Doppelzentner Weizen, während der Schlepperpreis auf das Zweieinhalbfache stieg.
- Die Behauptung, die armen Länder würden die eigene Nahrungsproduktion vernachlässigen, weil sie ihre Schuldensituation zur übermäßigen Erzeugung von Exportkulturen zwingt, ist nicht haltbar, schon gar nicht in dieser pauschalen Form.

  Ich habe mich seit 1968 in etwa 25 Entwicklungsländern intensiv mit deren

Landwirtschaft befassen müssen und habe während dieser Zeit kein Land angetroffen, dessen Produktionsniveau an Exportkulturen einer nationalen Eigenversorgung mit Nahrungskulturen im Wege gestanden hätte. Wenn letztere nicht erreicht wurde, so lag dies regelmäßig an einer demotivierenden Agrarpolitik der Eliten, verbunden mit dem Import von Geschenk- und Dumpinglieferungen an Grundnahrungsmitteln.
Allerdings ist bei einem fortgesetzten Bevölkerungswachstum zwischen 2 und 4% p. a. während der nächsten 20 Jahre in einer Reihe von Entwicklungsländern der Zustand erreicht, daß sie auch bei optimaler Organisation ihrer Landwirtschaft den Export zugunsten der Nahrungskulturen einschränken bis ganz aufgeben müssen, wenn sie ihre Eigenversorgung sicherstellen wollen.

- Was ich während meiner zahlreichen Auslandseinsätze gleichfalls feststellen konnte: Der Anbau einer Exportkultur muß für den Bauern im Vergleich zu seiner Subsistenzkultur wirtschaftlich interessant sein, sonst funktioniert er nicht. Diese Erfahrung mußten schon die früheren Kolonialherren machen. Zutreffend ist allerdings, daß sich die Entlohnung, die der Bauer für die Exportkultur, z. B. den Kaffee, erhält, an der Produktivität orientiert, mit der er seine Subsistenzkultur, z. B. die Hirse, anbaut, und nicht an der Kaufkraft, über die der deutsche Wohlstandsbürger verfügt, der den Kaffee trinkt. In der nationalökonomischen Terminologie ausgedrückt: Seine Verhandlungsposition ist nicht stark genug – auch nicht die seiner staatlichen oder genossenschaftlichen Vermarktungsorganisation, der er den Kaffee abliefert –, um die Konsumentenrente des deutschen Kaffeetrinkers abzuschöpfen. Inwieweit dies den deutschen Importeuren und Kaffeeröstern gelingt, lassen wir einmal dahingestellt. Wenn auf diesem Markt Wettbewerb herrscht, gelingt es auch ihnen nicht.
Was dem Kaffee anbauenden Kleinbauern gleichfalls nicht gelingt, ist beispielsweise ein dem deutschen Facharbeiter in einer Automobilfabrik entsprechendes Einkommen pro Arbeitstag zu erzielen. Wollten wir letzteres Einkommen zum Maßstab der Entschädigung wählen, die dem Kaffeebauern entsprechend der Forderung der Dependenztheorie zu leisten wäre, so müßte das Kilo Kaffee bei gleichen Spannen für Handel, Transport und Verarbeitung heute statt DM 15 etwa DM 60 bis 90 kosten, je nachdem, ob wir die Lohnnebenkosten des deutschen Facharbeiters einrechnen. Abgesehen davon, daß in Europa nur noch wenige einen derart teuren Kaffee trinken würden, stellt sich die Frage, wie wir bei Bezahlung eines derart hohen Kaffepreises den Kaffeebauern noch bewegen können, Hirse anzubauen, was ja gerade die Vertreter der Dependenztheorie für so wichtig halten, für die der Westen aber keinen Anlaß hätte, Entschädigungen zu zahlen.
Beim Hirseanbau ist es nun in der Tat schwierig nachzuweisen, von welchen bösen ausländischen Mächten die miserable Produktivität herrührt, mit welcher sie der traditionelle Kleinbauer anbaut, schon seit Jahrhunderten angebaut hat und die ihm auch dort, wo kein wucherischer Geldverleiher oder

Landverpächter, oder ein ausländisches Dumpingangebot im Spiel ist, heute ein Einkommen zwischen DM 4 und DM 7 pro Arbeitstag läßt, und verglichen mit dem – unter Berücksichtigung der Kaufkraft – der deutsche Bauer ein zehn- bis fünfzehnmal höheres Einkommen erzielt. Daß dem so ist, verdankt der deutsche Bauer sicher auch dem staatlichen Schutz innerhalb der EG, der über die berechtigte Abwehr amerikanischer Dumpingkonkurrenz hinausgeht. Aber im Vergleich zum Einkommen des afrikanischen Kaffee- und Hirsebauern verdankt er dies ganz überwiegend seiner höheren Produktivität.

Die Dependenztheorie ist vor allem deshalb abzulehnen, weil sie den Umstand ungleich höherer Produktivität des industriellen Westens ignoriert. Sie sieht hinter allem nur Machtausübung, der sie bloße, zur Entschädigung verpflichtende Gegenmacht gegenüberstellt, ohne jegliche innovatorische Perspektiven zu entwickeln. Damit stellt sie sich ebenfalls in den Dienst der Alimentation.

- Die Entwicklung Japans und der vier »kleinen Tiger« gibt uns das Beispiel eines völlig anderen Umgangs mit den Terms of Trade. Hier verschlechterten die Eliten im internationalen Handel bewußt ihre eigenen Terms und senkten die Preise ihrer Exportgüter auf ein Niveau, das ihnen eine bis heute andauernde überdurchschnittliche Mengenkonjunktur eintrug, bei gleichzeitiger Beschränkung ihrer Importe auf ein Minimum. Dadurch erzielten sie bedeutende Einkommenszuwächse im internationalen Handel.

  An die Stelle von »countervailing power« setzten sie Leistung. Sie taten dies, weil sie sich von niemandem bemitleiden und »helfen« lassen wollten.
- Betrachten wir als Kontrast hierzu jene Länder, die während des zeitweiligen Funktionierens des OPEC-Kartells Monopolgewinne aus künstlich verbesserten Terms of Trade ziehen konnten, die Ölländer des Vorderen Orients, aber auch schwarzafrikanische Länder wie Nigeria und Gabun.

  Welche produktiven Kräfte weckte der enorme Kapitalzufluß in diese Länder, also die durch eine geglückte Monopolstrategie dem Westen abgetrotzte »Entschädigung«, um in der Terminologie der Dependenztheorie zu bleiben?

Als ich mich 1976 in Kamerun aufhielt und von dort aus einen dreitägigen Abstecher nach Lagos unternahm, empfing ich zur Beantwortung dieser Frage erste Eindrücke.

Vor dem Funktionieren des OPEC-Kartells hatte Nigeria Anstrengungen unternommen, durch Export verschiedenster Waren (u. a. Tomatenkonserven) ins benachbarte Kamerun in den Besitz der vergleichsweise harten Währung des FCFA (weil mit dem FF in fester Relation verbunden) zu gelangen. 1976 waren solche Anstrengungen nicht nur zum Erliegen gekommen, Nigeria verfiel vor allem in einen fast rauschhaften Zustand des Konsumierens und versuchte die gestiegene Nachfrage nach Konsumgütern aller Art durch beliebige Importe zu decken. Kamerun bot sein Militär auf, um dem ungezügelten Ankauf von Rinderherden und deren Abtrieb über die Grenze nach Nigeria Einhalt zu gebieten, weil die eigene Fleischversorgung gefährdet war. In ihrem Gefühl des Reichtums verdoppelte die nigerianische Regierung per Dekret sämtliche Löhne und Gehälter und wunderte sich womöglich, daß sich schon tags darauf die Preise mehr als verdoppelt hatten.

Natürlich wurden nicht nur die Konsumausgaben schrankenlos gesteigert, auch die Ministerien und staatlichen Monopolbetriebe versuchten jede Art von Investitionsprojekten in der bereits hinreichend beschriebenen Art und Weise (vgl. Anlage 7) zu realisieren. Der Hafen von Lagos war nach kurzer Zeit durch Schiffe blockiert, deren Ladung nicht mehr schnell genug gelöscht werden konnte. In der hohen Luftfeuchtigkeit verdarben ganze Schiffsladungen an Zement und mußten ins Meer gekippt werden. Damals ging die Story um, die ausländischen Zementlieferanten würden anstelle des bestellten Zements ihre Schiffe nur noch mit Sand füllen, da ihre Ladung ohnehin ins Meer zu schütten war.

Wer am Ende von den Ölmilliarden profitierte, war nicht Nigeria, das diese Milliarden ausgab, sondern eben jener Westen, der Nigeria belieferte und dem man dieses Geld durch das OPEC-Kartell eigentlich hatte abluchsen wollen. Diese Erfahrung hatte die Welt aber schon 400 Jahre zuvor gemacht: Mit dem Gold und Silber der Inkas wurden nicht die spanischen Eroberer reich, die diese leichtgewonnenen Schätze ausgaben, sondern jene Länder, bei denen die Spanier einkauften, und die dank dieser Ausgaben ihre Produktivkräfte entwickelten, ihre Manufakturen gründeten, um durch harte Arbeit zu Einkommen und Ansehen zu gelangen: Frankreich, England, die Niederlande und Deutschland.

Was den Vorderen Orient anbelangt, so stellten wir die gleiche negative Wirkung der günstigen Ölpreise fest. Noch bevor die Preise wieder fielen, waren diese Staaten der Überschuldung nahe. Saudiarabien bat Professor KARL SCHILLER um Vorschläge zur Sanierung seiner Staatsfinanzen. Aber damit nicht genug: Der Iran, erst unter dem Schah-Regime, später unter Khomeini, und der Irak krönten ihr entwicklungspolitisches Fehlverhalten zuerst mit massiver Hochrüstung und dann mit militärischer Aggression.

Die Frage lautet also nicht: Wie günstig müssen die Terms of Trade sein, um wirtschaftliche Prosperität auszulösen, sondern wie ungünstig sollten sie sein, um diesem Zweck zu dienen.

5.3.2 Der Jammer über die Schulden der Dritten Welt

Die Schuldenhöhe der Dritten Welt, verbunden mit dem Imperativ, diese zu erlassen, hatte sich in der durch die Dritte-Welt-Gruppen entfachten Diskussion weitgehend verselbständigt. Die Analyse der Gründe für die Überschuldung trat demgegenüber völlig in den Hintergrund und, soweit sie überhaupt versucht wurde, erschöpfte sie sich in der eben behandelten Dependenztheorie, also dem Hinweis auf die ungünstigen Terms of Trade. Dabei wurde übersehen, daß zu den Ländern mit den größten Zahlungsschwierigkeiten gerade die ölexportierenden Länder gehörten, die zumindest zeitweilig über besonders günstige Terms of Trade verfügten (vgl. Anlage 9). Stillschweigend übergangen wurde auch die Tatsache, daß bislang noch kein armes Land der Dritten Welt, dem die Schulden erlassen wurden, seine wirtschaftlichen Probleme anschließend besser gemeistert hat.

Wenn ein Land mit einem hohen wirtschaftlichen Potential auch einen hohen Schuldenstand aufweist, so ist dies ganz normal, denn nur solche Länder können sich einen hohen Schuldenstand leisten. Wenn aber gerade jene Entwicklungsländer mit hohem wirtschaftlichem Potential ausnahmslos zu den Ländern mit den größten Zahlungsschwierigkeiten gehören, so kann dies nur an der durch und durch unseriösen Wirtschaftsweise ihrer Eliten liegen. Und was daraus ebenso zu erkennen ist: Ihre Geldgeber orientierten sich bei der Kreditvergabe offensichtlich ausschließlich an ihrem hohen Potential, den Vorräten an Erdöl, Wasserkraft, Edelhölzern, Erzvorkommen etc., aber nicht daran, mit welcher Rentabilität die zahllosen Industrieausrüstungen, die sie finanzierten, nach ihrer Montage wirtschaften würden. Und gerade in jenen Ländern mit hohem Potential trieb die staatliche Korruption, die Mittelvergeudung und die Unfähigkeit der Manager von Staatsbetrieben besondere Blüten. Hier lag auch der Anteil privater und damit teurer Kredite zu variablen Zinssätzen besonders hoch.

Die Dritte-Welt-Gruppen haben es aber peinlich vermieden, die Ursachen der Verschuldung im Wirtschaftssystem dieser Länder zu suchen. Man kann aber nicht, meine ich, wie WALTER MICHLER ein Weißbuch über Afrika schreiben, ohne ein einziges Mal das Wort »Produktivität« zu gebrauchen, ohne auch nur ansatzweise das Selbstverständnis der lokalen Eliten und ihr Verhältnis zur ausführenden Arbeit zu analysieren und man kann schließlich nicht über Korruption sprechen, ohne die staatskapitalistische Zentralverwaltungswirtschaft zu nennen, in der allein Korruption diese Ausmaße erreichen kann.

Wären die Investitionen auf eigenes Risiko betrieben worden, wären sie ganz überwiegend rentabel betrieben oder unter Vermeidung jeder Schuldenaufnahme gar nicht durchgeführt worden. Wären sie aber rentabel betrieben worden, hätten gerade sie es ermöglicht, die während der achtziger Jahre ansteigenden Zinssätze und sich verschlechternden Terms of Trade aufzufangen durch eine erfolgreiche Diversifizierung der Produktion mit größerer Breite und Tiefe, verbunden mit einer Anhebung des Lebensstandards der lokalen Bevölkerung mit der Wirkung weiterer positiver Impulse für die lokale Wirtschaft.

So aber waren die Investitionen ganz überwiegend Abladeplatz westlicher Exporte. Der weitaus größte Teil mußte in Devisen für die importierten Ausrüstungen bezahlt werden, und nur ein kleiner Teil ging an schlecht bezahlte lokale Arbeitskräfte, die beim Bau der Fabrikhallen und der Montage der Ausrüstungen mithalfen. Somit blieb selbst der zeitweilige lokale Einkommenseffekt der Investitionsausgabe bescheiden, ganz abgesehen von dem häufig verfehlten Kapazitätseffekt der Anlage, die hernach nur Verluste einbrachte und häufig nach kurzer Zeit stillgelegt wurde.

Wenn man diese Zusammenhänge ignoriert und die hohe Verschuldung nur auf ausbeuterisch niedrige Exportpreise der armen Länder zurückführt, begeht man gleich noch einen zweiten Fehler: Man tritt nicht nur für den bedingungslosen Schuldenerlaß ein, sondern man fordert zugleich auch den Schuldenerlaß für die Zukunft, solange zumindest die als ungünstig empfundenen Terms of Trade bestehen bleiben. Damit unterstützt man in Wahrheit aber nur die Fortsetzung der unseriösen westlichen Exportgeschäfte und die Beibehaltung eines verderbten Wirtschaftssystems. Dieses Verhalten der Dritte-Welt-Gruppen ist um so bedauerlicher, als sie die westlichen Überschußabladepraktiken genauso verurteilen wie ich.

Am augenfälligsten wurde diese Situation bei der Tagung von WELTBANK und IWF in Berlin im Sommer 1988, zu welchem die Dritte-Welt-Gruppen ein wahres Feuerwerk an Protest- und Gegenveranstaltungen abbrannten. Tatsächlich haben sie mit ihren lautstarken Aktionen nur dem IWF gedient. Was die breite Öffentlichkeit damals von diesen Aktionen in Erinnerung behielt, waren keine volkswirtschaftlich schlüssigen Zusammenhänge, sondern nur die Parolen:
- die Schulden der Dritten Welt müssen erlassen werden,
- wir beuten die Dritte Welt aus,
- wir müssen daher die Entwicklungshilfemittel drastisch erhöhen.

WELTBANK und IWF aber konnte es nur recht sein, wenn die breite Öffentlichkeit bezüglich der Schulden der Dritten Welt weichgeklopft und von der Notwendigkeit des Schuldenerlasses überzeugt wurde. Schließlich lebt die Bürokratie der supranationalen Hilfsorganisationen von zwei Dingen: von den Beiträgen der westlichen Geberländer und dem Mittelabfluß (Transfer oder günstige Kredite) an die Entwicklungsländer. Da die Beitragszahlung der westlichen Geberländer letztlich von der Bereitschaft ihrer Steuerzahler abhängt, konnten ihnen die Hearings, Gaukelspiele und sonstigen Aktionen, welche die Dritte-Welt-Gruppen zum Zwecke des Schuldenerlasses um ihre Kongreßfestung herum zelebrierten, nur willkommen sein.

Das war für sie schon bisher der tiefere Sinn aller Umschuldungsvereinbarungen mit der Dritten Welt gewesen: Auf alle Fälle so weitermachen wie bisher, mit jährlich leicht steigenden Raten, und die eigene Bürokratie und ihre kontinuierliche Aufblähung nur nicht in Frage stellen. Und deswegen waren schon lange vor 1988 Auflagen in Verbindung mit Kreditzusagen eher eine Formsache. Wenn das Empfängerland sie erfüllte, um so besser, wenn nicht, gab es meist irgendwelche Wege, den Mittelabfluß dennoch aufrechtzuerhalten.

Aber, so wird der Leser einwenden, wehte 1988 bei IWF und WELTBANK nicht ein neuer Wind? Versuchten beide Organisationen nicht seit Beginn der achtziger Jahre energisch mit ihren Strukturanpassungsprogrammen die Regierungen in den Entwicklungsländern auf einen marktwirtschaftlichen Kurs zu bringen? Nun, den Strukturanpassungsprogrammen ist im Rahmen unseres Buches natürlich ein besonderes Kapitel gewidmet. Im Rahmen dieses Kapitels setzen wir uns mit den Argumenten der Dritte-Welt-

Gruppen auseinander. Zu ihrer Behandlung des Schuldenproblems läßt sich abschließend sagen, daß sie damit der Dritten Welt keinen Dienst erwiesen haben.

Natürlich trete auch ich für den Schuldenerlaß in dem Umfange ein, in welchem die Schulden durch unseriöse Überschußabladepraktiken des Westens zustande kamen. An ihnen trägt der Westen zumindeset eine Mitschuld, wenn auch nicht die Hauptschuld. Die Hauptschuld tragen entwicklungspolitisch gesehen diejenigen, welche ihrer Bevölkerung den größeren volkswirtschaftlichen Schaden zufügen, und das tun zweifelsohne die lokalen Eliten, die sich von uns korrumpieren lassen. Beim Tragen der westlichen Mitschuld ist auch daran zu denken, daß sie Unschuldige, nämlich die westlichen Steuerzahler bzw. die Kunden und Kleinaktionäre der Privatbanken, trifft, während die unseriösen Exportfirmen einschließlich ihrer Mitarbeiter den Nutzen haben.

Entscheidend bei der Lösung des Schuldenproblems ist weniger die Behandlung des Vergangenen, sondern die Gestaltung künftiger Wirtschaftsbeziehungen zur Dritten Welt. Bei der Gestaltung dieser Beziehungen müssen wir uns entscheiden, ob wir immer mehr Almosenempfänger erzeugen wollen oder immer mehr Geschäftspartner, die ihre Schulden begleichen können. Wenn wir letzteres wollen, dürfen wir nicht weiterhin offensichtlich unrentable Projekte und offensichtlich unfähige, weil nicht auf eigenes Risiko wirtschaftende Investoren mit Krediten fördern.

5.3.3 Die Diskussion um die kulturelle Andersartigkeit

Seit der Unabhängigkeit der Länder Afrikas wurden in der westlichen Welt vermehrt Stimmen laut, welche auf die kulturelle Andersartigkeit und Eigenständigkeit der Völker der Dritten Welt hinwiesen, und dies sicher zu Recht.

Wenn ich meine Kritik an den Verhältnissen in der Dritten Welt auf Vorträgen oder im Gespräch vorbringe und zu marktwirtschaftlicher Umorientierung rate, dauert es meist nicht lange, bis mir die Frage gestellt wird: Kann man denn so ohne weiteres unsere Vorstellung von sozialer Marktwirtschaft auf die Länder Afrikas oder Lateinamerikas übertragen? Denken diese Völker nicht ganz anders als wir? Läßt sich beispielsweise ein Markt unter Wettbewerbsgesichtspunkten organisieren, angesichts des in Schwarzafrika verbreiteten Tribalismus, der Protektion innerhalb des Clans etc.? Reagiert dort ein privater Unternehmer überhaupt auf Marktanreize? Wie kann aus einem Minister oder Staatssekretär mit miserablem Gehalt ein unbestechlicher Hüter marktwirtschaftlicher Ordnungspolitik werden?

Unter allen, die heute und in der jüngsten Vergangenheit diese und ähnliche Argumente vorbringen und vorbrachten, lassen sich im wesentlichen drei Gruppen unterscheiden:

- Die erste Gruppe wird von Linksideologen gebildet, welche die kulturelle Andersartigkeit dieser Länder immer dann ins Feld führen, wenn sie gegen Kapitalismus oder Marktwirtschaft in diesem Teil der Welt zu Felde zie-

hen, gleichzeitig aber den Sozialismus mit großer Unbekümmertheit als mit dem kulturellen Erbe dieser Völker für vereinbar erklären und entsprechend fördern.
Nichts an diesem kulturellen Erbe stützt indessen ihre Vorstellung. Auch all das, was afrikanische Politiker während der letzten 30 Jahre als autochthonen afrikanischen Sozialismus anpriesen und durchzusetzen versuchten, von SEKOU TOURE (Guinea) über KWAME NKRUMA (Ghana) und MOBITO KEITA (Mali) bis zu JULIUS NYERERE (Tansania) und seinen Udjama-Dörfern, resultiert nicht nur aus übernommenen westlichen Vorstellungen, bei allem wurde zudem versucht, der Bevölkerung ein System gewaltsam nahezubringen, und dies bislang ohne jeden Erfolg.

- Die zweite Gruppe besteht vornehmlich aus Soziologen und Kulturhistorikern, also aus Leuten vom Fach, was die kulturelle Andersartigkeit anbelangt. Wenn es nach ihnen ginge, dürften Fachleute anderer Disziplinen mit Menschen aus der Dritten Welt gar nicht in Kontakt treten, ohne sich nicht zuvor ihrer Führung anzuvertrauen. Sie sind davon überzeugt, daß nur sie die Andersartigkeit richtig einschätzen können. Ihr Problem liegt darin, daß sie vor lauter Studium geschichtlich gewachsener Eigenheiten sowohl den Blick für die Gemeinsamkeiten zwischen Menschen verschiedener Kultur verloren haben, als auch das Gespür für die Wandelbarkeit der Menschen anderer Kultur.
- Die dritte Gruppe wird ganz im Gegensatz zur zweiten Gruppe von Laien in Sachen Dritte Welt und fremde Völker gebildet. Sie kennen Afrika bestenfalls aus der Abenteuer- und Entdeckerliteratur, und bei dem Gedanken an diesen Kontinent schnallen sie sich im Geiste ein Fahrtenmesser an den Gürtel. Ihnen erscheint es ganz besonders unwahrscheinlich, daß Afrika, daß »die Schwarzen« so etwas wie unsere Marktwirtschaft zu übernehmen in der Lage sein sollen.

Wie stellt sich nun jemand, der zwar nicht Soziologie und Kulturgeschichte studierte, dem aber in 25 Jahren beruflicher Aufenthalte in 25 Ländern der Dritten Welt die Andersartigkeit der bereisten Länder und Völker nicht verborgen geblieben sein kann, solch zweifelnden Ansichten?

- Ich empfand stets große Neugierde gegenüber allem Fremden, aber ich würde auch noch nach zehn Semestern Studium der Soziologie und Kulturgeschichte Afrikas und langen Aufenthalten auf diesem Kontinent zu viel Achtung vor der Andersartigkeit ihrer Kultur haben, als daß ich mir eine Entscheidung darüber anmaßen würde, welches Wirtschaftssystem dorthin paßt und welches nicht. Dies hieße unserem schädlichen Einfluß auf diesem Kontinent den Gipfel aufsetzen, nämlich zu glauben, es sei auch noch unsere Sache, die »afrikanische Identität« zu definieren. Das ist allein Angelegenheit der dort lebenden Völker.
- Ich finde es schlimm, wenn Menschen über die Frage des richtigen Wirtschaftssystems ideologische Grabenkriege führen. Die Frage nach dem richtigen Wirtschaftssystem ist für mich nur empirisch zu lösen, wobei es Sache

der betreffenden Völker ist, die Praktikabilität eines Systems zu testen, um es zu adoptieren oder zu verwerfen.

- Ein wesentlicher Zweck meines Buches ist es, aufzuzeigen, daß wir bislang bei keinem Land der Dritten Welt ernsthaft um dessen Adoption der sozialen Marktwirtschaft bemüht waren, sondern daß die maßgeblichen politischen Gruppierungen des Westens ganz im Gegenteil bislang alles unternahmen – gewollt und ungewollt –, eine Adoption der sozialen Marktwirtschaft zu verhindern. Deshalb schildere ich Ursachen und Wirkungen dieses Tatbestandes so ausführlich.
- Obgleich mein Buch ein durchgehendes Plädoyer für das Wirtschaften auf eigenes Risiko darstellt, das ich als Fundamentalprinzip für Marktwirtschaft und Demokratie betrachte, wäre es ausgesprochen töricht von mir, anzunehmen, dieses Prinzip könne irgendeinem Volk aufgenötigt werden. Das wäre ein Widerspruch in sich. Denn man kann den Willen zu unabhängigem, selbständigem Handeln niemandem aufzwingen.
  Die entwicklungspolitische Absicht, die ich mit diesem Buch verfolge, ist daher vor allem die, daß ich sage: Wir müssen von unserer Seite all jene für eine Adoption der sozialen Marktwirtschaft und politischen Demokratie schädlichen Einflüsse einstellen. Ganz entschieden gehört hierzu, daß wir endlich jenen die Unterstützung verweigern, die wirtschaftlichen Dirigismus und politische Diktatur in ihren Ländern praktizieren und beides ungeachtet der katastrophalen Auswirkungen für ihre Bevölkerung weiterhin aufrechterhalten wollen.
- Die sich daran anschließende weitere entwicklungspolitische Absicht ist die, aufzuzeigen, daß das Wirtschaften auf eigenes Risiko im Wettbewerb auf der Basis des individuellen Eigentums an den Produktionsmitteln keine Angelegenheit ist, welche die kulturelle Andersartigkeit und Vielfalt auf dieser Erde irgendwie tangiert, sondern eine Frage der wirtschaftlichen Dynamik ist, die ein Volk in einem bestimmten Abschnitt seiner Geschichte zu entwikkeln hat. Es gibt schon jetzt Beispiele genug dafür, daß auch andere Kulturkreise zu diesen Mitteln der Dynamisierung ihrer wirtschaftlichen Kraft greifen, wenn sie dazu herausgefordert werden, ohne im übrigen ihre kulturellen Eigenheiten aufzugeben. Auch die Übernahme westlicher Technologie bleibt – wie wir am Beispiel Japans und der vier »kleinen Tiger« sehen etwas, was die kulturelle Andersartigkeit nicht verletzt und zu keiner Identitätskrise führt. Kulturelle Identität geht nicht dadurch verloren, daß Anpassungsprozesse stattfinden, und auch nicht dadurch, daß fremdes Kulturgut adoptiert wird, sondern lediglich dadurch, daß Anpassungsprozesse nicht aus eigener Kraft, unter Führung der eigenen Eliten vorgenommen werden, sondern der Fremdsteuerung unterliegen. Dabei ist es gleichgültig, ob die Fremdsteuerung die Anpassung aufoktroyiert oder vereitelt. Was die Dritte Welt anbelangt, so hat der Westen diese Anpassung bislang fremdgesteuert und vereitelt. Dieser Zustand sollte erkannt und beendet werden.

5.4. Das Mißbehagen am Überfluß und die Bewahrung der Umwelt

Spätestens seit Mitte der achtziger Jahre beginnt sich der Zeitgeist erneut zu wandeln. Der Kampf um mehr Verteilungsgerechtigkeit wird langsam im Bewußtsein der Öffentlichkeit verdrängt durch die Angst vor der Zerstörung von Umwelt und Lebensqualität durch unbegrenztes wirtschaftliches Wachstum. Der Bewahrung der Lebensgrundlagen wird allmählich der Vorrang vor weiterer Konsum- und Einkommenssteigerung eingeräumt. Autoren wie FREDERIC VESTER (Neuland des Denkens, 1980), die sich für die Ablösung des technokratischen, in linearem Wachstumsdenken verhafteten Zeitgeistes durch einen neuen, auf biokybernetischem Kreislaufdenken beruhenden Zeitgeist einsetzen, fanden weiteste Beachtung.

Selbstverständlich paßt sich die offizielle Entwicklungspolitik dem Zeitgeist an und nimmt ökologische Zielvorstellungen, insbesondere die Prüfung der Umweltverträglichkeit aller Projekte sowie den Ressourcenschutz in der Dritten Welt, in ihr Programm auf. Die Grundbedürfnisstrategie dagegen wird ad acta gelegt.

Dreimal während der letzten 30 Jahre wandelte sich folglich der Zeitgeist, dreimal erfüllte er die Entwicklungspolitik mit neuen Schwerpunkten und zum dritten Mal überging er mit großer Arroganz die Kernprobleme in den Ländern der Dritten Welt, das Versagen der Eliten beim Aufbau einer leistungsfähigen Wirtschaft und Gesellschaft. Auch im dritten Jahrzehnt Entwicklungshilfe wurden ihre Schwerpunkte vom Zeitgeist beherrscht, der die westliche Welt bewegte, und nicht von den tatsächlichen Aufgaben, die in der Dritten Welt anstanden.

In den westlichen Industriestaaten, insbesondere aber in der Bundesrepublik, standen soziale Marktwirtschaft und privates Unternehmertum in der öffentlichen, vom Zeitgeist erfüllten Meinung nicht hoch im Kurs, und auch in der entwicklungspolitischen Diskussion dachte man gar nicht daran, diesem Aspekt besonderen Raum zu geben. Die marktwirtschaftlichen Strukturanpassungsprogramme von IWF und WELTBANK, unter dem Druck der USA während der Regierungszeit RONALD REAGANS eingeleitet, mußten – von allen sonstigen Mängeln abgesehen – schon deshalb scheitern, weil sie keine oder höchstens halbherzige Unterstützung bei den westlichen Mitgliedsländern fanden.

Wie konnte der private Unternehmer und die Marktwirtschaft für die Dritte Welt propagiert werden in einer Zeit, in der sie im Westen immer mehr unter Beschuß geriet? War nicht gerade unser Wirtschaftssystem für viele schuld an dem zwanghaften Wunsch nach grenzenlosem Wachstum, an aufoktroyiertem Konsumdenken, an leichtfertigem Umgang mit Giftstoffen, dem fortwährenden Landschaftsverbrauch, der kontinuierlichen Machtzusammenballung in der Wirtschaft und der Ausbeutung der Dritten Welt durch transkontinentale Konzerne?

Ich halte die ökologische Bewegung neben der Ölkrise der siebziger Jahre für die fruchtbarste Entwicklung, welche der Westen während der letzten 20 Jahre erlebte, denn er hat unser Denken in einer seit längerem überfälligen Weise angeregt und zahlreiche wichtige Innovationen ausgelöst. Andererseits hat es sich als außerordentlich fatal erwiesen, daß sich die ökologische Bewegung bis heute nicht aus ihrem linksideologischen Fahrwasser hat herausmanövrieren können. Wenn noch im Jahre 1992 eine von ihrem linken Flügel befreite GRÜNE PARTEI Schwierigkeiten hat, bei der Frage des Zusammengehens mit dem BÜNDNIS 90 ein klares Bekenntnis zugunsten der Marktwirtschaft abzugeben, so wirft dies ein Schlaglicht auf die Situation.

Im folgenden will ich darlegen, warum es für mich einen Gegensatz von Ökologie und sozialer Marktwirtschaft nicht gibt, daß vielmehr die soziale Marktwirtschaft dasjenige Wirtschaftssystem darstellt, welches auf eine optimale Harmonisierung von Ökologie und Ökonomie angelegt ist. Dabei wähle ich vorzugsweise Beispiele aus den ökologischen Problemgebieten der Dritten Welt aus.

Wie ich nicht müde werde hervorzuheben, ist der private Unternehmer jemand, der bereit ist, auf eigenes Risiko zu produzieren. Ihm steht das Eigentum an den Produktionsmitteln zu. Er kombiniert sie zu einem neuen Produkt oder einer Dienstleistung. Er ist mit seinen Produktionsfaktoren existenziell verbunden. Da er in aller Regel nicht nur für den Augenblick, sondern nachhaltig produzieren will, einmal, um seine ständig teurer werdenden technischen Anlagen zu amortisieren, zum anderen, weil er seinen Betrieb – zumindest ist dies in der Regel seine Hoffnung – eines Tages voll funktionsfähig an seine Erben oder sonstigen Nachfolger übergeben möchte. Er hat daher ein vitales Interesse an der Nachhaltigkeit der Produktionsfaktoren nach Menge und Qualität, die er kombiniert, und solange er mit ihnen existenziell verbunden ist, also nicht auf andere ausweichen kann, wird er das seine dazu beitragen, daß diese Nachhaltigkeit gewährleistet ist. Anders ist seine Situation, wenn er die Möglichkeit hat, ständig auf neue Produktionsfaktoren auszuweichen, oder aber Produktionsfaktoren zu benutzen, die ihm gar nicht gehören.

Der klassische Fall eines Ausweichens auf ständig neue Produktionsfaktoren liegt beim Wanderfeldbau im kleinbäuerlichen Milieu der Tropen vor. Ein Stück Wald wird rudimentär entbuscht, das abgeschlagene Geäst wird gegen Ende der Trockenzeit verbrannt, die entbuschte Parzelle wird für ein bis zwei Jahre genutzt, dann ist die Bodenfruchtbarkeit erschöpft und es folgt das Ausweichen auf ein neues Stück Land. Gewöhnlich sind 15 bis 20 Jahre Brache erforderlich, je nach Standort und Art der Nutzung, bis die ein bis zwei Jahre genutzte Parzelle ihre ursprüngliche Bodenfruchtbarkeit wiedererlangt hat.

Der traditionelle Wanderfeldbau wird zwar von selbständigen, auf eigenes Risiko wirtschaftenden Kleinbauern betrieben, in bezug auf den Faktor landwirtschaftlicher Boden wirtschaften sie auf Risiko der Natur. Können sie wegen Landmangels die erforderliche Brachezeit nicht mehr einhalten – dies ist heute in den Tropen allgemein der Fall – und gleichen sie die sinkende Bodenfruchtbarkeit nicht durch Düngung aus, treiben sie Raubbau an der Natur.

Das gleiche gilt natürlich für den transnationalen Konzern, der im tropischen Regenwald Holz schlägt, ohne für die entsprechenden Kosten der Wiederaufforstung (soweit dies überhaupt möglich ist) aufzukommen, oder den Urwald rodet, um dort für ein paar Jahre mit Gewinn Soja anzubauen, oder eine Ranch zu betreiben. Zieht er sich nach wenigen Jahren unter Zurücklassung des degradierten Bodens wieder zurück, um einen neuen Standort zu suchen, treibt er in gleicher Weise Raubbau an der Natur. Er wirtschaftet in bezug auf den Produktionsfaktor landwirtschaftlicher oder forstwirtschaftlicher Boden auf fremdes Risiko.

In noch verschärfter Form tritt dieser Raubbau auf den weiträumigen kommunalen Naturweideflächen der Savannen- und Sahelzonen Afrikas auf. Hier nutzt der Unternehmer (Herdenbesitzer) einen Produktionsfaktor, der ihm gar nicht gehört, sondern der Allgemeinheit. Während der Wanderfeldbauer wenigstens für die kurze Zeit des Anbaus ein Individualnutzungsrecht hat, teilt er sein Nutzungsrecht auf der Allmendeweide von vornherein mit anderen.

Tatsache ist nun, daß während der letzten 30 Jahre Millionen und Abermillionen Hektar Land durch den Wanderfeldbau und in der gleichen Größenordnung Naturweiden durch Übernutzung degradiert wurden, die immer weniger Ertrag abwerfen, weil sie nicht im Privateigentum stehen und eine Nutzung auf fremdes Risiko, d.h. der Natur oder Allgemeinheit erlauben.

Mit dem Gemeinschaftssinn der Völker Afrikas und ihrer Bevorzugung kollektiver Wirtschaftsformen ist es also nicht so weit her, wie uns dies linksorientierte Entwicklungspolitiker während der letzten Jahrzehnte immer wieder zu suggerieren versuchten. Sie denken in Wahrheit genauso individualistisch wie der hierfür so verpönte Westen.

Auch das traditionelle Umverteilungsrecht des Dorfchefs am Land ist kein Ausdruck von besonders hochentwickeltem Gemeinschaftsgeist oder gar kollektivem Denken in der Produktion. Die regelmäßige Neuanlage der Felder war durch den raschen Abbau der Bodenfruchtbarkeit bedingt, die Zuteilung für jeden Dorfbewohner entsprechend seiner Familiengröße konnte im Zustand des Überflußes von Land ohne Schwierigkeiten auf Risiko der Natur gewährleitet werden. Auch die vielgepriesene soziale Sicherungsfunktion durch das Umverteilungsrecht ist weniger sozial, als häufig angenommen.

Zum einen haben bis heute ehemalige Sklaven oder deren Nachkommen meist kein Teilnahmerecht an der Umverteilung. Sie können bestenfalls Land pachten. Zum anderen besteht heute vielfach die Situation, daß die alteingesessenen bäuerlichen Familien ihren Umverteilungsanteil selbst gar nicht mehr bewirtschaften, die aktiven Familienmitglieder teilweise sogar einem Beruf in der Stadt nachgehen, aber weiterhin auf einer Teilnahme an der Umverteilung bestehen können und ihren Anteil an Landlose verpachten.

Einen solchen Zustand traf ich 1985 in Norden Marokkos auf Nutzflächen an, auf denen die Regierung mit erheblichem Aufwand Bewässerungseinrichtungen angelegt hatte. In den Bewässerungsperimetern gab es dann

Parzellen, bei welchem der Anteil einer Familie aus einer oder gar nur einer halben Reihe Zuckerrohr bestand, und die zudem noch häufig verpachtet war.

Die alteingesessene Dorfaristokratie behindert durch den Fortbestand des traditionellem Umverteilungsrechts des Chefs ganz erheblich das Aufkommen eines leistungsorientierten bäuerlichen Mittelstands. Eine Situation, die von unseren Entwicklungspolitikern während 30 Jahren überwiegend gutgeheißen wurde. Eine dergestalt erstarrte Agrarstruktur erleichtert es unserer Exportlobby einmal mehr, westliche Agrarüberschüsse in wachsendem Umfang in die Dritte Welt zu liefern, um dort die rasch zunehmende Stadtbevölkerung mit Grundnahrungsmitteln zu versorgen. Der Leser kann sich vorstellen, welchen Eindruck es auf mich machte, als ich in einer Erklärung von Bundesernährungsminister KIECHLE zum Welternährungstag 1987, der den Kleinbauern in der Dritten Welt gewidmet war, die These las, die Kleinbauern seien »die tragenden Säulen für die Entwicklung in der Dritten Welt«.

Kehren wir zurück zu den degradierten Naturweiden der Sahelzone. Ohne den Einfluß des Westens hätte das existenzielle Ausgeliefertsein der Herdenbesitzer an diesen Standort längst zu einem Umdenken und zu schonenden Nutzungsregelungen, einschließlich der Begrenzung der Teilnehmer und der Herdengröße geführt, d.h. zu einer Aufteilung des Allmendelandes unter privatwirtschaftlichen Nutzungsgesellschaften. Statt dessen wurden durch die Hilfe des Westens zunächst eine Unzahl neuer Viehtränken errichtet, mit der Wirkung einer maßlosen Überstockung der Naturweiden unter Heranziehung von Weidereserven, die sonst nur bei extremer Trockenheit genutzt wurden. Moderne westliche Transportmittel erlauben darüber hinaus den raschen Transport des Weideviehs über große Entfernung (wie z. B. in Marokko üblich) und damit die Erschließung und abermalige Degradation zusätzlicher Weideflächen.

Schließlich macht die Degradation tropischer Waldflächen (anfänglich durch den Edelholzexport, dann aber vor allem durch den Wanderfeldbau und die Brennholzgewinnung) ein kontinuierliches Vorrücken der Viehherden in Transhumanz in die stark gelichteten und daher nicht mehr oder nur in geringem Maße Tse-tse-verseuchten Wälder möglich. All dies auf Flächen, die jedermann zur Nutzung freistehen, wo auf Risiko der Allgemeinheit gewirtschaftet werden darf. Den Gipfel solchen Wirtschaftens zu Lasten der Allgemeinheit stellt die in letzter Zeit zunehmende Pensionsviehhaltung dar, an der sich vor allem die städtische Bevölkerung beteiligt. Das von ihr als Sparkapitalanlage erworbene Vieh wird Hirten in Pension gegeben. Den Hirten stehen die Kälber als Entlohnung zu, was ihnen die Möglichkeit zum Aufbau einer eigenen Herde gibt. Auf diese Weise wächst der Viehbestand besonders rasch und ohne Rücksichtnahme auf die Leistungskraft der begrenzten Naturweiden.

Unsere Hilfsorganisationen werden nicht müde in der Wiederholung der Behauptung, nur die Armut und Not zwinge die Menschen zu solch schädlichem Raubbau an ihrer Umwelt, natürlich verbunden mit Spendenaufrufen. Tatsache ist aber genau das Gegenteil: Das schädigende Umweltverhalten beginnt regelmäßig in einer Situation des Überflußes, wobei die Knappheit eines Produktionsfaktors noch nicht in Erscheinung tritt, während in der Not, d.h. bei zunehmender Verknappung der Produktionsfaktoren, ein Umdenkungsprozeß beginnt, sofern er nicht von außen korrumpiert wird.

Während meines schon erwähnten Besuches in Gambia hatte ich Gelegenheit, den fortgeschrittenen Zustand der Walddegradation in diesem Land kennenzulernen. Der tropische Regenwald, der weite Teile des Landes noch 30 Jahre zuvor bedeckte und den ich in seinem weitgehend intakten Zustand 1971 in der Südwestregion der Elfenbeinküste kennengelernt hatte, war inzwischen so stark verdünnt, daß sich hohe Grasvegetation darin ausgebreitet hatte. Gegen Ende der Trockenzeit ist diese Grasvegetation vollständig ausgetrocknet, und achtlos weggeworfene Zigarettenkippen genügen, um riesige Waldbrände zu entfachen. Der Wald stirbt nach diesen alljährlich auftretenden Bränden nicht völlig ab, aber seine Substanz an verwertbarem Holz (Nutz- und Brennholz) verringert sich kontinuierlich.

Die Brennholzpreise in der Hauptstadt Banjul waren in den Jahren zuvor doppelt so stark gestiegen wie die durchschnittlichen Lebenshaltungskosten. In dieser sich bereits deutlich abzeichnenden Situation der Brennholzverknappung machte die Bevölkerung indessen keinerlei Anstalten, ihr traditionelles Konsumverhalten zu ändern. Sie war es gewöhnt, ihren Brennholzbedarf vorzugsweise durch Rosenholz (Pterocarpus erinaceus) zu decken, eigentlich ein wertvolles Holz für die Möbelindustrie, das aber für diesen Zweck lokal nicht verwertet wurde. Es hat besonders gute Brenneigenschaften. Die Frauen wissen genau, welche Menge sie benötigen, um damit Wasser auf der aus drei Steinen bestehenden offenen Feuerstelle zu kochen. Große Mengen Totholz anderer Holzarten liegen in den Wäldern und vermodern oder werden Raub der jährlichen Waldbrände, aber die Bevölkerung ist nicht bereit, dieses Holz als Brennholz zu nutzen. Obgleich es gesetzlich verboten wurde, Bäume zur Brennholzgewinnung zu fällen, hält sich niemand an dieses Verbot. Weiterhin werden bevorzugt Rosenholzstämme gefällt.

Die schon recht alarmierende Situation hat noch zu keinerlei positiver Reaktion bei der Bevölkerung beführt. Weder hinsichtlich der Art des Brennholzkonsums – die steigenden Preise sind für die ländliche Bevölkerung, die das Holz schlägt und verkauft, eher ein Anreiz zu verstärktem Angebot – noch in erhöhter Aufmerksamkeit zur Verhinderung der katastrophalen Waldbrände. In einer Untersuchung über die Ursachen dieser Waldbrände werden vorrangig genannt:

- Gewinnung von Brennholz durch Abbrennen des Bastes am Fuß des Stammes,
- Demonstration politischer Opposition,
- Händel mit Nachbarn,
- Achtlosigkeit beim Rauchen,
- Jagd auf Erdhörnchen,
- Abtöten von Kleingetier (Schlangen, Schädlinge, etc.),

also überwiegend Gründe, die in Vorsatz und grober Fahrlässigkeit bestehen.

Kann man sagen, die Bevölkerung handle so aus Not? Und sind andererseits die schon erwähnten Terrassenlandschaften im Nordjemen, die 1000 Jahre alten Reisterrassen auf Java und den Philippinen etc. etwa in einer Situation satten Überflusses errichtet worden? Wohl kaum. Sie sind alle in großer Not entstanden, in der es keine Hilfe von außen gab, kein Ausweichen möglich war, weder für die breite Bevölkerung, noch für ihre Eliten, und es nur die Alternative gab: Untergang oder eine rettende Innovation, realisiert mit äußerster Anstrengung und Disziplin unter Führung der eigenen Eliten.

Was tun die Eliten derzeit in Gambia? Nun, sie stehen in engstem Kontakt mit dem westlichen Ausland, wie etwa auch Hongkong, das – ähnlich wie Gambia – seine Existenz einem Zufall der englischen Kolonialgeschichte verdankt. Ganz anders aber als Hongkong, das seine Beziehung zum Westen hauptsächlich dadurch gestaltet, daß es seine Exporte dorthin lenkt, läßt sich Gambia vor allem vom Ausland unterstützen. Daß es etwa die Hälfte seines Bedarfs an Grundnahrungsmitteln mit verbilligten bis geschenkten Importen deckt und welchen Schnitt dabei die Eliten und ihre Bürokratie in der Hauptstadt machen, habe ich schon erwähnt. Darüber hinaus verdient es am Transithandel mit eben diesen Grundnahrungsmitteln in den Senegal. 1987/88 beispielsweise importierte Gambia 70 000 t ostasiatischen Bruchreis und verkaufte davon 40 000 t mit erheblichem Gewinn an den Senegal. Senegal versucht offiziell seine mit westlicher Hilfe errichteten Bewässerungsreisperimeter vor ausländischer Dumpingkonkurrenz durch Zölle zu schützen. Wenn dennoch 40 000 t Reis unter Umgehung des Zolls aus Gambia in den Senegal gelangen können, sind dort einflußreiche Leute korrumpiert worden. Diese Schiebergeschäfte sind ein Teil der Aktivität der lokalen Eliten, der andere Teil besteht in der Entgegennahme der westlichen Hilfslieferungen und technischen Dienste der Hilfsprojekte.

Auf Veranlassung der Geberländer verkündete der Staatspräsident in feierlicher Erklärung sein »Comittment« für die Erhaltung der Umwelt (sog. Banjul-Erklärung von 1977). Er läßt im Rahmen von »National Tree Planting Festivals« Zehntausende von Pflanzen aus Baumschulen von der Bevölkerung auf Kommunalland pflanzen, um deren Pflege sich niemand kümmert und von denen der weitaus größte Teil nach kurzer Zeit eingeht. Die EG versucht mit dem subventionierten Verkauf von Butangas ins Geschäft zu kommen. Verschiedene Hilfsorganisationen versuchten – bisher ohne Erfolg – kommunale Brennholzwälder anzulegen.

Aber mit Appellen an den Gemeinschaftsgeist oder der Vorsorge für die Zukunft durch unentgeltliche Arbeitseinsätze kann man der Bevölkerung nicht mehr kommen, seit sie weiß, welche Vorteile ihre Eliten aus dem Kontakt mit dem Westen ziehen, und sie verlangt daher auch von den Hilfsprojekten, daß sie gleichfalls in den raschen Genuß von Vorteilen kommt, welche die Hilfsprojekte dann nur in Form kostenloser Warenlieferungen, d. h. durch Alimentation leisten können. Daran, was in 10 oder 20 Jahren ist oder sein sollte, denkt niemand. Die Bevölkerung weiß inzwischen auch, daß die Lebensmittellieferungen des Auslands im Notfall verdoppelt und verdreifacht werden.

Dies alles ist nicht eine Haltung, die aus der Not geboren ist. Sie ist vielmehr ein Zeichen der Führungslosigkeit und Demoralisierung durch Fremdeinflüsse mit der Konsequenz der Selbstaufgabe. Wir haben durch unseren westlichen Einfluß, insbesondere durch unsere jahrzehntelangen Transferleistungen, den Selbsthilfewillen sowohl der Eliten wie der einfachen Bevölkerung auf breiter Front abgebaut, ohne auch nur annährend dazu in der Lage zu sein, den Weg der Alimentation durch Transferleistungen auf ein Niveau ansteigen zu lassen, das dem Grad der Selbstaufgabe in der Dritten Welt entspricht, den wir durch unser Auftreten ausgelöst haben. Gerade bei der rapiden Zerstörung der Umwelt in den armen Ländern wird das Unvermögen unserer Hilfe durch Alimentation besonders deutlich: Wir vereiteln Lern- und Anpassungsprozesse, die ohne unsere Hilfe längst vollzogen wären, wir haben aber bei weitem nicht die Mittel, den Schaden zu beseitigen, der durch das Ausbleiben solcher Lern- und Anpassungsprozesse entsteht.

Anfänglich ging ich bei meiner Arbeit in der Entwicklungshilfe davon aus, daß zahlreiche Länder der Dritten Welt besonders unterstützt werden, weil sie besonders arm sind. Heute neige ich zu der Auffassung, daß sie besonders arm sind, weil wir ihnen besonders »geholfen« haben. Zur Illustration des vielfältigen westlichen Engagements in besonders armen Ländern füge ich in Anlage 10 eine Liste der Hilfsorganisationen bei, die 1985 in Burkina Faso (früher Obervolta) tätig waren.

Glücklicherweise traf ich bei meinem Aufenthalt in Gambia auch auf einen positiven Beitrag zur Bewahrung der Umwelt. Während der Naturwald ein trostloses Bild lieferte, sah ich in Nähe der bäuerlichen Hütten Zitrusanpflanzungen, auch jüngere, wie ich sie in dieser Intensität bislang noch nie auf meinen Reisen beobachten konnte. Ursache des intensiven Zitrusanbaus war der Umstand, daß die Bevölkerung durch die Nähe Senegals mit seinem höheren Preisniveau und seiner harten Währung einen Anreiz zur Marktproduktion hatte, den ihr die eigene Regierung nicht bieten konnte. Auch blieben ineffiziente staatliche Vermarktungsorganisationen außen vor, die Bevölkerung verkaufte ihre Zitrusfrüchte direkt über die Grenze. Natürlich standen die Zitrusbäume nicht auf jedermann zugänglichen Kommunalland, sondern auf sorgsam eingezäunten Parzellen in unmittelbarer Nähe der Hofstellen. Dort aber, wo auf Risiko der Allgemeinheit, oder der Natur, oder Dritter (Hilfsorganisationen) gewirtschaftet werden konnte, griffen Raubbau und Zerstörung um sich.

Was dem Winzling Gambia diesbezüglich recht war, ist dem Giganten Brasilien nur billig. Hier wirtschaftet mit ihrem überkommenen System der Brandrodung nicht nur die autochthone Bevölkerung auf Risiko der Natur (Allgemeinheit), sondern wirtschaften noch wesentlich rücksichtsloser ausländische Gesellschaften, für die es am Ende, wenn alles degradiert ist, noch einfacher ist, ein neues Aktionsfeld zu finden.

Die Erhaltung des tropischen Regenwalds Brasiliens und das Medienspektakel hierum, absorbiert seit 1988 nahezu unsere ganze Aufmerksamkeit in Sachen Entwicklungshilfe, während wir – dies sei in Klammer vermerkt – dem nahezu gänzlichen Verschwinden der Regenwälder Westafrikas während der letzten 30 Jahre kaum Beachtung schenkten, nicht weil ihr Verschwinden weniger schädlich gewesen wäre, sondern weil unser Zeitgeist mit anderen Prioritäten besetzt war.

Das Medienspektakel um den Amazonas und natürlich auch die Anomalien des Wetters der letzten Jahre haben die deutsche Öffentlichkeit zugunsten der Tropenwälder sensibilisiert, so daß am Ende auch die Bundesregierung den Augenblick als gegeben ansah, publikumswirksam Umweltschutz zu demonstrieren, obwohl sie die vorrangige Aufgabe gehabt hätte, zunächst vor der eigenen Haustür gehörig zu kehren.

Großzügig wie der neureiche deutsche Michel 1988 noch war, bot die Bundesregierung Brasilien als erstes Geld an, und zwar gleich 250 Millionen DM, an ein Land, daß bis dahin selbst noch keinerlei eigene Pläne entwickelt hatte, wie es dem Problem des Regenwaldverlustes begegnen wolle, mit welchen Maßnahmen und welchem Devisenbedarf hierbei.

Ausländisches Geld (Devisen) – das sei bei dieser Gelegenheit wiederholt – war hierzu überhaupt nur vonnöten, um damit Importwaren und -dienste bezahlen zu können. Den Geldbedarf für inländische Güter und Dienste brauchte sich Brasilien auch von einem noch so aufdringlichen Spender nicht schenken zu lassen, denn diesen Bedarf kann der inländische Bankensektor in ausreichendem Maße durch Kreditschöpfung bereitstellen. Das wiederum ist aber ohne Inflation nur möglich, wenn der zusätzlichen inländischen (kreditfinanzierten) Nachfrage ein entsprechendes Angebot an Gütern und Diensten gegenübersteht. Diese Voraussetzung war aber gerade im Falle Brasiliens, dessen volkswirtschaftliches Hauptproblem in einer Hyperinflation von über 1000% p. a. bestand, nicht gerade erfüllt!

Das Problem Brasiliens, auch im Zusammenhang mit der Rettung des Tropenwalds, konnte während der letzten Jahre rein ökonomisch gesehen also nicht im Ausgeben von noch mehr Geld bestehen, sondern nur im Einsparen von Staatsausgaben, verbunden mit einer Umschichtung der noch gerade akzeptablen Ausgaben zugunsten des Tropenwalds. Es sei denn, man hätte die angebotene Summe von 250 Millionen DM tatsächlich ausschließlich für Importe benötigt.

Waren aber Importe an Gütern oder Dienstleistungen erforderlich, um den Regenwald zu retten? Etwa für Hubschrauber und deren Unterhaltung zum Abfliegen der zu schützenden Gebiete oder für deutsche Experten, Käferzähler, Waldinventarisierer und wissenschaftliche Beobachter des Raubbaus zum Zweck langfristiger Forschungsprogramme, die mit ihren Ergebnissen dann aufwarten, wenn kein Regenwald mehr da ist? War der Schutz des Regenwaldes denn überhaupt primär ein finanzielles Problem, resultierend aus der Armut des Landes?

Nicht nur das Problem der Amazonaswälder, sondern das Problem ganz Lateinamerikas besteht wenigstens seit Ende des II. Weltkriegs im wesentlichen in einem Überangebot an Geld, vor allem seitens des großen Bruders im Norden. Er hat mit seinen Dollars einen ganzen Subkontinent korrumpiert, erst seine Eliten und dann zwangsläufig seine gesamte Bevölkerung. Er hat die hoffnungsvollen Ansätze der Eliten zu Übernahme von Verantwortung und zu einer selbsttragenden Entwicklung zunichte gemacht. Die selbsttragende Entwicklung war seit Mitte des vorigen Jahrhunderts durch mittelständische, aus Europa eingewanderte Unternehmer maßgeblich gestützt worden, hörte nach dem II. Weltkrieg aber rasch auf. An die Stelle des Handelns auf eigenes Risiko trat auch hier ein Ausweichmanöver, ein Statthaltertum der Eliten auf fremde Rechnung. Politisch bedeutete dies den Verlust der Rechtsstaatlichkeit. Der Übergang zu einer funktionierenden Demokratie wurde verfehlt und statt dessen die Caudilloherrschaft, gestützt durch das Ausland, in moderner Form fortgesetzt. Wirtschaftlich bedeutete dies den Rückfall von hoffnungsvollen Ansätzen innovatorischen Unternehmertums auf ein archaisches Wirtschaften auf Abbruch, den Raubbau vorhandener Vorräte und das in einem goldrauschhaften, die eigenen Kräfte stets überfordernden und daher inflationären Fieber durch rücksichtslosen Mittelzufluß.

Natürlich haben sich bis heute dort zahlreiche Unternehmer gehalten, die diesen Namen verdienen – man denke nur an den Standort Sao Paulo. Aber ihre Lage ist einigermaßen hoffnungslos und sie sind gezwungen, das üble Spiel der Kapitalflucht mitzuspielen, um ihre nackte Existenz zu retten.

Das alles hat nichts mit den Amazonaswäldern zu tun, das ist, wie gesagt, so seit Ende des II. Weltkrieges, und es war nur eine Frage der Zeit, wann dieser Rausch der kurzfristigen Ausbeutung auf fremdes Risiko auch von den Wäldern des Amazonasbeckens Besitz ergreifen würde.

Inzwischen wuchs in Brasilien schon die zweite Generation heran, die nichts anderes im Leben kannte, als daß das Ausland korrumpierend und inflationierend eingriff und jeden an der Übernahme von Verantwortung hinderte. Und nun, am Amazonaswald angekommen, soll plötzlich alles anders werden?

Es konnte daher nicht wundern, wenn der brasilianischen Elite, selbst in Gestalt ihrer aufgeschlossenen neuen Regierung DE MELLO nichts anderes einfiel als das, worin sie seit Kindesbeinen erzogen wurde, nämlich, das Schicksal ihres Landes ausländischen Geldgebern zu überlassen und somit auch den Schutz des Regenwaldes gar nicht als ihr Problem ansah. Von den angebotenen 250 Millionen DM deutscher Hilfe wurden bis September 1990 gerade 60 Millionen DM mühsam in eine Projektkonzeption gebracht*, dagegen wurde sich die brasilianische Regierung, nicht zuletzt durch die Aufdringlichkeit der Bundesregierung, sehr schnell der Situation des Käufermarktes bewußt. Das Angebot der Bundesregierung: »Wir erlassen euch Teile eurer Schulden, wenn

* Schwäbische Zeitung vom 31. 8. 1990.

ihr etwas zum Schutz des Regenwaldes unternehmt«, wurde von DE MELLO rasch unformuliert: »Wenn ihr Deutschen wollt, daß wir etwas zum Schutz des Regenwaldes tun, dann erlaßt uns erst einmal unsere Schulden.«

Laut »Spiegel« vom 27. 2. 1989 hatte sich schon zuvor ein indonesischer Regierungsbeamter zum gleichen Problem in seinem Lande ebenso gegenüber den Industrieländern geäußert: »Ihr wollt, daß die Regenwälder erhalten bleiben? Wunderbar, dann bezahlt dafür.«

Wir haben keine Veranlassung, uns über solche Äußerungen zu erregen, denn sie sind die Früchte generationenlanger Korrumpierung der Eliten in der Dritten Welt. Wer sie erst dazu bringt, ihr eigenes Land nur noch als eine auszubeutende Silbermine anzusehen, wer sie mit harten Dollars korrumpiert, um Projekte durchzuführen, die den Regenwald zerstören, wie z. B. Wasserkraftwerke, Rinderfarmen, die Eisenerzverhüttung mit Holzkohle etc., wer ihnen die Kapitalflucht leichtmacht und ihnen am Ende auch Asyl gewährt, der kann sie nur durch weitere Korrumption und nicht durch den Appell an ihre Verantwortung dazu bringen, den Regenwald zu erhalten. Er muß ihnen eine Rente dafür bezahlen, daß sie von seiner weiteren Zerstörung künftig absehen.

Wie heruntergekommen unsere Politik gegenüber der Dritten Welt inzwischen ist, zeigt die Empfehlung, die ein Kanzleramtsgutachter, der Politologe DIETER OBERNDÖRFER, in diesem Zusammenhang gab: »Nur bei massiven wirtschaftlichen Kompensationen durch das Ausland hat die Erhaltung der noch verbleibenden Primärwälder eine Chance.«*

Der brasilianische Wissenschaftsminister JOSE GOLDENBERG hat diese »Kompensation« 1990 quantifiziert und verlangte 2,2 Milliarden Dollar jährlich zum Schutz des Regenwaldes.**

Bei der Lektüre solcher Nachrichten hat man zunächst das Bedürfnis, sich kühlende Kompressen auf die Schläfen zu legen. Nach deren Einwirken auf den Organismus kommt man dann etwa zu folgenden Überlegungen:

- Zahlreiche Wissenschaftler gehen davon aus, daß die Wälder des Amazonas eine wichtige Schutzfunktion für die Erhaltung des Klimas auf unserer Erde haben. Solange auch nur eine geringe Wahrscheinlichkeit für die Richtigkeit dieser These besteht, muß dieses Waldgebiet – dasselbe gilt auch für andere tropische Regenwälder – zumindest so lange geschützt werden, bis diese Vermutung eindeutig widerlegt worden ist.

  Die weitere Schädigung dieser Wälder muß daher zumindest so lange als eine Bedrohung der Menschheit und damit als ein krimineller Akt betrachtet werden, der z. B. ebenso harte Sanktionen der Vereinten Nationen auslösen müßte wie die Einverleibung Kuweits durch SADDAM HUSSEIN. Irgend jemanden, sei er Brasilianer oder Ausländer, dafür eine Kompensation zu zahlen, daß er auf eine weitere Schädigung dieser Wäder verzichtet, hieße

* SPIEGEL vom 27. 2. 1989

** FAZ vom 11. 9. 1990.

einen Einbrecher durch Zahlung einer Rente davon abzuhalten, weitere Einbrüche zu verüben. Mit dem gleichen Recht könnte die Firma Imhausen eine Rente dafür verlangen, daß sie von der Lieferung weiterer Giftgasanlagen an arabische Länder absieht.
Aber wie im Falle SADDAM HUSSEINS bräuchten wir erst gar keine UNO-Truppen einsetzen, wenn wir unsere eigenen Exportfirmen und Geldgeber rechtzeitig davon abhielten, kriminelle Handlungen durch unsere Lieferungen und Finanzierungen zu ermöglichen.

- Die Bevölkerung Brasiliens kann sich ohne weiteres während der nächsten 50 Jahre ernähren, ohne die Amazonaswälder wirtschaftlich zu nutzen. Die Bevölkerungsdichte (ohne das Amazonasgebiet) liegt derzeit bei 30 Einwohnern pro km^2. Auch ihr gegenwärtiger Lebensstandard ist durch die Schonung dieses Gebiets überhaupt nicht in Frage gestellt. Im Gegenteil: Die Existenz des Amazonasbeckens hat die Einsicht der brasilianischen Eliten und ihrer Bevölkerung, endlich Verantwortung zu übernehmen, lediglich um 20 bis 30 Jahre verzögert.
- Das Amazonasbecken läßt sich selbstverständlich in gewissen Grenzen ökonomisch nutzen, ohne seine klima- und pflanzenartenerhaltende Funktion zu beeinträchtigen. In engen Grenzen und mit geregeltem Waldschutz ließe sich sogar Holzkohle zur Eisenverhüttung gewinnen, ebenso tropische Edelhölzer für Hausbau und Möbelindustrie, ebenso könnten in Grenzen Wasserkraftwerke entstehen, vorausgesetzt, die Staubecken würden zuvor vom Holzbestand restlos befreit, damit sich keine schädlichen Gase entwickeln, wie z. B. beim Tucurui-Staudamm. Neben einer Reihe traditioneller schonender Nutzungsformen könnten weitere entwickelt werden. Das alles aber wäre für Leute, die nur auf schnellen Gewinn durch Raubbau aus sind, wirtschaftlich nicht interessant.

Eine schonende Nutzung setzt eben eine private, existenzielle Verbundenheit mit dem Produktionsfaktor Tropenwald voraus. Sie ist von vornherein auf Dauer angelegt und nicht auf ein Ausweichen nach kurzfristigem Raubbau. Wären die Eliten Brasiliens auf sich selbst gestellt, würde ihnen das permanente Ausweichmanöver durch Kapitalflucht nicht so leichtgemacht, hätten sie längst ein solches, auf Verantwortung beruhendes, ordnungspolitisches und wirtschaftliches Verhältnis zu ihrem eigenen Land entwickelt. Aber in ihrem nationalen wie privaten Selbstverständnis scheint Amazonien ebenso Ausland zu sein wie für den »gringo« aus den USA oder der BRD, der hier sein kurzes spekulatives Interesse verfolgt und sich hernach im wahrsten Sinne des Worts aus dem Staube macht.

Der Schutz des brasilianischen Regenwaldes, der unsere Gemüter seit vier Jahren so erregt, ist also ein Paradebeispiel dafür, in welchem Umfang billiges Geld die Entwicklung nicht nur in der Dritten Welt, sondern für uns alle geschädigt hat. Anstatt ihre direkten Hilfsgelder, ihre Beteiligungen bei der WELTBANK und ihre staatlichen Hermesbürgschaften für jene Projekte rechtzeitig zu streichen, mit denen dieser Regenwald während der letzten Jahre massiv geschädigt wurde, finanziert die Bundesregierung nunmehr beide Seiten dieses Kriegsschauplatzes: Sie unterstützt weiterhin die Hilfsorganisationen mit jährlichen Budgetzuweisungen, und deren schizophrenes Verhalten kennen wir schon aus anderen Beispielen. Letztere finanzieren mit großer Selbstverständlichkeit sowohl die Zerstörung als auch die Rehabilitierung des Regenwaldes, denn ihr Ziel ist es, massiv Geld in Projekten auszugeben und dabei vor allem westlichen Exportinteressen zu dienen. Erst werden die Bulldozer finanziert, die den Wald wegschieben, und dann die Hubschrauber und die teuren Experten, die den Wald rehabilitieren sollen. Beides läuft gleichzeitig nebeneinander her, und die Tatsache, daß man vier Milliarden ausgeben muß, um am Ende den Zustand zu erreichen, den man von vornherein durch die Nichtausgabe von einer Milliarde erreicht hätte, bereitet ihnen eine große Genugtuung.

Die heutigen Maßnahmen zur Walderhaltung resultieren nicht etwa aus einer inzwischen gewonnenen besseren Einsicht in die eminente Rolle der Tropenwälder. Ich bin lange genug in diesem Geschäft tätig, um zu wissen, daß diese Einsicht schon Anfang der siebziger Jahre, als ich den Raubbau der letzten Regenwaldzone der Elfenbeinküste aus nächster Nähe miterlebte, bei allen beteiligten Hilfsorganisationen hinreichend vorhanden war.

Schon damals verließen sie sich auf die bestehenden Gesetze der Elfenbeinküste zum Schutz des Waldes und finanzierten den Holzexporthafen San Pedro mit der Begründung, der Holzeinschlag und der nachfolgende Wanderfeldbau würden in den offiziell vorgesehenen Grenzen bleiben. Schon seit jener Zeit wußten sie, daß solche Annahmen eine Illusion waren. Aber sie gaben weiterhin ihr Geld wider besseres Wissen aus, weil dies nun mal ihre Aufgabe war und bis heute geblieben ist.

Bevor es Entwicklungshilfe gab, mußten sich Menschen überall dort, wo ihnen ein Ausweichen vor aufkommenden Problemen nicht möglich war, diesen Problemen stellen und sie meistern. Als Beispiel nannte ich u. a. die fortschrittlichen Landnutzungsmethoden im dichtbesiedelten Kisii-Distrikt Kenias. Schon bei meinem ersten Besuch in diesem Distrikt im Jahre 1969 glich dieser einem einzigen riesigen Dorf. Das Ausweichen auf andere weniger dicht besiedelte Standorte war dem Stamm der Kisii aus politischen Gründen nicht möglich. Die Kisii waren vielmehr gezwungen, Fleiß und Erfindungskraft einzusetzen, um auf ihrem Land, mit dem sie existenziell verbunden war, zu leben.

Sie entwickelten ohne fremde Hilfe Bodennutzungssysteme, die permanente intensive Bewirtschaftung ohne Raubbau an der Bodenfruchtbarkeit erlaubten, und dies in einem hügeligen, der Bodenerosion besonders ausgesetzten Gelände. Ihre Bodennutzungssysteme sind zum Vorbild dessen geworden, was heute unter dem Schlagwort »Agroforstwirtschaft« im Rahmen der technischen Hilfe propagiert wird.

Für den Stamm der Kisii gab es dabei nur die Anleitung durch die eigenen Eliten, welche die Wahl hatten, abzutreten, oder sich den Aufgaben zu stellen. Die einzige Entwicklungshilfe von außen, wenn man so will, leistete ihnen der

Nachbarstamm der Massai, der rigoros dafür sorgte, daß der Bevölkerungsdruck der Kisii sich nicht durch Landnahme in der nächsten Umgebung Luft schaffen konnte. Obgleich extrem dünn besiedelt und in extensiver Weidewirtschaft genutzt, haben die Massai bislang jeden Hektar ihres Stammesgebiets vor fremder Besiedlung mit Waffengewalt geschützt.

5.5 Stiefkind Marktwirtschaft – die Strukturanpassungsprogramme

Das Beispiel Lateinamerika im allgemeinen und Brasilien im besonderen scheint auf den ersten Blick jenen recht zu geben, welche Marktwirtschaft und privates Unternehmertum ablehnen. Denn sind es nicht immer wieder private Multis und sonstige Privatunternehmen, die korrumpierend und ausbeutend von außen in die Geschicke dieses Subkontinents eingreifen? Und so nimmt es nicht wunder, daß Linksorientierte aller Schattierungen immer wieder die Verhältnisse in Lateinamerika zur Begründung ihrer Überzeugungen herangezogen haben.

Nun ist eine Ansammlung von Unternehmern, die gewisse Produktionsfaktoren kombinieren und gewisse Güter oder Dienste anbieten, noch keine soziale Marktwirtschaft, ebensowenig wie 2 × 11 junge Männer, die einen Ball mit dem Fuß traktieren und sich diesen gegenseitig wegzuluchsen versuchen, schon ein Fußballmatch abgeben. Von sozialer Marktwirtschaft, ebenso wie von einem Fußballmatch kann man erst dann sprechen, wenn die Teilnehmer bestimmte Spielregeln akzeptieren und zu befolgen bemüht sind, ferner, wenn sie einen Schiedsrichter akzeptieren, der Verstöße gegen die Regeln ahndet.

Zu einer sozialen Marktwirtschaft gehören vor allem folgende zwei Spielregeln:
- das Wirtschaften auf eigenes Risiko,
- die Akzeptanz eines funktionierenden Wettbewerbs.

Wir haben im vorangegangenen Kapitel gesehen, daß das Wirtschaften auf eigenes Risiko bei den Unternehmern bislang nur auf einen Teil der Produktionsfaktoren beschränkt ist, gleichgültig, ob im Wanderfeldbau des tropischen Regenwalds oder bei unseren Unternehmern, welche die Belastung von allgemein zugänglichen Gütern wie Luft und Grundwasser mit Schadstoffen auf Risiko der Allgemeinheit betreiben können.

Würde jedem Menschen beispielsweise das Quantum Luft individuell zugemessen, das er während seines Lebens nutzen darf, bräuchten wir uns um die Reinhaltung der Luft keine Sorgen machen. Soweit sich nicht alle Produktionsfaktoren und Konsumgüter privatisieren lassen, kann es nur Sache der staatlichen Ordnungspolitik sein, also dessen, der die Spielregeln setzt, ihre Erhaltung nach Quantität und Qualität gesetzlich zu schützen, d.h. die Rahmenbedingungen festlegen, unter denen sie individuell durch Konsumenten und private Unternehmer genutzt werden dürfen. In der Produktion sind die Kosten der Erhaltung der allgemeinen Güter (Luft, Wasser, Natur) dem privaten

Produzenten anzulasten, der versuchen wird, sie dem Abnehmer seiner Ware oder Dienstleistung im Preis zu belasten. Dadurch kann über die Lenkungsfunktion des Preises die Produktion auf weniger umweltgefährdende Güter und Dienste hin orientiert werden.

Damit wird klar, daß privates Unternehmertum im Rahmen sozialer Marktwirtschaft am besten geeignet ist, dem Umweltschutz zu dienen. Die privaten Unternehmer sind jene, die bereit sind, auf eigenes Risiko zu arbeiten, und sie integrieren daher auch am besten die ordnungspolitischen Auflagen bei der Produktion.

Ebenso klar ist, daß eine funktionierende Demokratie die beste Gewähr dafür bietet, daß die ordnungspolitischen Rahmenbedingungen auch eingehalten werden. Denn Wirtschaften auf eigenes Risiko bedeutet in der Politik, verantwortlich sein gegenüber dem Volk mit dem Risiko, abgewählt zu werden. Unsinnig dagegen wäre es, das Produzieren jenen zu überlassen, die ohnehin schon mit allen Produktionsfaktoren auf fremdes Risiko arbeiten, den Staatsbetrieben, Bürokratien und kollektiven Systemen (Produktionsgenossenschaften) und die Politik den Gewaltsystemem zu überantworten, die auf fremdes Risiko regieren.

Was die zweite wichtige Spielregel, den funktionierenden Wettbewerb anbelangt, so tun sich damit die Unternehmer, wie alle Menschen, stets schwer. Wer setzt sich schon gerne dem Wettbewerb aus. Auch diejenigen, welche sich anderen überlegen fühlen und Innovationen erfolgreich am Markt durchsetzen, versuchen in aller Regel, ihren Vorsprung abzusichern und die Konkurrenten vom Markt fernzuhalten. In gewissen Grenzen ist dies auch legitim und zum Funktionieren der Marktwirtschaft unerläßlich.

Denn es ist ein Irrtum, zu glauben, das neoklassische Modell der vollkommenen Konkurrenz, die den Preis stets auf das Selbstkostenniveau, einschließlich kalkulatorischen Unternehmerlohn drückt, würde einen funktionierenden Wettbewerb ergeben. In einer solchen Situation würden die privaten Unternehmer wahrscheinlich nicht mehr Initiative entwickeln wie eine staatliche Zentralverwaltungswirtschaft, weil der Leistungsanreiz fehlt. Mehr Augenmaß für funktionierenden Wettbewerb zeigt beispielsweise unsere Patentgesetzgebung. Sie geht davon aus, daß ein Unternehmer nur dann Mittel in die Entwicklung neuer Produkte oder Herstellungsverfahren investiert, wenn er seine Erfindung wenigstens für eine gewisse Zeit allein oder durch Lizenzvergabe nutzen kann. Dies ist der Preis dafür, daß er sich anstrengt, seine Erfindung rasch auf den Markt bringt und durch Lizenzvergabe zu einer Verbreitung der Erfindung auch im Ausland beiträgt.

Aufgabe eines funktionierenden Wettbewerbs ist es auch, zu verhindern, daß im Wettbewerb nicht nur ein oder wenige Anbieter oder Nachfrager übrigbleiben, auch wenn diese die leistungsfähigsten sind. Denn könnte sich der Alleinanbieter (Monopolist), oder könnten sich die wenigen Anbieter (Oligopolisten) durch Absprachen monopolistisch am Markt verhalten, wäre es mit der Leistungsfähigkeit meist vorbei.

Eine marktwirtschaftliche Wettbewerbspolitik muß daher immer das Ziel verfolgen, eine Vielzahl von Anbietern (Polypol) am Markt zu halten, andererseits aber auch Kartelle und ähnliche Absprachen unter den Marktteilnehmern verhindern. Auch hier ist also die staatliche Ordnungspolitik ebenso gefordert wie bei der Begrenzung des Wachstums zugunsten der Umwelt.

In diesem Zusammenhang wird immer wieder behauptet, das Gewinnstreben privater Unternehmer sei schuld an unersättlichem Wachstum, sei es zu Lasten der Umwelt oder anderer Marktteilnehmer.

Es ist indessen falsch, das Streben nach Wachstum mit dem privatunternehmerischen Gewinn in Verbindung zu bringen. Ein Unternehmer lebt vom Gewinn, dem Residuum zwischen Aufwand und Ertrag, weil er auf eigenes Risiko wirtschaftet, also kein festes Gehalt bezieht. Wachstumsstreben ist aber nicht Ausdruck des Gewinnstrebens, sondern des Strebens nach Macht. Machtstreben durch unbegrenztes Wachstum ist nirgendwo häufiger anzutreffen als dort, wo weder auf eigenes Risiko gewirtschaftet werden muß, noch im Wettbewerb mit anderen: in staatlichen Bürokratien und Monopolgesellschaften, in Dikaturen und Gewaltsystemen. Die Bereitschaft, Risiko zu tragen, wie auch die Bereitschaft im Wettbewerb mit anderen zu arbeiten, sind ganz entscheidende machtbegrenzende Faktoren, die in das Wirtschaftssystem der sozialen Marktwirtschaft ebenso bewußt aufgenommen wurden wie die Gewaltenteilung und das Wahlrecht im politischen System der Demokratie.

Wer einem privaten Unternehmer sein Gewinnstreben vorwirft, zeigt damit wenig Einblick in wirtschaftliche und gesellschaftliche Zusammenhänge. Das gleiche gilt von dem, der ein Unternehmen deshalb für gemeinnützig hält, weil es lt. Satzung keinen Gewinn machen darf. Welchen Nutzen ein solches Unternehmen bei seinen Kunden stiftet, entscheidet allein das Preis-Leistungs-Verhältnis bei der von ihm angebotenen Ware oder Dienstleistung. Jede Werbung mit Gemeinnützigkeit und Gewinnverzicht ist daher Bauernfängerei. Nach jahrzehntelangen Erfahrungen mit Systemen, die den privatwirtschaftlichen Gewinn untersagt hatten, zeigt der empirische Befund in zahlreichen Ländern unterschiedlicher Kulturkreise, daß privatwirtschaftliches Gewinnstreben im Wettbewerb das weitaus bessere Preis-Leistungs-Verhältnis erbringt. Dies, weil es einen starken Anreiz zur Realisierung von Innovationen bietet und die Produktion auf den individuellen Bedarf hin orientiert. Durch seine höhere Produktivität und bessere Bedarfsorientierung ist das privatwirtschaftliche Gewinnstreben im Wettbewerb zugleich auch umweltfreundlicher und sozialer, denn die Produktion unter vergleichsweise geringem technischen Fortschritt und ohne Rücksicht auf den individuellen Bedarf führt zu umweltschädigender und unsozialer Vergeudung von Ressourcen. Dagegen genügt es im System privaten Gewinnstreben im Wettbewerb, den staatlichen Schutz der Umwelt auf jene Produktionsfaktoren und Konsumgüter zu beschränken, die allgemein zugänglich sind und auf fremdes Risiko genutzt bzw. belastet werden können (Luft, Wasser, Landschaft).

Obgleich der Westen die Vorzüge seines marktwirtschaftlich-demokratischen Systems kannte, war er offenbar nicht daran interessiert, den Ländern der Dritten Welt dessen Wurzeln zu vermitteln, sondern zog es vor, diese mit dessen Früchten zu füttern.

Es bleibt mir noch, auf die wirtschaftspolitischen Maßnahmen einzugehen, die etwa seit Mitte der achtziger Jahre, also noch einige Jahre vor dem Zusammenbruch des Ostblocks, mit den sog. »Strukturanpassungsprogrammen« von WELTBANK und IWF eingeleitet wurden. Stellten die Strukturanpassungsprogramme denn nicht den Einstieg in eine marktwirtschaftliche Wende in den armen Ländern dar?

Ich hatte 1987 Gelegenheit, eigene Eindrücke zu dieser Frage zu sammeln, als ich im Auftrag einer staatlichen Entwicklungsorganisation Vorschläge für einen Co-Finanzierungsbeitrag zum Strukturanpassungsprogramm für Guinea-Bissau (Einwohnerzahl 1987: rd. 900 000) auszuarbeiten hatte.

Wie bei anderen Strukturanpassungsprogrammen bestanden die wesentlichen Auflagen für Guinea-Bissau in regelmäßigen Anpassungen des Kurses der Landeswährung (sprich: Abwertungen des überhöhten Wechselkurses), in der Freigabe der landwirtschaftlichen Erzeugerpreise und der Verringerung der Zahl staatlicher Angestellter auf eine festgelegte Obergrenze.

All diese Auflagen waren entwicklungspolitisch durchaus sinnvoll und notwendig, aber es war ebenso offenkundig, daß sie allein nicht ausreichten, um die lokalen Eliten zum persönlichen Engagement und zum unternehmerischen Tätigwerden in der Produktion anzuregen. Was tat sich nun diesbezüglich?

Die Wirtschaft des Landes ruhte im sog. traditionellen Sektor auf kleinbäuerlicher Subsistenzwirtschaft, wobei das landwirtschaftliche Potential des Landes nur zu 50% genutzt wurde. Das tropische Edelholz unterlag starkem Raubbau und wurde meist in Form von Rundholz exportiert. Der jährliche Fischfang von 150 000 t hätte ohne Raubbau verdoppelt werden können, wurde aber zu 90% von ausländischen Firmen gegen Lizenz genutzt. Der moderne industrielle Sektor bestand aus etwa einem Dutzend Betrieben, der größte Teil war mit schwedischer Entwicklungshilfe errichtet worden. Es waren alles Staatsbetriebe, die nie richtig arbeiteten und bei meinem Eintreffen praktisch bankrott waren.

Auf wirtschaftlichem Gebiet bestand die lokale Elite vor allem aus ein paar Dutzend privaten Großhändlern mit z. T. beträchtlichen finanziellen Mitteln. 1974, nach der Unabhängigkeit von Portugal, stand das Land bis zu seinem totalen wirtschaftlichen Zusammenbruch zunächst für sechs Jahre unter kommunistischer Regierung und versuchte dann mit westlicher Hilfe eine Neuorientierung. Während der kommunistischen Herrschaft war das Aktionsfeld der privaten Großhändler sehr begrenzt, aber keineswegs auf dem Nullstand. Denn gerade eine nach zentralem Plan gelenkte Wirtschaft muß über Leute verfügen, welche bereit sind, die Lücken im Plan zu schließen und die zahllosen Ungereimtheiten auszugleichen, vor allem aber, um die vielfältigen Nebengeschäfte der Mächtigen im Staate zu betreiben, der Militärs vor allem, die von wirtschaftlichen Dingen nur selten etwas verstehen. Auch Guinea-Bissau hatte, neudeutsch gesprochen, seine Schalck-Golodkowskis.

Ich hatte das seltene Erlebnis, etwa einem halben Dutzend der einflußreichsten Großhändler bei einer eigens für mich anberaumten Sitzung, zu der der Wirtschaftsminister eingeladen hatte, gegenüberzusitzen. Durch ihre Hände ging sicher mehr als die Hälfte aller im Lande gehandelten Güter. Der reichste unter ihnen war im traditionellen Burnus erschienen, die nackten Füße in spitz auslaufenden Lederpantoffeln steckend. Er hatte dem schwedischen Zündholzkonzern einzige Zeit zuvor das Monopol für Westafrika abgehandelt und in bar bezahlt. Der smarteste unter ihnen hatte in Volkswirtschaft promoviert, zitierte KEYNES während der Sitzung und hatte in weiser Vorahnung dessen, was jetzt mit westlicher Hilfe alles auf sein Land zukommen würde, vor kurzem eine private Consultingfirma gegründet. Ich erlaubte mir die offene Frage, wann sie denn das Dutzend bankrotter Staatsbetriebe in private Regie übernehmen würden, sie seien es doch, die hierfür für allererst in Frage kämen. Sie schauten darauf einander verstohlen an, bis der Smarte schließlich sagte, sie hätten daran auch schon gedacht, aber ihre Rollen noch nicht untereinander verteilt.

Nun, was brauchte jene Auswahl lokaler Elite, um diese Betriebe aus der Konkursmasse zu übernehmen und privat zu führen? Jedenfalls am allerwenigsten Geld. Das hatten sie zur Genüge, und sollte es für diese oder jene Investitionsausgabe nicht reichen, so hatten sie Zugang zu kommerziell angebotenem Kredit, denn sie konnten umfangreichen Grundbesitz zur Sicherheit offerieren. Was sie brauchten, war technisches Know-how, einen Betriebsingenieur. Auch diesen brauchte ihnen nicht ein GTZ-Projekt kostenlos zur Verfügung stellen, denn sie konnten einen ausreichend qualifizierten z. B., aus Portugal, unter Vertrag nehmen und bezahlen. So einen gab es schon zum halben Preis eines GTZ-Ingenieurs. Wenn ihnen auch ein solcher Betriebsingenieur aus Portugal auf die Dauer zu teuer sein sollte, so war dies der beste Anreiz, ihre Söhne endlich auf diesem Gebiet auszubilden und einzusetzen.

Alles, was diese Händler-Elite brauchte, um sich zur industriellen Elite zu mausern, war der »Zwang der Verhältnisse«, der ihnen klarmachte, daß sie selbst und ihr Land nur dann würden bestehen können, wenn sie mehr für den Markt produzierten, als die traurigen Überschüsse, welche die Kleinbauern auf den Wochenmärkten anboten. Das wäre schon seit 20 Jahren der Schlüsselfaktor zur wirtschaftlichen Entwicklung gewesen und auch jetzt der »key factor« für das »structural adjustment programme« der WELTBANK. Das wußten auch die Experten aus Washington und jene der deutschen Nobelbank, die mich nach Guinea-Bissau entsandt hatte, aber das war nicht das, was sie anzubieten hatten. Der »Zwang der Verhältnisse«, unter dem sie standen, bestand eben gerade darin, Geld anbieten zu müssen.

Da sie dieses Geld nicht einfach unter die Leute verteilen konnten – war es doch ihre Aufgabe, entwicklungspolitisch richtig zu handeln, und waren doch gerade deshalb ungeheuere Apparate in Washington und anderwärts entwickelt worden, die hierzu ständig gut ausgereifte Vorschläge zu machen hatten – hatte man sich auch für das »structural adjustment programme« Guinea-Bissaus eine adäquate Entwicklungsphilosphie ausgedacht.

Diese Philosophie folgte natürlich nicht meinem sozialdarwinistischen »Zwang der Verhältnisse«, sondern der Überlegung, daß die Wirtschaft dieses Landes, ausgepowert durch sieben Jahre kommunistischer Herrschaft, erst einmal durch einen breiten Güterstrom, den man ins Land bringen müsse, zu revitalisieren sei. Man müsse möglichst rasch und massiv handeln, dies allein würde die private Initiative beflügeln, die darüber hinaus durch längerfristige Entwicklungsprojekte flankierend zu unterstützen sei. Je massiver der Güterstrom ausfalle, der ins Land käme, desto größer sei auch die Wahrscheinlichkeit, daß dieser Güterstrom bis ins kleinste Dorf und die ärmste Hütte vordringen würde. Hier wurde der inzwischen berühmte, von den Experten der WELTBANK entdeckte »trickling down effect«, zu deutsch »Durchsickereffekt«, angesprochen.

Was ich schon vor der Ausreise im November 1987 beim Aktenstudium feststellen mußte, war, daß das »structural adjustment programme« bereits der zweite massive Kapitalzufluß von WELTBANK und IWF nach Beendigung der kommunistischen Herrschaft war. Von 1982 bis 1985 waren im Rahmen eines »Reconstruction Import Credit« externe Gelder in Höhe von jährlich etwa 50% (!) des Bruttosozialprodukts ins Land geflossen. Diese, ausschließlich zu Investitionszwecken gegebenen Gelder, hatten bis zum Jahre 1987 aber kaum eine positive Wirkung auf die Exporte des Landes ausgeübt, und die Außenhandelsbilanz war infolge anhaltender massiver Importe noch defizitärer geworden.

Was zu diesem Ergebnis geführt hatte, erfuhr ich – weil es in den Akten nicht stand – erst nach meiner Ankunft im Lande. Nach Übernahme der Macht hatte die kommunistische Regierung noch radikaler als die zahlreichen anderen afrikanischen Regierungen eine staatliche Monopolisierung des Wirtschaftslebens betrieben, der sich die ländliche Bevölkerung ebenso radikal zu entziehen wußte. Die Machthaber in der Hauptstadt hatten sich bedenkenlos der Notenpresse zur Finanzierung ihrer Ausgaben bedient und zudem die ländliche Bevölkerung mit Gütern des täglichen Bedarfs total unterversorgt gelassen. In die lokale Währung hatte niemand mehr Vertrauen, die Bauern belieferten folglich nicht mehr die Hauptstadt mit ihren Überschüssen, sondern die Händler aus dem benachbarten Senegal, die ihnen die Waren des täglichen Bedarfs (Bekleidung, Haushaltswaren, landwirtschaftliche Geräte) anboten und zudem ihre Überschüsse in der harten Währung des Franc CFA bezahlten, die einzige Währung, die neben westlichen Devisen akzeptiert wurde.

Die Unterversorgung der städtischen Bevölkerung mit Grundnahrungsmitteln war also weder Folge einer Naturkatastrophe noch Folge eines Krieges, weder Folge unzureichender Anbauflächen, diese waren erst zur Hälfte genutzt, noch wurden die Bauern gezwungen – wie in diesem Zusammenhang häufig behauptet –, zuviel Exportkulturen zu Lasten der Nahrungskulturen anzubauen, sondern einzig Folge einer selbstzerstörerischen Wirtschaftspolitik.

Aber auch diese selbstzerstörerische Wirtschaftspolitik nahmen unsere Hilfsorganisationen als ebenso gottgegeben hin wie eine Dürrekatastrophe.

Noch vor dem Machtwechsel erhielt Guinea-Bissau gut 20% seines Gesamtbedarfs an Reis in Form von Geschenklieferungen zur Verfügung gestellt. Nach der politischen Wende wurden die westlichen Nahrungsmittelspenden kräftig gesteigert, und die totale Finanzierung des Investitionshaushalts durch den Reconstruction Import Credit erleichterte es der neuen Regierung, die alte Politik der Ernährung der Hauptstadt vom Ausland her weiter in gesteigerter Form fortzusetzen.

Wer erhielt nun Zugang zu den geschenkten und halb geschenkten Importen? Zunächst einmal konnte mit ihrem Verkauf die marode Staatskasse etwas gefüllt werden. Zu einem Bruchteil des Marktpreises wurde sodann die städtische Bevölkerung versorgt. Das waren zunächst die Machthaber, ihre Familien und ihr Dienstpersonal, die umfangreich aufgeblähte Bürokratie, das Militär, dieses seit dem Sieg gegen die Kolonialmacht ebenso aufgebläht und unwillig, auf dem flachen Land einer produktiven Arbeit nachzugehen, sowie eine rasch wachsende Zahl von Kleinbauern, die es satt hatten, sich selbst um ihren Unterhalt zu bemühen, nachdem sie merkten, wie bequem man in der Stadt versorgt wurde. 1950 hatte die Hauptstadt Bissau noch 18 000 Einwohner, 1979 waren es 109 000 und bis 1985 war ihre Zahl trotz massiver Hilfsprogramme für die Landwirtschaft auf 160 000 angewachsen.

Nach Versorgung der städtischen Bevölkerung blieb immer noch ein erklecklicher Teil der Nahrungsmittel, mit derem lukrativen Weiterverkauf in den Senegal nicht nur erhebliche Gewinne gemacht werden konnten, er bot vor allem die Investition der Gewinne in eine harte Währung, also die Kapitalflucht ins Ausland.

Auch auf die Gefahr hin, daß ich meine Leser langweile, weil ich ihnen einen sehr ähnlichen Bericht schon von Sierra Leone und von Gambia geliefert habe, erstatte ich ihn nun auch von Guinea-Bissau, um nochmals zu unterstreichen, daß die beschriebenen Verhältnisse nicht die Ausnahme, sondern die Regel in Afrika darstellen. Ich könnte noch weitere Berichte hinzufügen.

Mit den Geldern des »Reconstruction Import Credit« erschöpfte sich aber keineswegs der Mittelzufluß, den Guinea-Bissau während der Jahre 1982 bis 1987 erhalten hatte. Wenigstens zwei Dutzend ausländischer, staatlicher, kirchlicher und privater Hilfsorganisationen finanzierten ländliche Entwicklungsprojekte. Die bedeutendsten hierunter waren je ein von Schweden und der Europäischen Gemeinschaft getragenes Regionalentwicklungsprogramm. Während die Hilfsorganisationen einerseits mit geschenkten Grundnahrungsmitteln der lokalen Produktion die Absatzmärkte wegnahmen, taten sie andernseits so, als könnten sie mit biederen landwirtschaftlichen Beratungsprojekten Hilfe zur Selbsthilfe leisten. Da sie kaum produktionssteigernd wirken konnten – schon produktionssteigernde Düngemittel oder Schädlingsbekämpfungsmittel mußten den Bauern geschenkt werden, da ihr Verkauf gegen Bezahlung bei den herrschenden Erzeugerpreisen nicht möglich gewesen wäre –, verfielen sie auch hier wieder auf ihre bewährte Methode, Infrastrukturinvestitionen im sozialen Umfeld der Produktion zu finanzieren: Lagerhäuser, Dorfschulen, Krankenstationen, Trinkwasserbrunnen, Eindeichung von Reisfeldern etc.

Alles, was die Wirtschaft Guinea-Bissaus benötigt hätte, um zu gesunden, waren keine Devisengeschenke und schon gar keine Nahrungsmittelgeschenke, sondern ganz einfach eine solide Wirtschaftspolitik. Ausgangspunkt einer solchen Wirtschaftspolitik wäre eine stabile Währung gewesen, und diese konnte natürlich erst dann stabil gehalten werden, wenn der ländliche Teil der Bevölkerung den städtischen Teil mit Nahrungmitteln versorgte und der städtische Teil eine produktive Tätigkeit ausübte. Was die Wirtschaft aber in ständig größeren Ruin und die Währung zu galoppierender Inflation trieb, war die Selbstverständlichkeit, mit der das westliche Ausland die unproduktive Hauptstadt als gottgegeben ansah und in seiner Unproduktivität künstlich am Leben erhielt. Von den 160 000 Einwohnern der Hauptstadt hätte man 1987 ohne weiteres 80 0000–100 000 – so viele waren wenigenstens unproduktiv – aufs flache Land zurückschicken können mit der Empfehlung, in den kleinbäuerlichen Familien, aus denen sie kamen, ihre Selbstversorgung sicherzustellen. Aber solange die Hilfssendungen eintrafen, dachte hieran natürlich niemand, und dies wäre mittel- bis langfristig auch nicht der richtige Entwicklungspfad für die bissauische Wirtschaft gewesen. Hier galt es vielmehr – wie in allen Ländern der Dritten Welt –, neben der Landwirtschaft auch Kleingewerbe und Industrie zu fördern.

Mit der Frage nach Kleingewerbe- und Industrieentwicklung sitze ich also wieder meiner bissauischen Händlerelite an besagtem Verhandlungstisch gegenüber. Aber diese Herren wissen bereits, daß solche Fragen gar nicht zu meiner Aufgabe gehören. Die Bundesregierung hat mich entsandt, um Bissau ein paar Millionen DM Devisenhilfe zur Verfügung zu stellen. Ich bin froh, daß sie mir zur Auflage machte, diese Gelder nur für landwirtschaftliche Produktionsmittel zu verplanen, denn schon fragt mich der Handelsminister, ob nicht ein Teil dieses Betrages für dringend benötigte Nahrungsmittelimporte bereitgestellt werden könne. Ich verweise höflich auf die mir erteilten Auflagen, weiß bereits, welche Rekordmengen an Nahrungsmittelgeschenken und Billigimporten sie dieses Jahr schon bekommen haben, weiß auch, daß der größte Teil der Devisenhilfe des »Structural Adjustment Programme« für den Import von sonstigen Konsumgütern zum Zweck des »trickling down« zur Verfügung gestellt wird, und bin zunächst noch davon überzeugt, daß wenigstens meine Devisenhilfe unmittelbar der landwirtschaftlichen Produktionsbelebung dienen kann.

Wer in der Entwicklungshilfe je glaubte, er würde stets mit offenen Armen empfangen, weil er Geschenke im Koffer mitbringe, der konnte noch nicht lange im Geschäft gewesen sein, sonst hätte er gewußt, daß die Konkurrenz nie untätig war. Wer darüber hinaus glaubte, bei der allgemein herrschenden großen Not sei es ein leichtes, diese Geschenke sinnvoll zu verteilen, der wurde bald eines besseren belehrt. Da ich 1987 mein 20. Jubiläum im Dienste dieser guten Sache feierte, wunderte ich mich nicht, als ich erfuhr, daß bereits zwei andere gewichtige Organisationen, der EUROPÄISCHE ENTWICKLUNGSFONDS und der in Rom ansässige INTERNATIONAL FUND FOR AGRICULTURAL DEVELOPMENT, der erstere außerhalb des Strukturanpassungsprogramms, der letztere innerhalb desselben, für ebensolche landwirtschaftlichen Produktionsmittelimporte bereits Mittel bereitgestellt hatten, die dem Bedarf für die zwei kommenden Jahre, in welchem die Programmittel abfließen sollten, in etwa entsprachen.

Hinzu kam, daß ein Teil der vorgesehenen Importe, nämlich landwirtschaftliche Handarbeitsgeräte und Geräte zur tierischen Anspannung, in direkter Konkurrenz zu einem jener von Schweden aufgebauten Staatsbetriebe trat. Wenigstens ein Teil solcher Geräte konnte dort hergestellt werden. Darüber hinaus gab es Dutzende von Dorfschmieden im Lande, welche Handarbeitsgeräte herstellten und den hierfür benötigten Stahl aus den Federblättern ausgemusterter LKW gewannen. Ich versuchte also eine differenzierte Bedarfsliste aufzustellen, und so gut es in der Kürze der Zeit ging, wenigstens einen Mittelabfluß zu planen, der nicht direkt schädigend für das Land war. Ich versuchte meinem Auftraggeber nahezulegen, daß es besser sei, die lokalen Dorfschmiede besser mit Werkzeugen auszustatten, etwa mit Geräten zum autogenen Schweißen, und in solchen Arbeiten zu schulen. Aber damit hatte ich schon ein technisches Hilfeprojekt vorgeschlagen mit teuren Beratern, damit durfte mein Budget nicht belastet werden. Meine Mittel waren einfach als Warenhilfe gedacht, die ohne viel Aufhebens bereitgestellt werden sollte. Meine auftraggebende Bank betrachtete die Wirtschaft Guinea Bissaus offenbar so, als sei diese eine gut funktionierende Fabrik, bei der lediglich ein bestimmter Hilfsstoff durch ein externes Ereignis, etwa einen Brandunfall, ausgefallen war, und den man durch einfache Warenhilfe reparieren konnte.

Ich reiste acht Tage lang kreuz und quer im Lande umher, besuchte dieses Projekt und jenes und suchte nach verborgenen Abstellplätzen für meine Produktionsmittel, welche meine beiden Konkurrenten, der EEF und IFAD, noch nicht entdeckt hatten. Es gelang mir zwar am Ende mit reichlicher Mühe, Vorschläge zu machen, die keinen Schaden anrichteten, aber ich fand wenig Argumente dafür, daß sie Nutzen stiften würden. Am wichtigsten war zweifellos mein Vorschlag, mit dem Mittelabfluß wenigstens so lange zu warten, bis die beiden konkurrierenden Hilfsorganisationen ihr Pulver würden verschossen haben.

Wenn ich von meinen Tagesausflügen auf staubigen Pisten zurückkehrte, hatte ich aber auch stets den Kopf voll mit Ideen, was man wirtschaftlich alles in diesem Lande anfangen könnte, wenn man nur die Macht dazu hätte. Ein Dutzend Wirtschaftsfachleute und 100 Techniker in den Schlüsselstellungen und im vollen Besitz der Macht würden genügen, da war ich mir sicher, dieses Land zur Blüte zu bringen. Aber ohne diese Voraussetzung wollte mir nichts Rechtes einfallen. Da blieb nur das zu tun übrig, worauf die Großhändlerelite im Zusammenhang mit dem Strukturanpassungsprogramm schon wartete: Mit den gespendeten Konsumgütern die Bevölkerung der Hauptstadt versorgen und den Rest an der armen Landbevölkerung vorbei in den Senegal »down trickeln« zu lassen, um anschließend die Gewinne in sicherer Währung anzulegen.

Am Abend saß ich dann auf der Terrasse meines Hotels am höchstgelegenen Punkt der Hauptstadt – früher das Offizierskasino der Portugiesen, dann die Unterkunft für russische Berater und schließlich die Absteige für westliche Entwicklungsexperten – beim Abendessen und verplauderte mit einem Kollegen, einem Herrn aus spanischem Adel, der als Wirtschaftsexperte für die UNIDO tätig war, so manche Stunde. Wenige Meter über uns, auf dem Dachvorsprung des Hotels, hockten die Geier und aus den nahen Büschen neben unserem Tisch schlüpften die Kröten, zuerst auf die geflieste Plattform der Terrasse, dann auf unsere Schuhe und danach landeten sie mit Schwung wieder im Gebüsch. Aufgabe des spanischen Granden war es eigentlich gewesen, die Privatisierung des einen oder anderen Staatsbetriebs mit Hilfe seiner Organisation durch ein Joint-Venture mit einem lokalen privaten Partner zustande zu bringen. Aber genau wie ich kehrte er jeden Abend staubig und unverrichteter Dinge ins Hotel zurück. Wer von den Großhändlern wollte schon sein Geld in die mühsame Produktion stecken, wenn eine noch bessere ausländische Konkurrenzware als die, welche er selbst hätte herstellen können, so wohlfeil wie jetzt im Strukturanpassungsprogramm angeboten wurde und man mit simplem Zwischenhandel ungleich höhere und bequemere Gewinne machen konnte.

So blieb uns beiden nichts anderes übrig, als über die Nichtigkeit unserer Mission je nach Temperament heiteren Humor oder galligen Zynismus auszubreiten und auf die baldige Rückkehr zu unseren Familien zu warten.

Nach Rückkehr von besagter Mission war mir klar, daß die Strukturanpassungsprogramme nicht geeignet waren, eine marktwirtschaftliche Wende in der Dritten Welt einzuleiten, und zwar im wesentlichen aus drei Gründen:

- Man kann die lokalen Eliten nicht zum Produzieren auf eigenes Risiko anregen, wenn man die Güter, die es lokal zu produzieren gilt, in Fortsetzung der üblen Überschußablademanier weiterhin kostenlos oder halb geschenkt ins Land bringt, oder ihren Import durch günstige Devisenkredite ermöglicht. Was nützt eine an sich richtige Abwertung der lokalen Währung, wenn die dadurch bewirkte Importverteuerung durch Geschenke und Dumpingpraktiken umgangen wird?
- Was zum Zweck einer marktwirtschaftlichen Wende angeboten werden kann, ist Managementtraining und technisches Know-how im privatunternehmerischen Bereich. Voraussetzung hierfür ist aber die – nicht durch Geschenke korrumpierte – Erkenntnis der Eliten, daß nur dies ihnen nützt und nicht das billige Geld zum Einkaufen im Ausland. Entwicklungshilfeorganisationen, die ihren Erfolg an der jährlichen Verausgabung ihres Budgets ablesen müssen, sind denkbar unggeignet, den lokalen Eliten diese Erkenntnis zu vermitteln.
- Die Strukturanpassungsprogramme verknüpften regelmäßig ihr Programm mit dem Schuldenproblem. Die marktwirtschaftliche Umstrukturierung ver-

kam dadurch zu simplen Auflagen an die lokalen Regierungen, die im Zusammenhang mit Umschuldungsverhandlungen gemacht wurden.
Die Aufgabe einer marktwirtschaftlichen Umstrukturierung der Wirtschaft ist aber in allen Ländern der Dritten Welt ganz unabhängig von der Schuldensituation und dem evtl. Schuldenerlaß durchzuführen. Durch die Verknüpfung mit dem Schuldenproblem brachten IWF und WELTBANK die Dritte-Welt-Gruppen und die kirchlichen Hilfsorganisationen gegen sich auf. Letztere forcierten nun ihre Spendenaufrufe und kontraproduktiven Transfers mit der Begründung, sie müßten die sozialen Härten der Strukturanpassungsprogramme abfedern helfen.
So darf man sich nicht über die Eindrücke wundern, die ich in Guinea- Bissau erhielt und die mich zu der Überzeugung brachten, daß die Strukturanpassungsprogramme wahrscheinlich in den meisten Ländern das Gegenteil dessen bewirkten, was sie offiziell beabsichtigten.

Seit Jahren besteht also die marktwirtschaftliche Neuorientierung vor allem darin, daß die alten Interessengruppen, die eine solche Neuorientierung bislang verhinderten, marktwirtschaftliches Vokabular übernehmen, um es totzureden und die alte Politik fortzusetzen. Und in ein paar Jahren wird die politische Linke behaupten, die marktwirtschaftlichen Reformen seien gescheitert, obgleich klar ist, daß solche Reformen nur in den wenigsten Fällen überhaupt ernsthaft angestrebt worden waren.

6 Wieviel Geld kosten wirtschaftliche und soziale Entwicklung?

Obgleich wir wissen, wie unschicklich es ist, in allen Bereichen unseres Lebens danach zu fragen: »Wieviel kostet es«, haben wir uns immer mehr daran gewöhnt, so zu denken und alle Probleme auf die Frage ihrer Finanzierung reduziert. Wir haben die Erfahrung gemacht, daß wir uns eines Großteils unserer alltäglichen Verpflichtungen durch simple Abbuchungsaufträge an unsere Bank entledigen können, warum nicht auch der Verpflichtung der Entwicklung der armen Länder der Dritten Welt, die nun schon seit 30 Jahren mit zu unseren Alltagsverpflichtungen zu zählen scheint und – wenn es nach dem Willen unserer Hilfsorganisationen geht – auch noch wenigstens weitere 30 Jahre mit jährlichen Steigerungsraten zu unseren Alltagsverpflichtungen gehören soll.

Folgt man den Vorschlägen, welche die drei bislang für den Entwicklungsprozeß der Dritten Welt hauptverantwortlichen Gruppen, die lokalen Eliten, die westlichen Exportinteressen und die westlichen Hilfsorganisationen, auch nach 30 Jahren noch wiederholen, so reduziert sich die Problemlösung gleichfalls auf simple Finanzmittel: Der Transfer öffentlicher Mittel von den reichen Ländern (OECD und OPEC) an die armen Länder soll – wie im Juni 1992 auf dem Umweltgipfel von Rio zugesagt – auf 0,7% des Bruttosozialprodukts der reichen Länder erhöht werden. Alles weitere erscheint nebensächlich. Dabei zeigt schon der lächerlich niedrige Prozentsatz von 0,7% deutlich genug, daß die Hilfe nicht in Transfers (unentgeltlicher Export von Waren und Dienstleistungen) bestehen kann, sondern nur in der dadurch *eventuell* in den armen Ländern ausgelösten stimulierenden Wikrung auf Produktion und Produktivität.

Voraussetzung für die Steigerung von Produktion und Produktivität ist aber nicht der Transfer, sondern eine rentable Investition, und diese hängt entscheidend von den investitionsfördernden Rahmenbedingungen ab. Für beides, rentable Produktion wie stimulierende Rahmenbedingungen, sind aber die lokalen Eliten die Schlüsselfiguren. Und die aus meiner Erfahrung berichteten Beispiele haben uns gezeigt, wie gefährlich es ist, die Übernahme dieser Aufgabe durch die lokalen Eliten durch kontraproduktive Transfers zu vereiteln oder durch Hilfsprojekte ersetzen zu wollen.

Wie ich gezeigt habe, wirkt nicht nur der größte Teil unserer öffentlichen und privaten Entwicklungshilfe mangels rentabler und innovativer Investitionen kontraproduktiv und kann daher nicht als Hilfe bezeichnet werden, es sind vielmehr auch alle kontraproduktiven Transfers aus westlichen Dumpingmaßnahmen im kommerziellen Export hinzurechnen* und, last not

* Lt. Weltentwicklungsbericht 1991 importierten die Länder mit niedrigem und mittlerem Einkommen 1989 für 532 Mrd. $. Bei einem Lieferanteil der Industrieländer von 65% und einer von mir grob geschätzten Preissubventionierung von 15–30% be-

least, die direkt korrumpierenden Transfers (Schmiergelder) an die lokalen Eliten.

Gemessen am Bruttosozialprodukt der armen Länder sind diese Transfers zwar gering, aber zur Korrumpierung der Eliten in den armen Ländern sind sie mehr als ausreichend. Das Ausmaß dieser Korrumpierung läßt sich auch nicht am Mittelzufluß für Eliten und Bevölkerung ablesen, sondern an dem dadurch ermöglichten Ausweichen der lokalen Eliten vor ihren wirtschaftlichen und ordnungspolitischen Aufgaben zugunsten eines Verharrens in tradierten Machtvorstellungen. Die Wirkung dieser Korrumpierung ist schlechterdings katastrophal. Sie kann nicht in Geld ausgedrückt und schon gar nicht mit Geld beseitigt werden.

Da somit feststeht, daß unsere Transfers bei der Entwicklung der armen Länder ganz überwiegend schädlich wirken, ist ihre weitere Steigerung ohne fundamentale Verbesserung der Rahmenbedingungen unverantwortlich und ein statistischer Ausweis der Transfers, in denen sich 20% positive mit 80% schädlichen Einflüssen vermischen, als »Entwicklungshilfe«, ist eine grobe Täuschung der Öffentlichkeit.

In diesem letzten Abschnitt führe ich ein Beispiel dafür an, was alles bewegt werden kann, wenn sich Vertreter der lokalen Eliten ihrer Entwicklungsaufgabe zuwenden, und wie wenig Geld vom Ausland hierfür nötig ist. Es ist das Beispiel der inzwischen weithin bekanntgewordenen und nachgeahmten Gründung der GRAMEEN-Bank durch den lokalen Professor MUHAMMAD YUNUS in Bangladesh, also in einem der ärmsten Länder der Welt.

Er begann 1976 die Gründung einer Spar- und Darlehenskasse zunächst als Projekt und nach der erfolgreichen Anlaufphase als offizielle Bank. Bis 1988 waren mehr als 400 000 Personen in 8500 Dörfern Darlehensnehmer der Bank. Als Bankkunden (Sparer und Darlehensnehmer) akzeptiert die Bank nur Personen ohne Landbesitz, folglich nur aus dem ärmsten Teil der Bevölkerung. Die durchschnittliche Darlehenshöhe lag 1988 bei 250 DM, die Zinssätze bei 16%, die monatliche Darlehensvergabe bei 4,5 Millionen DM. Haftungsgrundlage für die Kredite sind kleine Gruppen von fünf Personen, die solidarisch für die Gruppe haften. Die Kreditrückzahlungsrate beträgt bislang 98%. Dreiviertel der Bankanteile gehören den landlosen Darlehensnehmern.

Diese knappen Daten lesen sich wie der Geschäftsbericht einer erfolgreichen Großbank. Aber das eigentliche Geheimnis dieses Erfolges läßt sich nicht aus den Finanzzahlen lesen, sondern schon eher aus 16 Grundsätzen der

---

laufen sich die darin enthaltenen Transfers auf 61–148 Mrd. $ die zu den Nettotransfers aus öffentlicher und privater Hilfe (33,1 + 4 Mrd. $) hinzugerechnet werden müssen, was dann insgesamt immerhin zwischen 3% u. 6% des BSP dieser Länder ausmacht. Wie wir am Fall Guinea Bissaus gesehen haben, kann dieser Anteil auch 50% des BSP erreichen und übersteigen.

GRAMEEN-Bank, die ganz und gar nichts mit Finanzen zu tun haben (vgl. Anlage 11).

Es ist das Verdienst des Deutschen Bundestages, Professor YUNUS anläßlich einer öffentlichen Anhörung von Sachverständigen zum Thema »Armutsbekämpfung durch Selbsthilfe« Gelegenheit zur Darlegung seiner Grundsätze und Überzeugungen gegeben zu haben.

Aus seinen Äußerungen wurde vor allem folgendes deutlich:

- Primär für produktive Investitionen sind nicht die finanziellen Mittel, die (von außen) bereitgestellt werden, sondern die Mobilisierung produktiver Kräfte. Sind diese mobilisiert, so verfügen sie selbst bei großer Armut auch über die Fähigkeit, erforderliches (Spar)Kapital beizubringen. Finanzielle Hilfe von außen ist eher dazu angetan, die Mobilisierung solcher Kräfte zu vereiteln.

  YUNUS: »Die Weltbank wollte uns einen großen Kredit zur Verfügung stellen. Aber die Art und Weise, wie es uns vorgelegt wurde, hat uns erschreckt. Es war ein immenser Betrag, um den wir gar nicht gebeten hatten. Da haben wir gedacht: Lassen wir es lieber langsam angehen, wie wir es bisher getan haben, damit wir nicht auf die schiefe Bahn geraten.«

  Ähnlich äußerte sich Herr PIEL vom DEUTSCHEN SPARKASSEN- UND GIROVERBAND über seine Bemühungen nach ähnlichen Grundsätzen in Peru, Spar- und Darlehenskassen zu entwickeln.

  PIEL: »Wir haben in Peru feststellen können, daß zu einem ganz bestimmten Zeitpunkt im Rahmen unserer Projektentwicklung plötzlich die amerikanische Geberorganisation US–AID gekommen ist und gesagt hat: Das ist ja ganz prima. Da sind jetzt plötzlich Sparkassen, und die kommen auch an den ›kleinen Mann‹, also an die Armen heran, und das ist auch unsere Zielrichtung. Und wir bieten den peruanischen Sparkassen drei Millionen Dollar, und mit denen können die dann die Armen schön fördern, damit die sich damit selbst helfen können. Das hätte natürlich eigentlich unser ganzes Konzept kaputtgemacht, weil unser Konzept eben darauf basiert, daß wir den zu fördernden Institutionen kein Geld geben, sondern Know-how vermitteln. Wir sagen, die Sparkassen in den Dritte-Welt-Ländern können sich ihre Refinanzierung selber heranziehen. Es gibt genug Leute, die sparen können, es gibt genug Spargeld im Land selber ... und eine Drei-Millionen-Dollar-Spritze wäre also für dieses Projekt tödlich gewesen.«

- Auch die Armen sind leistungsfähig und häufig unternehmerisch begabt. Es gilt, ihr Selbstvertrauen zu heben. Viele Hilfsorganisationen rechnen dagegen die Armen zu jenen, die sich nicht selbst helfen können.

  YUNUS: »Viele Hilfsprogramme stehen den Interessen der Armen entgegen. Sie machen die Armen zum Bestandteil karitativer Programme (Sozialfürsorgegelder, Programme zur sozialen Sicherheit, Arbeitsentlohnung mit Nahrungsmitteln, Nahrungsmittelbons, Wohlfahrtsunterkünfte usw.), die den einzelnen der Menschenwürde berauben. Diese Programme sind so angelegt, daß jemand, der einmal in ein Programm integriert worden ist, keine Bewegungsfreiheit mehr hat, sich aus der Wohlfahrtslage zu befreien.«

- Kann die wirtschaftliche und soziale Entwicklung vorangetrieben, kann die Armut in der Dritten Welt beseitigt werden durch einfache Vermehrung der Zahl von Selbsthilfeprojekten wie jene der GRAMEEN-Bank? Professor YUNUS antwortet mit einem klaren Nein.
  YUNUS: »Die Regierungen der Geber- und der Nehmerländer müssen jedoch die volle Verantwortung für die Beseitigung der Armut ohne jeden Vorbehalt übernehmen ... Nichtstaatliche Organisationen können nur eine unterstützende und ergänzende Rolle übernehmen sowie in manchen Fällen die des Wegbereiters und Wege aufzeigen, wie manche Dinge besser zu machen wären.«

Damit ist klar: Nicht die westlichen Gelder, die man Professor YUNUS anbietet, müssen sich vertausendfachen, sondern die Professor YUNUSSE, die in ihren armen Ländern tätig werden, müssen sich vertausendfachen, und wir müssen das Unsere dazu tun, daß sie auftreten und arbeiten können, und zwar sowohl als private Unternehmer wie auch als marktwirtschaftliche Ordnungspolitiker.

Es hätte unseren im Bundestag vertretenen Parteien und ihren Medien gut zu Gesicht gestanden, wenn sie die Arbeitsweise und die Ansichten eines Professor YUNUS einer breiten Öffentlichkeit zugänglich gemacht hätten. Statt dessen wurden sie totgeschwiegen.

Teil 2:
Die Zweite und die Erste Welt

1 Die deutsche Wiedervereinigung und ihre entwicklungspolitische Bewältigung

Gewaltsysteme halten nie lange. Der Zusammenbruch des Sowjetimperiums wie auch der kommunistischen Ideologie war nur eine Frage der Zeit. Ich war stets davon überzeugt, daß dieses Ereignis noch im 20. Jahrhundert stattfinden würde. Ich bin aber kein Kremlastrologe.

Lediglich während meines Studiums in Betriebs- und Volkswirtschaft Ende der fünfziger Jahre interessierte ich mich rege für die Verhältnisse in der Sowjetunion, lernte Russisch und schrieb meine Diplomarbeit über die sowjetische Kolchose.

Mein Verhältnis zu Ost- und Mitteldeutschland wird durch meine Geburtsstadt Berlin und die Herkunft der Familie meines Vaters aus Pommern geprägt. Ein Teil dieser Familie lebt seit Kriegsende in der Nähe von Brandenburg und gab Anlaß zu Besuchen. 1975/76 verfügte ich über einen Berliner Personalausweis und konnte dadurch Tagesausflüge nach Mecklenburg, Brandenburg und Sachsen unternehmen.

Im Gegensatz zu meiner Arbeit in der Dritten Welt erlebte ich die Veränderungen in Osteuropa nicht als Insider im Entwicklungsgeschäft und halte daher meine Ausführungen knapp. Sie beschränken sich auf die Gedanken, die ich als Entwicklungshelfer hatte, als die Wende im Osten eintrat und die mich so intensiv bewegten, daß ich sie in Briefen an zwei namhafte Regierungsmitglieder weitergab.

Was mir als Entwicklungshelfer im Zusammenhang mit der deutschen Wiedervereinigung besonders auffiel, war folgendes:

Die politische Wiedervereinigung kam außerordentlich rasch zustande. Die These der Regierung KOHL, die Chance zur Wiedervereinigung habe nur während weniger Monate bestanden und mußte daher genutzt werden, bleibt unbewiesen. Viel größer war die Wahrscheinlichkeit, daß der in Auflösung begriffene Ostblock in keinem Falle den Fortbestand eines geteilten Deutschland hätte durchsetzen können. Aber man kann der Regierung KOHL nicht vorwerfen, die Chance genutzt zu haben. Sie hat mit der raschen Wiedervereinigung objektiv richtig gehandelt, subjektiv ohnehin, denn sie brachte ihr einen abermaligen Wahlsieg bei den Bundestagswahlen 1990 ein, den sie sonst wahrscheinlich nicht mehr erlebt hätte.

Das hohe Tempo der politischen Wiedervereinigung verlangte allerdings ebenso rasches Handeln auf wirtschaftspolitischem Gebiet, sollte die Wiedervereinigung insgesamt gelingen. Bei allen Unterschieden im kulturellen Erbe zwischen der Bevölkerung in der DDR und den armen Ländern der Dritten Welt waren drei Dinge sehr ähnlich: Erstens funktionierte die Wirtschaft nach zentralem Plan und war von staatlichen Großbetrieben überwuchert. Zweitens war die Elite des Landes ausschließlich in der staatlichen Verwaltung engagiert. Privates Unternehmertum war bis auf staatlich gegängelte unbedeutende

Reste im Handwerk und der Nebenerwerbslandwirtschaft nicht existent. Drittens hatten die Eliten in 40 Jahren Zwangsherrschaft jedes Vertrauen bei der Bevölkerung verloren.

Unter diesen sachlichen wie zeitlichen Umständen konnte die Wirtschaft in den neuen Bundesländern nur durch drastische Maßnahmen rasch auf einem marktwirtschaftlichen Kurs umgestellt und vor dem totalen Zusammenbruch bewahrt werden:

- Ausgangspunkt aller wirtschafts- und gesellschaftspolitischen Überlegungen mußte sein, daß die bisherige Elite des Landes keine Zeit haben würde, eine marktwirtschaftlich-demokratische Wende herbeizuführen, selbst wenn sie dies aufrichtig hätte anstreben wollen. Nahezu das gesamte obere Management in Wirtschaft und öffentlicher Verwaltung mußte daher durch westdeutsche Kräfte ersetzt werden. Lokales privates Unternehmertum konnte in ausreichender Zahl nur im kleingewerblichen Bereich mobilisiert werden.
- Im Zentrum aller wirtschaftspolitischen Maßnahmen mußte daher ein massiver Anreiz an die westdeutsche Privatindustrie stehen, die industriellen Arbeitsplätze in den neuen Bundesländern zu erhalten und zu rentabilisieren. Schon nach wenigen Wochen näherem Einblick in den Produktionsapparat der DDR war klar: Das wertvolle Potential bestand fast ausschließlich im Produktionsfaktor Arbeit, in gut ausgebildeten Facharbeitern und Betriebsingenieuren. Dagegen konnte man Gebäude und technische Ausrüstungen künftig kaum verwenden.

  Da die westdeutsche Technologie von erheblich höherer Produktivität war, mußte ihr Transfer besonders massiv stattfinden, um so viel Arbeitsplätze wie möglich zu erhalten. Mit westdeutscher Technologie ausgerüstet, konnten die Industriearbeiter der DDR den zwei- bis dreifachen Umsatz erreichen.

  Gleichzeitig stand fest, daß die bisherigen Hauptabnehmer der DDR mit der Übernahme der West-Mark weitgehend in Wegfall kommen würden, ganz abgesehen von den zusätzlichen politischen Turbulenzen, die sich in der Sowjetunion bis 1989 schon deutlich abgezeichnet hatten.

  Ein Teil der bisherigen industriellen Arbeitskräfte konnte zwar zum Aufbau des bislang sehr schwach entwickelten Dienstleistungssektors herangezogen werden. Dennoch blieb es eine vorrangige Aufgabe, möglichst viele Aufträge aus Westdeutschland wenigstens vorübergehend in den Osten zu verlagern. Dies war nur unter Beibehaltung eines zwei- bis dreimal niedrigeren Lohnniveaus für etwa fünf Jahre für westdeutsche Unternehmer ausreichend attraktiv.
- Besonders gefährlich für den wirtschaftlichen Neubeginn in den neuen Bundesländern mußte die Abwanderung ihrer Bevölkerung sein, insbesondere die Abwanderung ausgebildeter junger Fachleute. Denn dies bedeutete unmittelbar einen Abbau des Wirtschaftspotentials, der sich dadurch verstärkte, daß die nach Westdeutschland Abgewanderten, sobald sie dort einen industriellen Arbeitsplatz einnahmen, durch die höhere Produktivität,

mit der sie hier eingesetzt werden konnten, weitere Arbeitsplätze in der DDR vernichten würden, dann nämlich, wenn die Mehrproduktion zur Versorgung der verbleibenden DDR-Bevölkerung diente. So verständlich der Wunsch der DDR-Bevölkerung nach Freiheit durch einfache Ausreise auch sein mochte, entwicklungspolitisch war ein solches Verhalten extrem schädlich.

Nach den freien Wahlen in der DDR vom 18. 3. 1990 gab es keine Rechtfertigung dafür, die Umsiedlungswelle aus der DDR weiter hinzunehmen. Im Interesse der DDR-Wirtschaft, gleichgültig, ob die Wiedervereinigung etwas früher oder etwas später gefolgt wäre, hätte sie drastisch eingeschränkt werden müssen. Eine solche Einschränkung hätte ausreichend wirksam nur durch ein Beschäftigungsverbot für Umsiedler erreicht werden können. Anstatt eine solche Maßnahme auch nur in Erwägung zu ziehen, förderte die Bundesregierung die Umsiedlung zusätzlich durch Aufrechterhaltung des Notaufnahmeverfahrens mit seinen wirtschaftlichen Anreizen über die Wahlen hinaus, bis zum Beginn der Wirtschafts- und Währungsunion am 1. 7. 1990.

Diese Maßnahme war die erste, in der sich jener regionale Egoismus offenbarte, den ich nur zu gut aus meiner Tätigkeit in der Entwicklungshilfe kannte. Ich griff daher enttäuscht und erbost zur Feder und schrieb am 21. 3. 1990 folgenden Brief an Bundesinnenminister Dr. SCHÄUBLE:

Dr. Paul Alexander

den 21.März 1990

Herrn
Bundesinnenminister
Dr. Wolfgang Schäuble
Friedrich-Ebert-Straße 1

<u>5300 B o n n 1</u>

Sehr geehrter Herr Dr. Schäuble,

die DDR-Wahlen sind gelaufen. Die Wähler haben zu meiner großen Genugtuung durch ihre Stimmabgabe zum Ausdruck gebracht, daß sie wederdie SED-Diktatur fortsetzen wollen, noch ein Parteiengezänk über den richtigen Weg, sondern rasches Handeln zum Zwecke des unverzüglichen wirtschaftlichen, sozialen und ökologischen Aufbaues ihres Landes. Zu diesem Zweck haben sie die Verantwortung mehrheitlich in eine politische Hand gelegt, nämlich in jene, die bei uns Regierungsverantwortung trägt.

So ähnlich hat dies auch der Bundeskanzler am Wahlabend ausgedrückt. Seit Monaten appeliert er zugleich an die Bevölkerung in der DDR, am Platz zu bleiben und den Aufbau der DDR nicht durch Massenflucht zu vereiteln.

Mit jedem weiteren Tag, der jetzt aber nach den Wahlen verstreicht, ohne daß die längst überlebten Notaufnahmeverfahren beendet werden, geraten solche Appelle des Kanzlers zu einer mehr und mehr hypokritischen Übung. Dagegen wächst der Zorn all jener, denen der Aufschwung in der DDR am Herzen liegt, über das Nachgeben unserer Regierung vor nur allzu vordergründigen und bequemen Geschäftsinteressen bei uns.

An jedem DDR-Bürger, der zu uns übersiedelt, profitieren unsere Unternehmer auf die bequemste Weise. Sie können die Facharbeiter mühelos zur Ausweitung der heimischen Produktion einsetzen, während ihre Familien als Konsumenten dieser Produktion willkommen sind. Einfacher - und zugleich egoistischer - geht es nicht mehr!

Wollen Sie, sehr geehrter Herr Dr. Schäuble, denn die DDR entwickeln, indem Sie einen immer größeren Teil des ohnehin schon geringen Bruttosozialprodukts dieses Landes zu uns in die BRD verlagern? Soll die Bevölkerung der DDR bald nur noch aus Rentnern bestehen, die von uns mit Care-Paketen alimentiert werden in einem mehr und mehr menschenleeren Raum, der der Sowjetarmee als großzügiges Truppenübungsgelände zur Verfügung steht?

Schon vor der massenweisen Umsiedlung der letzten Monate lag die Bevölkerungsdichte in der BRD bei 246 Einwohnern pro km^2, in der DDR dagegen nur bei 154 Einwohnern pro km^2 (Zahlen von 1984). Zudem lebt die Bevölkerung der DDR in einem seit Jahrzehnten vernachlässigten Bestand an Häusern und Wohnungen, das gleiche gilt für ihre Infrastruktur und die Ausstattung ihrer Arbeitsplätze.

Für jeden, der "diesem schönen Land" (Bundeskanzler Kohl am 18.3. über die DDR) helfen will, muß folglich klar sein, wo die Akzente für Investitionen aller Art zu setzen sind, nämlich in der DDR ... und nicht bei uns, wo wir uns schon seit Jahren mit den Problemen einer zunehmend zersiedelten Landschaft und ökologisch wie menschlich nur schwer erträglichen Ballungsräumen zu plagen haben.
Aber genau das Gegenteil geschieht: bei uns finden die Investitionen statt, blüht die Spekulation bei Grund und Boden, steigen die Zinsen binnen Jahresfrist um 40% bevor auch nur eine Westmark in der DDR investiert wurde, wird die DDR unseren Geschäftsinteressen trotz zuvor schon herrschender Hochkonjunktur geopfert und die Bevölkerung der BRD wird um ein weiteres Stück Lebensqualität gebracht.
Solchen egoistischen Interessen nachzugeben ist nicht soziale Marktwirtschaft, sondern ein Zerrbild derselben. Soziale Marktwirtschaft besteht eben nicht im Wildwuchs privater Interessen, sondern besteht in ihrer Einbindung in soziale und ökologisch ausgewogene Rahmenbedingungen, an die sich alle Bürger zu halten haben.

Die Bundesregierung hat zu Recht solche Rahmenbedingungen während der letzten Monate von der Modrow-Regierung eingefordert, nun gibt sie sich eine nicht mehr wieder gutzumachende Blöße, indem sie sich selbst unfähig zeigt, solche Rahmenbedingungen zu unterstützen.
So sicher es ist, daß die Beendigung der Notaufnahmeverfahren und aller damit zusammenhängenden finanziellen Anreize nicht die einzige Maßnahme zugunsten der DDR sein kann, so sicher ist auch, daß ihr Bestehen einen ganz entscheidenen Anreiz zum Verlassen der DDR darstellt. Bei ihrem Fortfall würde - insbesondere jetzt nach der Wahl vom 18.3. - die unkontrollierte Zuwanderung sehr schnell verschwinden. Die Verpflichtung der Kommunen zur Obdachgewährung ließe sich gleichfalls durch Verordnung oder Gesetz kurzristig aufheben. Jeder Hinweis auf solche administrativen Probleme kann nur als Ausflucht interpretiert werden.
Ich bin seit über 20 Jahren inder deutschen Entwicklungshilfe als Volkswirt und Agrarökonom tätig und bilde mir ein, etwas Erfahrung in wirtschaftlichen und entwicklungspolitischen Fragen gesammelt zu haben. Ich habe leider auch auf diesem meinem Arbeitsfeld feststellen müssen, wie wenig wir dazu beigetragen haben, daß andere, nämlich die Empfänger unserer Hilfe, vom System der Marktwirtschaft profitieren. Wir haben uns in erster Linie damit begnügt, die soziale Marktwirtschaft bei uns florieren zu lassen und die Dritte Welt mit unseren Überschüssen alimentiert.
Ihre Entscheidung, das Notaufnahmeverfahren bis zum 1.7.1990 auszudehnen, d.h. bis dahin weiteren Hunderttausenden die Möglichkeit zu geben, die DDR zu verlassen und sie damit weiter auszupowern, liegt leider ganz auf der Ebene meiner traurigen Erfahrungen in der Dritten Welt.
Sicher bin ich nicht der einzige Stammwähler der CDU, der sich in diesen Tagen sagt, daß die Sache der sozialen Marktwirtschaft, wie auch die Interessen der Bevölkerung der DDR offenbar besser bei Oskar Lafontaine aufgehoben sind. Ich möchte Sie daher dringend bitten, insbesondere im Interesse jener, die am 18.3. in der DDR der CDU die Stimme gegeben haben, Ihre Entscheidung zu revidieren und das Notaufnahmeverfahren und alle damit zusammenhängenden finanziellen Anreize sofort zu beenden.
Mit den besten Grüßen bin ich

Kurz nach den für die CDU verlustreichen Landtagswahlen in Niedersachsen und Rheinland-Pfalz erhielt ich folgende Antwort von Dr. SCHÄUBLE:

Dr. WOLFGANG SCHÄUBLE
BUNDESMINISTER DES INNERN

Graurheindorfer Straße 198
5300 Bonn 1
Fernruf: (02 28) 6 81 - 52 53

14. MAI 1990

Herrn
Dr. Paul Alexander

Sehr geehrter Herr Dr. Alexander

Ich danke Ihnen für Ihr Schreiben vom 21.03.1990 und für Ihr Interesse an den mit dem Zuzug von Übersiedlern aus der DDR zusammenhängenden Fragen.

Deutsche haben nach Artikel 11 des Grundgesetzes mit dem Recht auf Freizügigkeit zugleich das grundgesetzlich verbürgte Recht auf Einreise in die Bundesrepublik Deutschland, um hier ständigen Aufenthalt zu begründen. Die Bundesregierung trägt diesen verfassungsmäßigen Gegebenheiten Rechnung und weiß sich dabei in Kontinuität der Politik aller Bundesregierungen seit Gründung der Bundesrepublik Deutschland. Deshalb kommt eine Beschränkung des Zuzugs von Deutschen aus der DDR nicht in Betracht.

Wegen der Probleme, die sich aus den hohen Zugangszahlen für die Eingliederung der Deutschen aus der DDR ergeben, hat die Bundesregierung schon bisher notwendige Maßnahmen getroffen. Ich nenne vor allem das am 1. Januar dieses Jahres in Kraft getretene Eingliederungsanpassungsgesetz, durch das für diesen Personenkreis u.a. das Arbeitslosengeld durch ein pauschaliertes Eingliederungsgeld ersetzt worden ist und Begünstigungen beim Wohngeld und im Steuerrecht weggefallen sind. Angesichts der geänderten politischen und tatsächlichen Verhältnisse wird die Bundesregierung weitere erforderliche Maßnahmen ergreifen.

Bezüglich des Eingliederungsgeldes für Übersiedler hat die Bundesanstalt für Arbeit eine Regelung getroffen, wonach ab sofort die Übersiedlung in die Bundesrepublik Deutschland grundsätzlich nicht mehr als wichtiger Grund zur Lösung eines Beschäftigungsverhältnisses in der DDR anzuerkennen ist. Damit sind Übersiedler aus der DDR Arbeitnehmern gleichzustellen, die ihr Arbeitsverhältnis mit einem bundesdeutschen Arbeitgeber gekündigt haben. Dies hat zur Folge, daß in diesen Fällen während einer Sperrzeit von normalerweise 12 Wochen kein Eingliederungsgeld gezahlt wird.

Das Aufnahmeverfahren für Übersiedler hat sich bei einem Zuzug von rund 4,5 Millionen Deutschen aus den Gebieten der DDR bisher bewährt. Es erfüllt eine wichtige Funktion bei der Bestimmung des Aufnahmelandes für Übersiedler nach den vom Bundesrat festgelegten Schlüsselzahlen.

Die Annahme, das Aufnahmeverfahren und die damit verbundenen Leistungen übten eine Sogwirkung aus, ist nicht zutreffend. Die Entscheidung, ob ein Übersiedler ins Bundesgebiet kommt oder nicht, liegt ausschließlich in den Verhältnissen in der DDR und in seiner Überlegung begründet, daß sich für ihn in der Bundesrepublik auf lange Sicht bessere Perspektiven eröffnen.

Bis zum 17. März sind in diesem Jahr 143.761 Übersiedler in den Aufnahmestellen eingetroffen. Der durchschnittliche Zuzug lag an Arbeitstagen bei rund 2.300 und an den übrigen Tagen bei rund 500 Personen.

Unter Berücksichtigung dieser Zugangszahlen haben die kommunalen Spitzenverbände Anfang dieses Jahres die Bundesregierung gebeten, das Aufnahmeverfahren beizubehalten. Im gleichen Sinne haben sich in einer Besprechung am 26. Januar 1990 nahezu alle Länder ausgesprochen. Die Bundesregierung teilte diese Auffassung, daß die hohen Zugangszahlen einen Verzicht auf das Aufnahmeverfahren noch nicht zulassen. Zwischen Bund und Ländern bestand aber Einvernehmen, sobald wie möglich den Wegfall des Aufnahmeverfahrens anzustreben.

Nach den ersten freien Wahlen ist die DDR nun auf dem Weg zu einem demokratischen Rechtsstaat. Die angestrebte Währungseinheit und Wirtschaftsreform wird zur Verbesserung der wirtschaftlichen Lage für die Menschen in der DDR einschließlich ihrer sozialen Sicherung führen. Als Folge dieser Entwicklung ist die Zahl der Übersiedler nach dem 18. März stark rückläufig. Bis zum Monatsende April kamen im Durchschnitt an Arbeitstagen rund 920 und an den übrigen Tagen rund 100 Übersiedler ins Bundesgebiet.

Die Bundesregierung hat daher den Entwurf eines Gesetzes zur Aufhebung des Aufnahmeverfahrens beschlossen und in das Gesetzgebungsverfahren eingebracht. Das Gesetz, das am 01. Juli 1990 in Kraft treten soll, enthält die Aufhebung des Aufnahmegesetzes sowie Regelungen zur Beendigung spezifischer Leistungen für Übersiedler nach dem Flüchtlingshilfegesetz und für vergleichbare Leistungen aus dem Härtefonds des Lastenausgleichs.

Mit dem Inkrafttreten des Aufhebungsgesetzes entfällt für Deutsche aus der DDR, die nach diesem Zeitpunkt zuziehen, das in § 1 Aufnahmegesetz vorgeschriebene Verfahren, sowie hiervon abhängige Leistungen wie das Überbrückungsgeld und das Einrichtungsdarlehen.

Als Zeitpunkt für das Inkrafttreten des Aufhebungsgesetzes sieht die Bundesregierung - im Gegensatz zu der Forderung einiger Länder nach sofortigem Abschluß - den 1. Juli 1990 als gerechtfertigt an. Sie hat diesen Zeitpunkt deshalb gewählt, weil zu erwarten ist, daß dann in der DDR die erste demokratisch legitimierte Regierung ihre Arbeit aufgenommen hat und sich die Wirtschafts-, Währungs- und Sozialgemeinschaft konkretisiert. Von diesem Zeitpunkt an muß niemand mehr seine Heimat aus Gründen verlassen, die eine Aufnahme im Bundesgebiet nach dem Zweck des Aufnahmegesetzes bedingt haben.

Mit freundlichen Grüßen

Dr. Wolfgang Schäuble

Der Leser kann sich leicht vorstellen, daß mich diese Antwort, die sich auf einen formaljuristischen Standpunkt beschränkte und auf die entscheidende wirtschaftspolitische Seite des Problems mit keinem Wort einging, nicht befriedigen konnte. Ich hatte das Gefühl, einen Standardbrief erhalten zu haben, verfaßt für Leute, die sich über die wirtschaftliche Bevorzugung der Umsiedler beschwert hatten. Aber selbst formaljuristisch blieb die Entscheidung, das Aufhebungsgesetz für das Notaufnahmeverfahren erst zum 1. 7. 1990 in Kraft treten zu lassen mit der Begründung, die demokratisch legitimierte Regierung habe bis dahin ihre Arbeit aufgenommen und die Wirtschafts-, Währungs- und Sozialgemeinschaft habe sich bis dahin konkretisiert, wenig überzeugend.

Unter allen wirtschaftspolitischen Rahmenbedingungen, die es im Hinblick auf die Wiedervereinigung und die vorgeschaltete kurze Periode der Wirtschafts- und Währungsunion zu setzen galt, war die Aufhebung des Notaufnahmeverfahrens sicher nur von untergeordneter Bedeutung. Worauf es in erster Linie ankam, war die Schaffung massiver Anreize zur Errichtung rentabler Arbeitsplätze in der DDR. Hierauf, sollte man annehmen, mußten sich alle jene Kräfte konzentrieren – Politiker, Unternehmer und die Medien –, die von den Vorzügen sozialer Marktwirtschaft überzeugt waren und dazu beitragen wollten, daß auch die Bevölkerung der neuen Bundesländer davon überzeugt wurde. Ein Blick durch die deutsche Tagespresse und das Fernsehen in der Zeit vom November 1989 bis Dezember 1990 zeigt indessen deutlich genug, daß man diesem Thema kaum Beachtung schenkte.

Kaum war die politische Wende erreicht und die Wiedervereinigung in greifbare Nähe gerückt, schalteten die Politiker auf Wahlkampf. Anstatt staatsmännisch zu handeln, ging man auf schnellen Stimmenfang. Die Entwicklung der DDR wurde – wie bei der Dritten Welt – auf ein Finanzierungsproblem reduziert. Wichtigstes, ja beinahe ausschließliches Thema des Wahlkampfes war die Frage: »Was kostet die Wiedervereinigung?«

Die Bevölkerung der alten Bundesländer war von der Wiedervereinigung wenig erbaut. Sie empfand das, was da auf sie zukam, mit großem Mißtrauen, und hätte sie über die Wiedervereinigung abstimmen dürfen, hätte es möglicherweise die Blamage einer Ablehnung gegeben. Im westlichen Teil Deutschlands mußte man also von seiten der Regierungsparteien vor allem beteuern, daß die Wiedervereinigung zu keinen Steuererhöhungen führen werde. Die Opposition, insbesondere ihr Kanzlerkandidat, dagegen orakelte, daß der Bundeskanzler nicht die Wahrheit sage und die Wiedervereinigung wesentlich teurer ausfallen würde. Tatsächlich mußten sowohl die Zahlenspiele der Regierung als auch jene der Opposition reine Makulatur bleiben, solange man nicht den Wählern erklären konnte, mit welchen Maßnahmen man in welcher Zeit ausreichend rentable Arbeitsplätze in den neuen Bundesländern zu schaffen gedenke und welche Rahmenbedingungen diese Schaffung von Arbeitsplätzen garantieren sollten. Solange man dies nicht festgeklopft hatte, war es müßig, mit Finanzzahlen zu operieren, denn so lange mußte die wirtschaftliche und soziale Wiedervereinigung ein Faß ohne Boden bleiben. Aber derartigen

Argumenten begegnete man damals weder bei der Regierung noch bei der Oppostion. Auch den Wählern im Osten erzählte man nicht, mit welchen Maßnahmen man ihre Arbeitsplätze rentabel machen wolle und welche Opfer dies insbesondere hinsichtlich ihres Lohnniveaus während der ersten Jahre erfordern würde. Man versprach ihnen kurzerhand – und ohne dabei die Kosten zu erwähnen –, daß man sie voll in das soziale Netz der alten BRD einbeziehen wolle. Da man wußte, unter welchem Stau an Konsumwünschen sie bislang leben mußten, versprach man ihnen darüber hinaus schon zur Wirtschafts- und Währungsunion einen Umstellungskurs zur DM-West, von dem sie zuvor nicht zu träumen gewagt hatten. Um einen solch günstigen Umtauschkurs entwicklungspolitisch einigermaßen zu rechtfertigen, hätte man von vornherein Teile der nicht unerheblichen Geldvermögen im Besitz der DDR-Bevölkerung für einige Jahre auf Sperrkonto festlegen müssen, beispielsweise im Rahmen von Bausparverträgen, um sicherzustellen, daß das Geld überwiegend in den neuen Bundesländern ausgegeben würde und dabei wiederum an dort ansäßige Betriebe, z. B. der Bauindustrie und des lokalen Handwerks, gelangen würde. Aber der gleiche westliche Egoismus, der sich in Zusammenhang mit dem ach so humanitären Notaufnahmeverfahren offenbart hatte, führte dazu, daß solche Vorschläge rasch beiseite geschoben wurden.

Entwicklungspolitik für die DDR war weder gegenüber dem Wählervolk im Westen noch im Osten ein Thema. Den Intellektuellen, insbesondere den linksorientierten, war der künftige materielle Wohlstand im ehemaligen Arbeiter-und-Bauern-Staat recht gleichgültig, ja, ihren »Bananenmaterialismus« empfand man schon fast als degoutant. Man konzentrierte sich, wie GÜNTER GRASS, darauf, die künftige Großmacht Deutschland in furchterregenden Farben zu schildern und rief Ausschwitz zum Zeugen dafür an, daß es eine Wiedervereinigung nicht geben dürfe. Soweit man sich in der politischen Diskussion überhaupt in die Niederungen des Wirtschaftslebens begab, brandmarkte man schon im voraus den westdeutschen Wirtschaftsimperialismus, der sich jetzt die ostdeutschen Kombinate unter den Nagel reißen und damit einen »Ausverkauf der DDR« einleiten würde.

Die Medien schließlich hatten einen neuen Zeitvertreib fürs Publikum gefunden: die Enthüllungen über die Stasi-Vergangenheit der neuen ostdeutschen Prominenz.

Man brauchte sich denn auch nicht zu wundern, daß in solch einem politischen Klima der Vertrag zur Wiedervereinigung Deutschlands von zwei Verwaltungsjuristen, Dr. SCHÄUBLE und Dr. DE MAIZIERE, ziemlich einsam und ohne jeden öffentlichen Druck, entwicklungspolitisch wichtige Rahmenbedingungen festschreiben zu müssen, ausgehandelt werden konnte, und Dr. SCHÄUBLE am Vorabend der Wiedervereinigung dem Fernsehpublikum recht blauäugig prophezeite, die Angleichung der Lebensverhältnisse sei eine Sache von zwei Jahren.

Während ich diese Zeilen eindreiviertel Jahre nach Dr. SCHÄUBLES Prophezeiung niederschreibe, lese ich in der Tageszeitung vom 18. 05. 1992, daß der Vorsitzende des Sachverständigenrates zur Begutachtung der gesamtwirtschaftlichen Entwicklung, Prof. HERBERT HAX, diesen Zeitraum heute auf »noch um die 10 Jahre« einschätzt, wobei offenbleibt, wieviel in 10 Jahren von dem dann evtl. ausgeglichenen Einkommensniveau tatsächlich in der DDR verdient und wieviel weiter durch Transferzahlungen aus dem Westen kommen muß.

Nun, heute, wird mancher Leser sagen, sind viele entwicklungspolitisch gescheiter als noch vor zwei Jahren. Deshalb möchte ich auch den zweiten Brief, den ich in einiger Erregung an ein maßgebliches Regierungsmitglied schrieb, dem Leser nicht vorenthalten.

Zum Beginn der Wirtschafts- und Währungsunion schrieb ich am 3. 7. 1990 folgende Zeilen an Bundesfinanzminister Dr. WAIGEL (mit Kopie an Bundeswirtschaftsminister Dr. HAUSSMANN):

Dr. Paul Alexander

den 1. Juli 1990

Herrn
Bundesfinanzminister
Dr. Theo Waigel
c/o BMF
Grauerheindorferstraße 108

5300 B o n n 1

Kopie an
Bundeswirtschaftsminister
Dr. H. Haussmann z.K.

Sehr geehrter Herr Bundesminister Dr. Waigel,

in konservativen Tageszeitungen, wie z.B. der Schwäbischen Zeitung trifft der Bundesbürger neben zahlreichen Artikeln im Zusammenhang mit der DDR seit einigen Tagen auch auf halb- bis ganzseitige Veröffentlichungen der Bundesregierung, welche die Chancen der Wirtschafts- und Währungsunion möglichst groß, ihre Risiken dagegen als kaum nennenswert darstellen.

Da die Bundesregierung sicher davon ausgeht, daß ihre Veröffentlichungen gelesen und ernstgenommen werden, kann es auch nicht als Zudringlichkeit empfungen werden, wenn man als schlichter Bundesbürger zur Feder greift, um einem hervorragenden Vertreter dieser Regierung die Gedanken und Sorgen mitzuteilen, die man sich um die wirtschaftlichen, sozialen und kulturellen Probleme der Wiedervereinigung macht.

In meinem Fall kommt hinzu, daß ich seit 22 Jahren für die Bundesregierung als Berater auf dem Gebiet der Entwicklungshilfe tätig bin und als Volkswirt und Agrarökonom in permanentem Kontakt zu Fragen wirtschaftlicher Entwicklung stehe.

Da ich väterlicherseits aus Pommern-Mecklenburg und mütterlicherseits aus Schwaben stamme, liegt mir das gedeihliche Zusammenleben beider Teile Deutschlands sozusagen im Blut.
Auch weiß ich trotz meiner häufigen Einsätze in Übersee noch sehr wohl, daß man in Cottbus nicht suaheli spricht. Dennoch mußte ich feststellen, daß der Schauplatz DDR mit dem Afrikas oft niederdrückend große Parallelen aufweist, z.B., wenn bei meiner kürz-

lichen zweitägigen Fahrt durch die DDR kein Restaurant in der Lage war, meinem ausdrücklichen Wunsch nach einem Getränk aus lokaler Produktion nachzukommen, weil bereits alle Getränke aus der BRD stammten.

Ein dritter Anlaß, Ihnen diese Sorgen vorzutragen, ist der Umstand, daß ich kürzlich an einem dreitägigen Seminar Ihres Schulfreundes, Herrn Professor Stegmann von der Universität Bochum, zum Thema "Verarmung der Dritten Welt, Ursachen - Strategien" mitwirkte, was mich in der Hoffnung bestärkt, daß mein Brief nicht nur von Ihrem persönlichen Referenten gelesen wird.

Aus der Sicht meiner Erfahrung mußte die Kernfrage beim Zusammenrücken der beiden deutschen Staaten lauten: Wie können Produktion und Produktivität in der DDR so rasch und nachhaltig wie möglich gesteigert werden?

Schon wenige Tage nach der Wende des 9. November 1989 gab es hierzu einen konkreten und m.E. einzig richtigen Vorschlag, den ein maßgeblicher Vertreter der deutschen Wirtschaft (meiner Erinnerung nach der Vorstandsvorsitzende der Thyssen AG) in einem Fernsehinterview mit Fritz Pleitgen machte: Die DDR solle möglichst rasch westdeutschen Unternehmen die Möglichkeit zum Erwerb von Grundstücken und zur Errichtung von Produktionsstätten in der DDR einräumen, mit dem Ziel, für den Export zu produzieren, der in D-Mark bezahlt würde.

Obgleich sich die politischen Rahmenbedingungen seit diesem Vorschlag in dramatisch raschem Tempo verbesserten (Einigung in Ost und West über die Wiedervereinigung noch 1990) ist das wirtschaftliche Kernproblem dieser Wiedervereinigung seit November 1989 nahezu vollständig aus der öffentlichen Diskussion verdrängt worden.

Neben der positiven Wende, dem Zusammenbruch von Marxismus und Diktatur in Osteuropa, gab es gleich zwei weitere und diesmal sehr negative Wendebewegungen:

- Binnen weniger Wochen spürte die DDR-Bevölkerung, daß ihr Wunsch nach Wiedervereinigung zwecks Wohlstand von einem noch stärkeren Wiedervereinigungsdrang der westdeutschen Wirtschaft zwecks Geschäftemachen übertrumpft wurde. Volkswirtschaftlich gesprochen wurde dadurch für die DDR-Bevölkerung die Wiedervereinigung zu einer Art Käufermarkt. Sie bestimmte von nun an die Konditionen. War sie zuvor mit einem Umtauschkurs der Ostmark von 1 : 3 zufrieden gewesen, waren nunmehr 1 : 2 nicht gut genug. Die während 40 Jahren eingeübte Erwartungshaltung gegenüber der Allmacht des SED-Staates wurde nahtlos übertragen auf eine solche gegenüber der BRD und ihren Konzernen. Der Beitrag der DDR-Bevölkerung zur Wiedervereinigung bestand fortan nicht mehr im Angebot von Leistungen, sondern im Formulieren von Forderungen: überhöhter Wechselkurs, totale soziale Absicherung, unrealistische bis selbstmörderische Lohnforderungen etc.

Schuld hieran war aber nicht die DDR-Bevölkerung und ihr verständlicher Nachholbedarf an Konsum, schuld hieran waren jene Kreise in der BRD, welche dieser Bevölkerung suggerierten, daß man von ihr nichts weiteres erwarten würde, als Konsumwünsche zu äußern.

Wenige Monate nach der Wende war es den westdeutschen Unternehmern klar, daß das Geschäft mit der DDR gemacht werden konnte, ohne dem Vorschlag des Thyssen-Vorstands besondere Beachtung zu schenken. Man brauchte nicht in die DDR zu gehen, um dort zu produzieren, man konnte dies in den heimischen Produktionsanlagen tun. Der ungebremste Strom an Um- und Aussiedlern machte es möglich, die Produktion am Ort so zu steigern, daß mit den Überschüssen notfalls die 17 Millionen Menschen in der DDR versorgt werden können. Dies ermöglicht nicht zuletzt der hohe Automations- und Produktivitätsstandard unserer Industrie.

Seitdem ist das vielgepriesene Engagement der deutschen Wirtschaft in der DDR eine Folge von peinlichen Ausweichmanövern. Sie sitze in den Startlöchern, heißt es seither, und sie würde starten, hieß es

. zuerst: wenn die Regierung Egon Krenz gehe und freie Wahlen ausgeschrieben würden,

. sodann: wenn die freien Wahlen stattgefunden hätten,

. und zuletzt: nach dem 1. Juli, wenn die Wirtschafts- und Währungsunion beginne.

Auch der dritte Termin wird aber verstreichen, ohne daß sich an ihrem Desinteresse wesentliches ändern wird.

Ziel der Unternehmer ist wirtschaftlicher Erfolg. Sie nehmen Chancen wahr und vermeiden nach Möglichkeit Risiken. Solange es für sie vorteilhafter ist, die DDR-Bevölkerung mit ihrer Produktion aus der BRD zu versorgen, werden sie dies einer Investition in der DDR vorziehen. Sie sind keine Wirtschaftspolitiker. Regionaler Ausgleich, Wettbewerbsgleichheit, Infrastrukturentwicklung, Wohnungsbaupolitik und Umweltschutz sind nicht ihre Aufgaben, sondern die staatlicher Ordnungspolitik in der Wirtschaft.

Fragen wir uns, was diese Ordnungspolitik während der letzten sechs Monate unternommen hat, um der verhängnisvollen Entwicklung einer progressiven Aushöhlung des Wirtschaftspotentials der DDR entgegenzuwirken, so müssen wir leider feststellen, daß sie - hüben wie drüben - ihrer Aufgabe in keiner Weise gerecht wurde:

- Sie hat dem verständlichen, aber für die DDR-Wirtschaft verhängnisvollen Wunsch von Teilen der Bevölkerung nach Umsiedlung nicht entgegengewirkt, sondern durch Aufrechterhaltung des Notaufnahmeverfahrens bis 30.06.1990 (!) diese Umsiedlung maßgeblich gefördert. Das Notaufnahmeverfahren hätte spätestens zum 31.12.1989 beendet werden müssen.

- Sie hat in den Verhandlungen mit der DDR nicht erreicht, daß das Niederlassungs- und Produktionsrecht westdeutscher Unternehmen in der DDR unverzüglich ermöglicht wurde.

  Hätte der Bundeskanzler jenen Leuten in Sachsen, die ihm zuriefen: "Helmut, rette uns", klar vor den Augen und Ohren der Fernsehkameras gesagt, daß er sie nur "retten" könne, wenn effizient arbeitende westdeutsche Privatunternehmer unverzüglich in die Lage versetzt würden, in der DDR zu produzieren und Arbeitsplätze zu schaffen, dann hätte der Volkszorn in der DDR diese Forderung binnen weniger Wochen bereits der Regierung Modrow abgerungen. Statt dessen mußte diese Forderung selbst der CDU-geführten neuen Regierung der DDR nach unwürdig langwierigem Tauziehen in letzter Minute vor Inkrafttreten der Wirtschafts- und Währungsunion abgetrotzt werden.

Gleichzeitig ließ man zu, daß sich die alte Funktionärsclique in den Kombinaten der DDR, welche dieses Niederlassungsrecht westdeutscher Unternehmen so lange hintertrieben hatte, um sich selbst an der Macht zu halten, vor den Augen der eigenen Bevölkerung als Hüter nationaler Interessen profilieren konnte, die den "Ausverkauf der DDR" verhindern würde. Tatsächlich findet der Ausverkauf der DDR erst dadurch statt, daß westdeutsche Unternehmer in der DDR nicht investieren und ihre Bevölkerungen zu Arbeitslosenunterstützungsempfängern gemacht werden, die von westdeutscher Produktion leben.

- Sie hat bisher private Investitionen in der DDR kaum nennenswert, und den privaten Wohnungsbau überhaupt nicht unterstützt.

  Die bisher einzige Fördermaßnahme, das Kreditprogramm der KfW, ist vollkommen unzureichend. Die gewährte Zinsverbilligung hebt gerade den Zinsanstieg auf dem Kapitalmarkt wieder auf, der durch die jüngsten Geschäftserwartungen mit Osteuropa und der DDR ausgelöst wurde. Dabei muß man auch hier wieder hervorheben, daß die osteuropäischen Länder und die DDR bislang nur unwesentlich Kredite erhielten und die Anspannung auf den Kapitalmärkten vor allem von der Binnennachfrage nach Krediten ausgelöst wurde, und zwar für Investitionen in der BRD.

Mit dem heutigen Beginn der Wirtschafts- und Währungsunion stehen wir daher folgender Situation gegenüber:

- Die westdeutsche Wirtschaft stellt sich noch mehr als vor einem halben Jahr darauf ein, die Versorgung der DDR-Bevölkerung aus westdeutscher Produktion sicherzustellen. Der allergrößte Teil ihrer augenblicklich hohen Investitionstätigkeit findet auf bundesdeutschem Territorium statt und nicht dort, wo er stattfinden sollte: in der DDR.

  Jeder Unternehmer, der für sein "DDR-Geschäft" jetzt in der BRD investiert, wird natürlich erst einmal versuchen, diese Investitionen zu rentabilisieren und nicht mehr daran interessiert sein, in der DDR zu investieren.

  Die wenigen derzeit in der DDR vorgesehenen westdeutschen Investitionen dienen denn auch lediglich dem schnellen und reibungslosen Absatz westdeutscher Produktion in der DDR und konzentrieren sich daher auf Handel, Bank- und Versicherungswesen.

Die Übernahme der Energieversorgung der DDR durch drei große westdeutsche Energieversorgungsunternehmen ist möglicherweise unumgänglich, aber diese mit Monopolrechten ausgestatteten bürokratischen Versorgungsunternehmen sind nicht gerade Vorreiter von Marktwirtschaft und Wettbewerb in der DDR.

- Der private und öffentliche Wohnungsbau ist bislang fast ganz auf die BRD konzentriert. Auch hier findet das "DDR-Wirtschaftswunder" in der BRD statt - bei allerdings um 50 % gestiegenen Zinssätzen.

  Die Baukapazitäten sind in der BRD voll ausgelastet und können somit nur mittel- bis langfristig in der DDR eingestzt werden. Dort, wo der private Wohnungsbau dringend und massiv stimuliert werden sollte, nämlich in der DDR, rührt sich nichts, weil die dortigen Baukapazitäten nahezu vollständig unter ineffizienter Kombinatsverwaltung stehen. Auch massenhaft freigesetzte Arbeitskräfte in anderen Wirtschaftsbereichen der DDR werden somit nicht kurzfristig in der Bauwirtschaft Beschäftigung finden können.

- Die veralteten und nach wie vor von überwiegend unfähigen Bürokraten verwalteten DDR-Betriebe werden auf Jahre hinaus rote Zahlen schreiben bzw. gänzlich zusammenbrechen, ohne daß ihr Produktionsausfall von neuerrichteten, effizient bewirtschafteten Privatbetrieben auch nur mittelfristig (d.h. in drei bis fünf Jahren) aufgefangen werden könnte.

  Es hat vielmehr den Anschein, daß die "Kooperation" zwischen westdeutscher Industrie und DDR-Kombinaten darin besteht, daß die westdeutschen Unternehmen den DDR-Kombinaten die Lieferverträge abnehmen, wie jüngst im Falle der Firma Krupp und dem DDR-Stahlbetrieb in Eisenhüttenstadt.
  Hier saniert sich die westdeutsche Stahlindustrie auf Kosten der DDR.

Gleichzeitig wird die alte Funktionärsriege in Verwaltung und Wirtschaft auf ihren unwirtschaftlichen Posten verbleiben und von uns alimentiert werden müssen.

- Von den Lohn- und Gehaltsempfängern in der DDR verdient ein wachsender Teil nicht mehr das Geld, das er zum Leben benötigt. Gleichgültig, ob diese Lohn- und Gehaltsempfänger ihren Lebensunterhalt künftig aus der Arbeitslosenunterstützung beziehen, oder als Lohnempfänger in Betrieben, die ständig bezuschußt werden müssen, ihr Lebensunterhalt muß aus der BRD finanziert werden. Die Summen, um die es hier geht, lassen sich leicht abschätzen: Die Zahl der offen und verdeckt Arbeitslosen wird zwischen 2 und 4 Millionen liegen, was bei einem durchschnittlichen Nettoeinkommen von DM 2.000,-- pro Monat einen Zuschuß von 4 bis 8 Milliarden DM pro Monat ausmacht, den die BRD aufbringen muß. Und dies - wegen versäumter rechtzeitiger Weichenstellung - nicht nur als "Anschubfinanzierung"[1)] für ein bis zwei Jahre, sondern auf viele Jahre hinaus, wenn nicht sogar permanent!

Glaubt die Bundesregierung wirklich, auf diese Weise ihre wohlformulierten Visionen von der Einheit Deutschlands, von der sie jetzt in ganzseitigen Anzeigen schwärmt, in die Tat umsetzen zu können? Ist es für den Patienten DDR denn beruhigend zu wissen, man könne ihm ruhig den Magen entfernen, weil er an den Tropf bundesdeutscher Infusionen angeschlossen sei?
Womit die DDR-Bevölkerung jetzt konfroniert wird, ist nicht Marktwirtschaft, sondern Menschenverachtung. Nur wird es leider so sein, daß die Bevölkerung diese Menschenverachtung mit Marktwirtschaft gleichsetzen wird. Man braucht kein Prophet zu sein, um bei Fortsetzung solcher Praktiken dem Sozialismus in den nächsten Jahren ein come-back vorauszusagen, mit abermals katastrophalen Folgen. Was ebenso hinzutreten kann, sind Gewalt und Terror im Stile der IRA.

Ich schreibe Ihnen, sehr geehrter Herr Bundesminister Waigel, nicht, um mir meinen Zorn von der Seele zu schreiben, sondern um konkrete ordnungspolitische Maßnahmen zu empfehlen, die aus meiner Sicht längst überfällig und unerlässlich sind.

---

1) Bis heute versucht ein Teil der Presse, als "Anschubfinanzierung" gar nur eine einmalige Liquiditätszufuhr von 4,5 Mrd.DM in der Renten- und 2,75 Mrd.DM in der Arbeitslosenversicherung dem Leser zu verkaufen(Schw.Zeitung vom 28.6.90).

Wer sich als westdeutscher Unternehmer für die Schaffung von Arbeitsplätzen in der DDR engagieren soll, braucht hierzu spürbare wirtschaftliche Anreize. Jeder, der auch nur zwei Tage mit offenen Augen die DDR bereist hat sieht, wie spürbar diese Anreize sein müssen.
Das wirtschafts- und finanzpolitische Instrumentarium, das hierfür eingesetzt werden kann, ist bekannt und vielfältig, es muß nur schnell und deutlich genug ins Gewicht fallen, damit es wirkt. Zu denken wäre an eine Investitionszulage, oder an günstige Abschreibungssätze für Investitionen in der DDR.
Zu finanzieren wäre diese Förderung ausschließlich aus einem Zuschlag auf die Gewinnsteuern der westdeutschen Wirtschaft, denn sie ist bislang alleiniger Nutznießer einer fehlgeleiteten Allokation von Ressourcen, von den Bäckern und Metzgern bis zur Stahlindustrie.

Inzwischen ist die deutsche Geschichte um eine Erfahrung reicher: es gibt nicht nur Kriegsgewinnler, sondern auch Friedensgewinnler. Und es wäre in der Tat ein Hohn, für die umfassende und unumgänglicher Subventionierung der DDR die westdeutschen Lohnsteuerzahler und nicht die Wirtschaft zur Kasse zu bitten.
Anderenseits ist es eine vom Bundesbürger längst durchschaute Wahlkampftaktik zu versichern, die Unterstützung der DDR könne ganz ohne Steuererhöhungen nur mit Hilfe des Kapitalmarktes bewerkstelligt werden. Auf welches Zinsniveau müßte der Kapitalmarkt steigen, um dies zu leisten und wer zeichnet bei noch so hohen Zinsen eine Staatsanleihe, von der er weiß, daß sie nur den DDR-Bürgern das Taschengeld zum Einkaufen in der BRD sichern soll?
Dagegen würde ein Abschöpfen eines Teiles der jetzt gemachten zusätzlichen Unternehmergewinne von allen Wählern als gerechte Lösung empfunden, auch von den Unternehmern selbst.

Damit ein solcher Steuerzuschlag nicht auf die Verbraucher abgewälzt wird, wäre er auf die gewinnabhängigen Steuern zu erheben. Ein weiterer Anreiz zu Investitionen in der DDR wäre die Nichtanwendung solcher Steuerzuschläge auf alle Gewinne, die auf dem Gebiet der DDR gemacht werden.

In gleicher Weise müßte der private Wohnungsbau in der DDR eine gezielte Förderung erfahren, wobei Anreize nicht der Bauwirtschaft, sondern den privaten Bauherrn aus der DDR und der BRD gewährt werden müßten.

Man kann über die Modalitäten einer solchen gezielten Förderung von Investitionen und privatem Wohnungsbau diskutieren, nicht jedoch infrage stellen, daß solche Maßnahmen unumgänglich sind, wenn ein weiterer rascher und andauernder Abbau des Wirtschaftspotentials der DDR vermieden werden soll. Unternehmer sind nüchtern denkende Menschen, die sich an nüchternen wirtschaftlichen Rahmendaten orientieren. Das gleiche gilt für private Bauherren.

Wer jetzt als verantwortlicher Politiker nur von "historischen Stunden" schwärmt, hat seine historische Aufgabe versäumt, wer jetzt seine kraft nur parteipolitischem Kleinkrieg widmet, wird die nächsten Wahlen verlieren.

Ich schreibe Ihnen dies, sehr geehrter Herr Bundesminister Waigel, weil ich seit 30 Jahren CDU und gelegentlich auch FDP gewählt habe und ich schreibe Ihnen dies auch, weil ich sie als einen fleißigen Schwaben schätze, der aus einem strukturschwachen Teil des Schwabenlandes stammt und sich daher leicht vorstellen kann, worauf die Menschen heute in Mecklenburg, Brandenburg und Sachsen hoffen, um aus ihrem Standortnachteil, für den sie ebensowenig Schuld tragen, wie die Menschen aus Krumbach, endlich herauszukommen: nämlich auf rentable Arbeitsplätze.

Ich erwarte nicht, daß Sie ihre kostbare Zeit darauf verwenden, meinen Brief zu beantworten. Dagegen werde ich mir erlauben, Sie genau in einem Jahr abermals anzuschreiben. Entweder, um meine heutigen Ausführungen zu unterstreichen, oder, um mich für meine unnötigen Kassandrarufe zu entschuldigen.

Natürlich hoffe ich auf das letztere und verbleibe inzwischen mit den besten Grüßen und Wünschen

Ihr sehr ergebener

V. a.

DR. THEO WAIGEL
BUNDESMINISTER DER FINANZEN

5300 Bonn 1, 13. Juli 1990

Graurheindorfer Straße 108
Postfach 1308
Telefon: (0228) 682-4240

Herrn
Dr. Paul Alexander

Sehr geehrter Herr Dr. Alexander

für Ihr Schreiben vom 1. Juli 1990 danke ich Ihnen.

Nach meiner Auffassung wurden im Staatsvertrag über die Wirtschafts-, Währungs- und Sozialunion faire Regelungen getroffen. Die DDR wird erhebliche Eigenleistungen zu erbringen haben, wobei ich vor allem an die Privatisierung der volkseigenen Betriebe denke. Ich stimme dem von Ihnen zitierten Vertreter der deutschen Industrie zu. Nur durch den Zustrom westlichen Kapitals und durch das Engagement der westlichen Unternehmen in der DDR wird es möglich sein, dort in einigen Jahren Anschluß an unsere Produktivität zu finden. Die neue Regierung der DDR hat hierzu auch die gesetzgeberischen Voraussetzungen geschaffen. Alle Großunternehmen und ein Großteil unserer mittelständischen Wirtschaft hat sich auch bereits in der DDR engagiert.

Vor wenigen Tagen haben wir mit führenden Vertretern der deutschen Industrie und der deutschen Banken noch einmal Gespräche geführt. Ich bin danach sehr zuversichtlich, daß die Investitionen westdeutscher Unternehmen in der DDR noch weiter steigen werden.

Entgegen Ihrer Auffassung gibt es erhebliche wirtschaftliche Anreize für westdeutsche Unternehmen. Ich erinnere dabei vor allem an die erheblich aufgestockten ERP-Programme, an die ergänzenden Programme der Kreditanstalt für Wiederaufbau, an das DDR-Investitionsgesetz, das vor kurzem im Bundestag verabschiedet wurde sowie an die steuerrechtlichen Maßnahmen, die seitens der DDR geschaffen wurden. Entscheidend für die Attraktivität des Standortes wird vor allem die künftige Lohnentwicklung in der DDR sein. Und beim Abschluß dieser Tarifverträge sind selbstverständlich auch die Arbeitgeber gefordert.

Solange zwei Staaten in Deutschland existieren, kann es nicht Aufgabe des Bundesfinanzministers sein, den privaten Wohnungsbau in der DDR zu fördern. Ihren diesbezüglichen Vorschlag kann ich deshalb nicht nachvollziehen.

Mit freundlichen Grüßen

Ihr

Da ich die Verstaatlichungsvorschläge des früheren JUSO-Vorsitzenden WOLFGANG ROTH erwähnte, möchte ich nicht versäumen hervorzuheben, daß dieser, nunmehr als wirtschaftspolitischer Sprecher der SPD, etwa 14 Tage nach Absendung meines Schreibens an Dr. WAIGEL lt. Tagespresse dringend die Gewährung von Investitionsanreizen für Unternehmer zum Zweck des Tätigwerdens in der DDR forderte. Ich habe mich über diesen Wandel im Denken des Herrn ROTH sehr gefreut.

Ich brauche dem Leser nicht näher zu begründen, daß ich ein Jahr nach Absendung meines Briefes keinen Grund verspürte, mich bei Dr. WAIGEL für unnötige Kassandrarufe zu entschuldigen. Ich brauchte meine Mahnung auch nicht in Erinnerung zu bringen, denn schon im Herbst 1990 sah sich die Regierung genötigt, ihre Mittel zugunsten der DDR erheblich aufzustocken. Nur zeigte sich auch hier – ebenso wie in der Dritten Welt –, daß wirtschaftliche Entwicklung keine Frage der Finanzierung, sondern der Investition war. Und dies wiederum war eine Frage stimulierender Rahmenbedingungen. Kaum waren die Mittel bereitgestellt, stauten sie sich, weil die Investitionen nicht in Gang kamen, und letztere kamen nicht in Gang, weil unsere Regierung nicht rechtzeitig für entsprechende Rahmenbedingungen gesorgt hatte.

Zwei Jahre nach meinem Schreiben an Dr. WAIGEL müssen wir leider feststellen, daß die in meinem Schreiben gerügte Politik, nämlich aus dem »Aufschwung Ost« eine »Konjunkturüberhitzung West« zu machen, kontinuierlich fortgesetzt wurde:

- Bis heute gehören die Schwierigkeiten bei der Grundstücksübertragung zu den größten Investitionshemmnissen*. Dabei genügten schon 1990 zwei bis drei Monate, um sich über die verworrene Situation privaten Grundbesitzes einschließlich Grundbuchwesen nach 40 Jahren Sozialismus und die hieraus zu ziehenden Konsequenzen in rechtlicher und administrativer Hinsicht Klarheit zu verschaffen. Bis heute verhält sich die Bundesregierung so, als sei es nicht ihre Aufgabe, die erforderlichen Konsequenzen zu ziehen.
- Bis heute arbeitet die TREUHAND zu bürokratisch und kommt mit der Privatisierung der Staatsbetriebe und der LPGs in der Landwirtschaft zu langsam voran. Sie ist offenbar nicht imstande, die erforderliche Detailarbeit vor Ort zu leisten, die stets mit einer erfolgreichen Privatisierung verbunden ist.
- Das Lohnniveau in den neuen Bundesländern ist inzwischen fast prohibitiv hoch, um noch westliche Unternehmen zu interessieren. Sie ziehen ganz deutlich ein Engagement in der Tschechoslowakei vor.

Gegen entsprechende Vorwürfe erhält man von seiten der Bundesregierung die stereotype Antwort: Was ULBRICHT und HONECKER nach 40 Jahren Herrschaft hinterlassen haben, könne man nicht in zwei Jahren gutmachen.

---

* Vgl. hierzu die Äußerung des BDI-Präsidenten HEINRICH WEISS in der Tagespresse vom 2. 6. 1992 und die sehr deutlichen Worte von BDI-Vizepräsident TYLL NECKER vom Sommer 1991, die aber ungehört blieben (vgl. Anlagen 17–19).

Dies erwartet indessen niemand. Nach der Wende ging es nicht darum, eine Strecke Wegs in unrealistisch kurzer Zeit zurückzulegen, sondern lediglich darum, die richtige Weichenstellung vorzunehmen, sprich: Adäquate Rahmenbedingungen zu setzen, damit der richtige Weg überhaupt eingeschlagen werden konnte.

Bis heute ist diese Weichenstellung nur halb erreicht, sie hätte aber schon zu Beginn der Wirtschafts- und Währungsunion, spätestens zum Zeitpunkt der politischen Wiedervereinigung im Oktober 1990 abgeschlossen sein müssen.

Nachträgliche Korrekturen sind dagegen schwer bis unmöglich. Der Zug ist schon entgleist. Nicht nur das Lohnniveau ist davongelaufen, die westdeutschen Unternehmen haben natürlich angesichts der vorgefundenen Rahmenbedingungen nicht gezögert, das Geschäft mit der DDR und den jetzigen neuen Bundesländern von zu Hause aus zu tätigen. Sie haben ihre Produktionskapazitäten im Westen ausgeweitet und fahren fort, Facharbeiter aus dem Osten herüberzuholen. Etwa 450 000 Pendler aus den Osten kommen hinzu. Nachdem die Investitionsentscheidung für den Westen gefallen und realisiert ist, wird diese erst einmal während der nächsten zehn Jahre rentabilisiert und das Interesse an den neuen Bundesländern reduziert sich auf das Vertreternetz für den Absatz westlicher Produktion im Osten.

Niemand kann annehmen, all diese entwicklungspolitischen Fehler und Versäumnisse gehen auf mangelnde Einsicht zurück. Was ein kleiner Entwicklungshelfer rechtzeitig sah, wußten die Experten von Regierung, Parteien und Verbänden selbstverständlich mindestens ebenso gut und so schnell. Wenn sie nur halbherzig handelten, und zwar quer durch alle Parteien, so lag dies ausschließlich daran, daß sie aus westlich regionalem Egoismus nicht anders handeln wollten. Wer hierüber noch im Zweifel war, dem wurden diese Zweifel bei der Debatte um die künftige deutsche Hauptstadt vollends genommen.

Es wäre sicher richtig gewesen, die Verlegung von Regierung und Parlament nach Berlin um 15 Jahre zu vertagen und zu sagen, bei Angleichung der Lebensverhältnisse gäbe es zunächst weit wichtigere Maßnahmen durchzusetzen. Aber die enttäuschenden Argumente, die teilweise offen gegen Berlin ins Feld geführt wurden, die knappe Entscheidung und die nachträgliche Quasi-Rückgängigmachung durch Kabinettsbeschluß, sind beschämend und bezeichnend für die Haltung gegenüber unseren Landsleuten in den neuen Bundesländern.

Auch hier, wie gegenüber der Dritten Welt, ist es so, daß der Westen offensichtlich nicht die Kraft hat, dem Osten die Wurzeln seines demokratisch-marktwirtschafltichen Systems zu vermitteln, sondern sie eifersüchtig für sich behalten möchte. Und dies innerhalb ein und desselben Volkes!

2 Entwicklungsland Sowjetunion

Die Sowjetunion gibt es nicht mehr. Noch vor vier Jahren eines der beiden großen Machtzentren der Welt, militärisch hochgerüstet, angsteinflößend, Satellitenstaaten kontrollierend, hat sich aufgelöst, seine Satellitenstaaten, die Baltischen Republiken eingerechnet, erlangten ihre volle Unabhängigkeit, seine Teilrepubliken wie Weißrußland, Ukraine, Kasachstan und die kaukasischen Republiken lösten sich ab und wurden unabhängige Staaten. Die wirtschaftliche Lage der Sowjetunion und ihrer Nachfolgestaaten verschlechterte sich sukzessive. 1990 nahm das Bruttosozialprodukt um 4%, 1991 um 13% ab, Mitte 1992 wird die Inflation auf 1000% geschätzt und signalisiert für dieses Jahr einen noch stärkeren Rückgang der Produktion.

Ganz oberflächlich betrachtet war dies das Werk eines einzigen Mannes, MICHAEL GORBATSCHOV, seiner Politik der Demokratisierung und Öffnung zum Westen. Bei näherem Hinsehen war dies aber nicht das Werk eines einzelnen, sondern der gesamten Elite einer einstigen Großmacht: sie war am Ende, war versteinert und überaltert, hatte jeden Kontakt zum Volk verloren, ihre tragende Idee, die des Kommunismus, fand beim Volk keine Resonnanz mehr.

Alles, was GORBATSCHOV erreicht hatte, und dies mit Meisterschaft, war, die Unfähigkeit dieser erstarrten Elite vor dem eigenen Volk und der Weltöffentlichkeit so eindrücklich zu demonstrieren, daß sie nur noch in sich selbst zusammensinken konnte.

Mit missionarischem Eifer beschwor er sie, ihr Verhalten zu ändern, selbständig zu denken und zu managen. Er schob ihnen fortwährend veränderte organisatorische Strukturen unter die Füße in der Hoffnung, daß sie sich dann besser bewegen würden, so etwa wie man einem verklemmten Fräulein ein hübsches Kleid anzieht in der Hoffnung, es würde dann zu tanzen beginnen. Allein, es rührte sich nichts. GORBATSCHOV konnte jedwedes neue Kostüm für seine Eliten herzaubern, sprich: neue politische Einrichtungen erfinden, entscheidend waren den Eliten nur zwei Dinge: Erstens, daß sie in jedem neuen Gremium wieder vertreten waren, und zweitens, daß man nicht von ihnen erwartete, auf eigenes Risiko zu wirtschaften. Wer unternimmt schon gerne den Sprung ins kalte Wasser, und schon gar nicht, wenn die »Verhältnisse« einen dazu gar nicht zwingen. Der »Zwang der Verhältnisse« bedeutete für sie bis zum Ende der BRESCHNEW-Ära: Die ständige Angst, Opfer einer Säuberung zu werden, in Ungnade zu fallen oder gar inhaftiert zu werden. Es hieß gehorchen ohne nachzudenken. Unter diesem Druck leistete die Sowjetelite und unter ihr das Volk zwar nur ein verdrossenes Minimum, aber immerhin, sie leistete etwas.

Das erste, was GORBATSCHOV für Volk wie Eliten tat, war, diesen Druck fortwährender Repression von ihnen zu nehmen. Sie konnten, ja sie sollten frei denken und ihre Gedanken äußern. Das erste, was Volk wie Eliten taten, war, zur Wodkaflasche zu greifen, und diesmal nicht aus Verzweiflung, sondern aus Erleichterung. Allmählich lösten sich auch die Zungen und man beteiligte sich offen an den Diskussionen, die Väterchen GORBATSCHOV angeregt hatte.

Allein, weder mit dem Whiskyglas noch mit der Wodkaflasche in der Hand läßt sich gut arbeiten. Schon in der englischen Kolonialverwaltung galt die strikte Regel: kein Alkohol vor Sonnenuntergang. Auch das Diskutieren hielt mächtig von der Arbeit ab. Viele neue Wünsche beflügelten die Nachfrage, während die Produktion immer mehr achtern ausblieb.

Aber da war ja der Westen, dem man sich öffnen, dessen System man übernehmen wollte, der Westen sollte helfen. Und der Westen lieferte nicht nur, er finanzierte auch bereitwillig. Die Geschäftsbanken genierten sich gegenüber der UdSSR ebensowenig wie gegenüber Brasilien und Mexiko. Schließlich hatte auch die Sowjetunion große Ressourcen an Rohstoffen und Energie sowie große Goldbestände. Ähnlich wie in der Dritten Welt war es den westlichen Lieferfirmen und Banken gleichgültig, ob die Sowjets mit den gelieferten Anlagen rentabel arbeiten würden oder ob der Westen hier auch nur Fehlinvestitionen fördern würde, weil sie von den gleichen unfähigen, auf fremdes Risiko arbeitenden Staatsbeamten geordert und gemanagt wurden, von den importierten Grundnahrungsmitteln ganz zu schweigen.

Die Schuldenlast der Sowjetunion wuchs. Bis zur Tagung der führenden Industrienationen in Bangkok im Oktober 1991 hatte die Sowjetunion allein bei ihren beiden größten Gläubigern, der BRD und Frankreich, 68 Milliarden Dollar Schulden angehäuft. Aber schon 1990 waren die privaten Geschäftsbanken nach ersten Meldungen über Zahlungsschwierigkeiten vorsichtig geworden und begannen ihr Engagement zu reduzieren. Um Privatbanken und Lieferanten möglichst ganz aus dem Obligo zu bringen, sprangen nach und nach staatliche und suprastaatliche Organisationen zunächst mit Überbrükkungskrediten ein und dann mit langfristigen Darlehen.

Hat man denn die marktwirtschaftliche Reform in der Sowjetunion mit den Lieferkrediten nicht positiv beeinflußt? Und wird der weitere Kredit von 24 Milliarden Dollar, den man im April 1992 dem Nachfolgestaat Rußland durch den IWF unter Auflagen zugesagt hat, nicht endlich Reaktionen in Richtung marktwirtschaftliche Reformen auslösen? Sein Präsident JELZIN hat, noch ehe er ausbezahlt wurde, mit entwaffnender Offenheit erklärt, daß sich Rußland an die Auflagen nicht halten werde.

Warum tut sich Rußland mit der Marktwirtschaft denn so schwer? Liegt es am kulturellen Erbe? Taugt die Marktwirtschaft nicht für die Russen?

Was das kulturelle Erbe angeht, so könnte man hierüber natürlich ein Epos schreiben, so lang wie »Krieg und Frieden« oder »Der stille Don«. Man könnte anfangen bei dem Warägerfürsten OLEG, der anstatt Byzanz zu erobern, was ihm leichtgefallen wäre, Byzanz nur einen Handelsvertrag abtrotzte. OLEG war wahrscheinlich der bedeutendste Marktwirtschaftler seiner Zeit und mit ihm das Warägerreich mit den Handelszentren Kiew und Novgorod die bedeutendste Marktwirtschaft des damaligen Europa. Man müßte aber auch von der Herrschaft der Goldenen Horde sprechen und ihrer autokratischen Herrschaftsform, die von den späteren russischen Zaren übernommen wurde. Man müßte erwähnen, daß Rußland im Gegensatz zu Westeuropa die Leibeigenschaft kannte und diese erst 1861 aufhob, auch daß der Staat stets das Außenhandelsmonopol für sich beanspruchte. Schließlich den Großgrundbesitz des Adels, der nur selten die Gestalt moderner Großbetriebe annahm, sondern vorwiegend in Teilpacht von leibeigenen Bauern bewirtschaftet wurde. Des weiteren das dörfliche Umverteilungsrecht unter den Kleinbauern, das »mir«. Man müßte aber auch die erfolgreichen Ansätze zur Industrialisierung und Schaffung von mittelständisch bäuerlichem Besitz in der Zeit vor dem I. Weltkrieg nennen, insbesondere unter den Reformen STOLYPINS. Nicht umsonst sahen die Kommunisten in diesen Reformen die größte Gefahr für ihr Konzept des revolutionären Umsturzes und ließen ihn ermorden.

Aber es ist müßig, sich mit alledem zu beschäftigen. Die vielzititierte »slawische Seele« und der Wodka sind dem Funktionieren der Marktwirtschaft ebensowenig abträglich wie die schwarze Hautfarbe des Afrikaners und der Palmwein. Entscheidend sind die Rahmenbedingungen, und die schafft nur der – leider nun mal ein bißchen sozialdarwinistische – »Zwang der Verhältnisse«. Nicht immer sofort und auf direktem Weg, er bedingt oft »trial and error«, leider manchmal auch mit Krieg und Bürgerkrieg verbunden, es regiert nicht immer gleich der gute Wille, und es gibt leider kein System, das ohne diesen guten Willen funktionieren könnte.

Wer die Marktwirtschaft in den Folgestaaten der Sowjetunion sicher nicht einführen kann, sind Leute, die nur ihr Geld loswerden möchten mit dem Ziel, daß mit diesem Geld (Devisen) im westlichen Ausland konjunkturbelebend, für letzteres natürlich, eingekauft werden kann, und die der Form und dem Schein halber »marktwirtschaftliche Auflagen« erteilen, also den Vertretern von WELTBANK und IWF und sonstiger nationaler Entwicklungsbanken, die für ein paar Tage im Hilton absteigen, mit hochgestellten Apparatschiks speisen und diskutieren und dann unter Zurücklassung ihrer Kreditzusagen »unter Auflagen« wieder heimfliegen. Sowenig man ein junges Mädchen auf den Pfad der Tugend geleiten kann, indem man es verführt und dann sitzenläßt, sowenig kann man einer fremden Volkswirtschaft zu Wohlstand verhelfen, indem man ihr mit solcher Penetranz seine Devisen aufnötigt und dieses korrumpierende Verhalten hinter dem Slogan »Unterstützung des marktwirtschaftlichen Reformkurses in der Sowjetunion« versteckt, um in Wirklichkeit seine Abhängigkeit von Umschuldungsabkommen zu Umschuldungsabkommen zu vergrößern.

Wie der geneigte Leser inzwischen weiß, kommt es bei der Steigerung der Produktion und der Durchsetzung von Innovationen primär darauf an, rentable Investitionen durchzuführen, und dies ist Angelegenheit von Leuten (Unternehmern), die im Wettbewerb auf eigenes Risiko arbeiten. Was tut man, wenn einem eine Million und mehr solcher Leute fehlen? Vor diesem Probelm stand GORBATSCHOV. Nun, gab es denn in der Sowjetunion gar keine unternehmerisch denkende Menschen und ist diesem Land alles Marktwirtschaftliche seit der Warägerzeit abhanden gekommen? Mitnichten.

Hierzu muß man wissen, daß es bis heute noch keine zentralgelenkte Planwirtschaft auf der Welt gab – und schon gar nicht in der Sowjetunion –, die nicht ohne ein gerütteltes Maß Marktwirtschaft überlebensfähig gewesen wäre. Die Versorgung der Bevölkerung mit Grundnahrungsmitteln konnte seit der Kollektivierung der sowjetischen Landwirtschaft nur dadurch sichergestellt werden, daß man den in den Kolchosen arbeitenden bäuerlichen Familien ein kleines Stück Land, das sog. Hofland, zum individuellen Anbau überließ und die Vermarktung ihrer Produktion auf den sog. freien Kolchosmärkten erlaubte. Der größte Teil des Angebots an Fleisch, Eiern, Milch, Obst und Gemüse, mit dem die sowjetische Bevölkerung während der letzten 55 Jahre versorgt wurde, rührt von dieser kleinen Fläche privat bewirtschafteten Hoflands an der gesamen landwirtschaftlichen Nutzfläche. Natürlich war diese private Leistung den kommunistischen Ideologen stets ein Dorn im Auge, und so erleben wir denn auch in der sowjetischen Agrargeschichte einen ständigen Wechsel von Repression gegen das private Hofland und die freien Kolchosmärkte, mit der Folge von Versorgungsschwierigkeiten bei der städtischen Bevölkerung und einer nachfolgenden Lockerung dieser Repression, um die Versorgung wieder einigermaßen herzustellen.

Man konnte also beim Amtsantritt GORBATSCHOVS, noch ohne das System selbst zu ändern, den Kolchosbauern auf ihrem privat genutzten Hofland etwas mehr Spielraum lassen, die Flächen geringfügig ausweiten und vor allem dafür sorgen, daß sie besser mit Produktionsmitteln (Maschinen, Geräten, Düngemitteln, Saatgut etc.) versorgt würden und verbesserten Transportmöglichkeiten zur Belieferung der freien Kolchosmärkte, um die Versorgung mit Fleisch, Eiern, Milch, Obst und Gemüse schon nachhaltig zu verbessern.

Es bleibt der große Rest wirtschaftlicher Leistungen, die Produktion an Getreide, die im großflächigen Anbau bei hohem Mechanisierungsgrad betrieben werden mußte, also über den Rahmen des Hoflands hinausging, und die gesamte Industrieproduktion.

Dieser Produktion stand nun die wirtschaftliche Elite des Landes vor, die Genossen Kolchos- und Sowchosdirektoren, die Leiter der Kombinate und ihrer Teilbetriebe. Auch sie kennen Marktwirtschaft und Märkte, allerdings nur die »schwarzen«. Kein Sowchosdirektor, kein Kombinatsleiter, der bei Beschaffung von Roh-, Hilfs- und Betriebsstoffen oder beim Absatz seiner Produkte ohne »kungeln« und »organisieren« auf diesen Märkten ausgekommen wäre, um den Plan zu erfüllen, oder auch nur – neben dem Plan – Leute zu versorgen, auf die man angewiesen war, natürlich alles im Verborgenen, ab und zu aufgedeckt durch »Säuberungen«, die nicht mehr bewirken konnten, als daß der mafiose Filz des Beziehungshandelns sich noch vorsichtiger und noch fester fügte als bisher. Was man der wirtschaftlichen Elite in der Sowjetunion und ihren Nachfolgestaaten also nicht erst beibringen muß, ist die Funktionsweise von Märkten und die Preisbildungsmechanismen durch Angebot und

Nachfrage. Darin haben sie alle mehr Erfahrung als wir. Wovor sie sich aber bis heute zieren – und wer wollte es ihnen verübeln –, ist das Wirtschaften auf eigenes Risiko.

Bei allem Genie, das GORBATSCHOV bewies, gelang es ihm offensichtlich nicht, in dieser Hinsicht etwas zu bewegen, was die Vermutung nahelegt, daß ihm das Gespür für Wirtschaftsfragen völlig abgeht, und es hat nicht den Anschein, als sei dies bei JELZIN anders.

So wie GORBATSCHOV seinen überkommenen Eliten ständig neue politische Strukturen unterschob, ohne sie bewegen zu können, versuchte er es auch in der Wirtschaft. Er glaubte, er könne etwa einen Betriebsdirektor eines Kombinats zum selbständigen Unternehmer machen, indem er ihm sagte: »Ab morgen, lieber Genosse, leitest du eine rechtlich selbständige Gesellschaft. Du bist nicht mehr der Kombinatsleitung unterstellt. Was du produzierst, wird nicht mehr vom zentralen Plan vorgegeben, sondern du mußt selbst sehen, was sich am Markt verkaufen läßt. Nun, sei mal ein moderner aufgeschlossener Manager westlichen Typs und zeig, was du kannst.«

Der Genosse Betriebsdirektor rieb sich daraufhin die Augen, und bei dem Stichwort »Manager westlichen Typs« fiel ihm ein, Väterchen GORBATSCHOV zu fragen, ob er denn nicht mal in den Westen reisen dürfe, um sich vor Ort anzusehen, was das sei. Und Väterchen GORBATSCHOV, leutselig, wie er war, willigte ein, und so nahm Genosse Betriebsdirektor an einem jener inzwischen schon zu einer festen Einrichtung gewordenen Seminare für Führungskräfte aus der Sowjetwirtschaft teil, welche der Westen, hilfsbereit wie er war, organisiert hatte. Was er da hörte, fand er alles äußerst interessant, noch mehr interessierte ihn, Kontakte zu westlichen Zulieferfirmen aufzunehmen, denn die Zulieferung aus der eigenen Industrie war eine ewige mit Kungelei verbundene Qual, und die westlichen Zulieferfirmen waren natürlich sehr interessiert und für russische Verhältnisse ungeheuer flexibel. Ihre Manager besuchten das nunmehr selbständige Unternehmen in der Sowjetunion, es fanden die ersten Lieferungen statt und es wurden sogar Vertragsentwürfe für ein Joint-Venture ausgearbeitet. Zunächst gelang es dem Genossen Betriebsdirektor, der sich bei seinem ersten Einkaufsbummel in der BRD schon so eingekleidet hatte, daß er von einem Manager westlichen Typs nicht mehr zu unterscheiden war, noch einmal in die Bundesrepublik zu reisen, diesmal auf Einladung des Joint-Venture-Partners in spe und begleitet von seiner Frau, die einen dreiwöchigen Kuraufenthalt in Baden-Baden antrat, wo sich ja schon vor 100 Jahren der russische Adel zu revitalisieren pflegte.

Man war sich in fast allen Vertragspunkten einig, aber dann fiel leider die uns allen bekannte allgemeine Verschlechterung der Wirtschaftslage in der Sowjetunion, fast unerwartet und ganz entgegen allen ehrlichen reformerischen Bemühungen möchte man sagen, über unseren Genossen Betriebsdirektor und seine schönen Pläne wie ein übles Gewitter herunter. Was konnte er dafür, daß es so kam!? Die Unternehmensverluste der Jahre 1987–90, das konnte er klar nachweisen, hatte er nicht zu vertreten. Seine russischen Zulieferbetriebe hatten ihn teilweise sitzenlassen und von seinen Kunden hatte ein Teil seine Verbindlichkeiten nicht bezahlt. Zum Teufel, hatte er gesagt, mit dem ganzen Reformkurs. Wenn die Staatsbank nicht die Verluste ausgleicht und weitere Betriebsmittelkredite günstig zur Verfügung stellt, schließe ich den Betrieb. Und die Staatsbank erhielt die Anweisung, die Verluste auszugleichen, und stellte weitere Betriebsmittelkredite aus der Notenpresse zur Verfügung. Nur keine Devisen mehr, die waren inzwischen alle, und auch die Goldreserven hatte man schon weitgehend verkauft und verpfändet. So lief auch nichts mehr mit dem Zulieferbetrieb in der BRD. Das Joint-Venture kam nicht mehr zustande, die Bestellungen aus der Sowjetunion blieben aus, und zur Bezahlung der letzten Lieferungen mußte die staatliche Hermesbürgschaft in Anspruch genommen werden. Unser Genosse Betriebsdirektor schrieb noch einmal einen händeringenden privaten Brief an seinen deutschen Joint-Venture-Kollegen, diesmal fragte er an, ob man für seinen Sohn nicht ein Stipendium an einer deutschen Universität vermitteln könne, aber darauf erhielt er dann keine Antwort mehr.

Das war, mit wenigen Worten, der GORBATSCHOVSCHE Reformkurs, wie er sich auf Betriebsebene darstellte und wie er offensichtlich auch unter JELZIN bis zum heutigen Tage in Rußland fortgesetzt wird. Unter dem 19. 5. 1992 erfahren wir aus der Tagespresse, die wieder mal von einem deutsch-russischen Unternehmerseminar aus Baden-Baden berichtet, daß wichtige Schritte, wie die Schaffung von Privateigentum an Grund und Boden und die Bildung eines unternehmerischen Mittelstands in Rußland, noch nicht in Angriff genommen werden können.

Die Sowjetunion und ihre Nachfolgestaaten sind also in wenigen Jahren durch einen Reformkurs, der keiner war, zu einem Entwicklungsland mit all seinen bekannten Attributen geworden: Eine unfähige Bürokratie versucht sich mit westlicher Hilfe, die ihr reichlich geboten wird, an der Macht zu halten und hat dabei in kurzer Zeit die eigenen Reserven erschöpft und einen gigantischen Schuldenberg angehäuft. Die westliche »Unterstützung« des angeblichen Reformkurses bezahlt der Steuerzahler und Bankkunde, während die Exportindustrie ein weitgehend risikoloses Geschäft tätigen konnte.

Eines bleibt noch zu erwähnen, um das Bild des Entwicklungslandes abzurunden: die weihnachtlichen Spendenaktionen »Helft Rußland«, »ein Herz für Rußland« usw.

1990 waren die Spendenaufrufe jeder Wahrheit zuwider mit einer drohenden Hungerkatastrophe in der Sowjetunion verbunden worden. Als dann das Fernsehen Aufnahmen von vollen Lagerhallen mit Gefrierfleisch brachte, reduzierten die Hilfskomitees, etwas eingeschüchtert, ihre Aussagen auf Versorgungsengpässe, die man zugunsten der armen Bevölkerung mildern wolle.

Aber Ende 1991 wurde das Mitleid deutscher Spender mit den gleichen rigorosen Parolen provoziert. Um auch die Gefahr des Verschwindens von Hilfsgütern in dunklen Kanälen vor den Augen der Öffentlichkeit auszuräumen, entsandte die Bundesregierung mit den Hilfsgütern ein paar Logistikoffiziere der Bundeswehr, was unter Berücksichtigung der tatsächlichen Umstände nur als kabarettistische Einlage gewertet werden konnte.

Tatsächlich hatte die Sowjetunion normale Erntejahre, in der Ukraine wurde sogar eine Rekordernte verzeichnet.* Wenn es am System der Verteilung haperte, wegen altgewohnter Korruption und Mißwirtschaft, und die unteren Einkommensklassen schlecht versorgt wurden, was glaubte man in diesem riesigen Reich mit 300 Millionen Einwohnern mit solchen Aktionen bewirken zu können? Eine Geste des guten Willens und der Verbundenheit, wie es Bundespräsident VON WEIZSÄCKER ausdrückte? Nun, ich kann nur hoffen, daß wir wenigstens bei einigen Naiven diesen Eindruck hinterlassen konnten. Wenn wir wirklich etwas für die Sowjetunion und ihre Bevölkerung hätten tun wollen: Warum haben wir die Spendenmittel nicht benützt, um Grundnahrungsmittel, Medikamente, Kinderspielzeug udgl. in der Sowjetunion einzukaufen und unsere Order schon zum Zeitpunkt der Frühjahrsbestellung erteilt? Die Bezahlung in harten DM hätte die Produktion dort, gleichgültig um welches Produkt es sich gehandelt hätte, mehr stimuliert als alle Reden von GORBATSCHOV zusammengenommen, der seinen Kredit bei der Bevölkerung längst verspielt hatte. Und diese Produkte »made in Russia« und nicht »made in Germany« hätten wir dann, wenn wir uns schon in der Pose der verteilenden Gerechtigkeit hätten sonnen wollen, unter Rentnern und Kinderheimen zu Weihnachten verteilen können. Wir hätten einen ehrlichen, weil entwicklungspolitisch positiven Beitrag geleistet.

Ich befürchte, daß es in den Nachfolgestaaten der Sowjetunion eine Menge Leute gibt, die sich gleichfalls diese Frage stellen, und daher befürchte ich, daß die Scheinheiligkeit unserer »mildtätigen« Gaben, je länger wir unsere Spenden »made in Germany« dort abladen, durchschaut wird, auch wenn unsere Hilfsorganisationen – wie immer – die Dankesschreiben von Beschenkten pfundweise vorzeigen sollten. Ich bin sicher, die Zahl jener Russen, die angesichts solcher Aktionen Zorn und Scham darüber empfinden, daß es mit ihrer Weltmacht soweit kommen mußte, ist weit größer. Und letztere, die so denken, sind sicher keine verbohrten Kommunisten und Reaktionäre. Aber sie werden den Westen aus einer ganz neuen Erfahrung heraus zu hassen beginnen.

Polen tat das einzig richtige mit der Nahrungsmittelhilfe, die es 1989/90 von der EG bekam. Da es – wie auch die Sowjetunion – genügend eigene Getreidevorräte im Lande hatte, verkaufte Polen sie gleich wieder zu den niedrigen Weltmarktpreisen in die EG-Länder zurück, und benützte das Geld, um es in die Modernisierung seiner Landwirtschaft zu investieren. Da gab es im Westen natürlich lange Gesichter!

In diesem Kapitel darf eine Entwicklung im Zeichen des sog. Reformkurses nicht unerwähnt bleiben: die galoppierende Inflation.

Sie ist so ziemlich das schlimmste, was einer Wirtschaftspolitik, die eine so-

---

* Lt. Pressemitteilung ernteten Moldawien und die Ukraine 54 Millionen t Getreide.

ziale Marktwirtschaft etablieren möchte, passieren kann. Eine Inflation mit Raten zwischen 5 und 10% p.a. ist für eine Marktwirtschaft bereits unerträglich, darüber hinaus, bei Raten über 20% p. a. wird sie tödlich. Erst recht läßt sich unter solcher Inflation keine Marktwirtschaft neu in einem Land einführen. In der Sowjetunion betrug die Inflation aber 1991 86%, in der ersten Hälfte 1992 schnellte sie auf 1000% hoch.

Haben wir schon vergessen, was dies bedeutet? Von welchem russischen Betrieb, von welchem Kolchosbauern kann man erwarten, daß er unter solchen Bedingungen noch produziert oder gar – wie er sollte – mehr produziert als bisher. Daß er noch an den Verkauf seiner Ware gegen Geld denkt, wo er doch durch Horten der Ware ungleich mehr verdient. Es bleibt ihm nur noch, Ware gegen Ware zu tauschen. Wie soll unter solchen Bedingungen die städtische Bevölkerung mit Nahrungsmitteln versorgt werden? Und wie soll unter den Bedingungen des Tauschhandels eine Volkswirtschaft von bereits großer Produktionsbreite und -tiefe und fortgeschrittenem Spezialisierungsgrad noch einigermaßen funktionieren?

Was nützen der Sowjetunion in dieser Lage westliche Kredite zum Einkaufen westlicher Waren, wo die eigenen Produktionskapazitäten schon in großem Umfang brachliegen? Die an den stilliegenden Anlagen Beschäftigten müssen aber weiter Einkommen beziehen, von dem sie leben können. Was bewirkte in solcher Lage der Import westlicher Güter anderes, als daß er noch mehr Produktionskapazitäten in der Sowjetunion stillegte und damit die Inflation noch weiter anheizte! Und für diesen »Liebesdienst« an Rußland soll Rußland noch in harten Devisen bezahlen. Selbst geschenkt wäre die importierte Ware nur schädlich gewesen. Dann stünde zwar der wachsenden lokalen Geldmenge ein Güterquivalent gegenüber, aber solche Maßnahmen können nur dazu beitragen, die lokale Güterproduktion mehr und mehr ins Ausland zu verlagern. Der Reformkurs sollte aber gerade darin bestehen, daß die Sowjetunion mehr selbst produziert, und nicht darin, daß sie sich wie ein Todkranker an den Tropf des Auslands hängen läßt. Was der Westen der Sowjetunion mit seinen Lieferkrediten gab, war denn auch im wahrsten Sinne des Worts eine Sterbehilfe für dessen Volkswirtschaft. Und der deutsche Michel glaube ja nicht, der dergestalt zu Tode geförderte Patient würde je seine Schulden begleichen!

Wie kam es zu solcher Inflation in der Sowjetunion?

Kehren wir zur Beantwortung dieser Frage zurück zu unserem Genossen Betriebsdirektor. Solange er nach zentralem Plan und der Angst vor Sibirien arbeiten mußte, tat er wenigstens ein Minimum. Sein Gehalt war recht gut, aber er konnte sich kaum etwas dafür kaufen, denn das Konsumgüterangebot war knapp, Rüstungsgüter und Exportproduktion hatten Vorrang. Ähnlich wie in der DDR wurde den Sowjetbürgern ein Zwangssparen verordnet, ein enormer Geldüberhang war da, der nicht nachfragewirksam werden konnte. Schon vor der Amtsübernahme GORBATSCHOVS versuchte die Sowjetführung, das Wirtschaften ihrer Apparatschiks durch den Einkauf westlicher Technologie, insbesondere moderner Elektronik, effizienter zu gestalten. Zum Einkauf besaß sie genügend Gold und Devisen, und der Westen hätte alles bereitwillig geliefert, hätte es nicht bei der Elektronik aus militärischen Gründen das Veto der Amerikaner gegeben. Ob das amerikanische Embargo seinen Sicherheitszweck erreicht hat, vermag ich nicht zu beurteilen, für die Wirtschaft des Ostblocks war es jedenfalls ein Segen. Vor allem die DDR konnte dadurch erfolgreich ihre Elektronikindustrie aufbauen, auch wenn sie von den Sowjets dafür schlecht bezahlt wurde.

Abgesehen davon, daß man Apparatschiks, die auf Risiko der Allgemeinheit wirtschaften dürfen, auch mit moderner Elektronik nicht effizient machen kann: Sie wurde wenigstens innerhalb des Ostblocks hergestellt und führte auch unter den gegebenen schlechten Rahmenbedingungen zu Wachstum und zu Innovation.

Dann kam die Zeit des Umbruchs unter GORBATSCHOV. Der Genosse Betriebsdirektor spürte keinen Druck mehr von oben, aber auch keinen Anreiz, tätig zu werden. Und so ging es auch seinen Kollegen in den vor- und nachgelagerten Industrien. Durch einen schlichten Ukas aus Moskau, der seinen Betrieb auf dem Papier verselbständigte, war er mitnichten selbständig. Und selbst wenn Bezugs- und Absatzmärkte seines Betriebes so gut funktioniert hätten wie im Westen: Unser Genosse Betriebsdirektor war nur deswegen, weil man ihm ein Seminar in der Bundesrepublik bezahlt hatte, noch nicht zu einer dynamischen Unternehmerpersönlichkeit mutiert. Unter 100 seiner Kollegen waren bestenfalls 10 bis 20, die das Zeug hierfür hatten, und nur diese Zahl allenfalls konnte man unter marktwirtschaftlichen Verhältnissen noch als selbständige Unternehmer aus den Reihen der Apparatschiks rekrutieren. Von einer solchen Selektion war indessen GORBATSCHOV ebenso weit entfernt, wie von einer tatsächlichen Privatisierung in der Wirtschaft. Vielmehr blieben alle Apparatschiks im Amt, und zwar in einem staatlichen, begannen zu diskutieren und mehr denn je zu kungeln, seitdem die Angst von ihnen gewichen war, am Ende aber immer weniger zu produzieren.

Auch das Volk fühlte sich jetzt freier und wollte besser leben. Die Bergarbeiter streikten, und andere folgten. GORBATSCHOV zeigte sich, wie immer, volksnah und versprach Lohnerhöhungen, ohne damit irgendwie die Produktion zu steigern, die Versorgungslage zu verbessern, denn den Apparatschiks fehlte jeder Anreiz und praktisch auch jede Möglichkeit, dies zu tun. So wurde lediglich die Notenpresse in Gang gesetzt, um die Lohnerhöungen zu bezahlen.

Als Ausweg bot sich die bereits beschriebene Zuflucht zu westlichen Importen an. Die Apparatschiks griffen danach in einem Ausmaß, das mit entsprechenden Exporterlösen überhaupt nicht zu bezahlen war. Statt dessen ging man ans Tafelsilber. Man verkaufte und verpfändete seine riesigen Goldreserven im Westen zu Schleuderpreisen, denn der Goldpreis sank dadurch auf einen lange nicht gekannten Tiefstand.

Als man dann begann, zum Zweck marktwirtschaftlicher Reform die

Preise freizugeben, war der Geldüberhang ins Gigantische angewachsen. Es war völlig dilletantisch und unverantwortlich, zu freien Marktpreisen überzugehen, ohne zuvor eine Währungsreform durchzuführen, d.h. den Geldüberhang durch einen Währungsschnitt zu beseitigen und gleichzeitig die Geldmenge unter strenger Kontrolle einer unabhängigen, nur der Geldwertstabilität verpflichteten Zentralbank regulieren zu lassen. All dies geschah nicht. Statt dessen lief man den galoppierenden Preisen mit der Notenpresse hinterher, um die Löhne und Gehälter (rein nominell) anzuheben. Aber damit legte man die Produktion erst recht still. An die Stelle eines Angebots an Waren trat das Horten von Waren. Und welchem Betrieb, welchen Kolchosbauern wollte man in dieser Situation gar noch zumuten, die Lebensmittelgeschäfte in den Städten zu den niedrigen Festpreisen gegen Bezugsscheine zu beliefern, die man für Grundnahrungsmittel beibehalten hatte?

Lt. Presseberichten (vgl. Anlage 12) wich im Mai 1992 – also nur wenige Wochen nach Zusage des 24-Mrd.-$-Kredits »unter Auflagen« durch die G-7-Länder – in der politischen Führung Rußlands jedes währungspolitische Verantwortungsbewußtsein der reinen Panik. Der für die Wirtschaftsreform verantwortliche Ministerpräsident JEGAR GAIDAR teilte offiziell mit, daß er die Geldmenge bis August 1992 verfünffachen wolle. Mit solch selbstmörderischen Maßnahmen will er die Lohnzahlungen garantieren und Streiks vermeiden!

Was tut der in Währungsfragen erfahrene Westen, um eine solche katastrophale Entwicklung für das russische Volk und die Sache einer marktwirtschaftlichen Reform zu verhindern? Nicht ein einziger westlicher Regierungschef sprach bislang ein deutliches Wort hierzu aus. Wollten die G-7-Länder die marktwirtschaftlichen Auflagen, die sie mit der Kreditzusage verbanden, auch nur entfernt ernstgenommen wissen, hätten sie sofort ihre Kreditzusage zurückziehen müssen. Noch besser für Rußland wäre natürlich gewesen, man hätte anstelle jeglicher Kreditzusagen von vornherein nur technische Hilfe beim Aufbau eines unabhängigen Zentralbankensystems und einer unerläßlichen Währungsreform angeboten. Eine solche Hilfe wäre im wahrsten Sinn des Worts Gold wert gewesen!

Statt dessen verfolgen westliche Medien wie Politiker die katastrophale Entwicklung des Sommers 1992 mit gelassenem Pokerface, um dann termingerecht vor Weihnachten über den deutschen Spendenbürger mit Schreckensnachrichten herzufallen. Zehn Millionen Russen sitzen auf gepackten Koffern, wird es dann heißen. Sie werden kommen, wenn wir nicht schnell helfen und sie nicht mit unseren Nahrungsmitteln versorgen.

Genau wie zuvor die Dritte Welt beliefern wir die Sowjetunion (Rußland) nun schon im dritten Jahr mit unseren Investitions- und Konsumgütern und bieten hierfür günstige Lieferkredite an, obgleich wir wissen, daß sie nur einer unfähigen Elite das Überleben für kurze Zeit sichern hilft, daß die lokale Produktion dadurch nicht angeregt, sondern mehr und mehr zu uns verlagert wird bei gleichzeitig galoppierender Inflation (zuvor noch verdeckt durch Festpreise), die jegliche marktwirtschaftlichen Ansätze verhindert und die Marktwirtschaft in den Augen der russischen Bevölkerung in nicht wiedergutzumachender Weise diskreditiert.

Wie wir es auch drehen und wenden, unsere Exportindustrie hat jahrelang am Niedergang der Sowjetwirtschaft und am Ausverkauf ihrer Gold- und Devisenvorräte verdient, aber dann kam sie nicht mehr weiter. Ganz plötzlich lief im Ostgeschäft nichts mehr.

Am meisten hiervon geschädigt waren unsere neuen Bundesländer, deren Exporte in die Sowjetunion und ihre Nachfolgestaaten katastrophal zurückgingen. Die westdeutsche Exportindustrie ist somit nicht nur direkt, sondern auch indirekt über den Handel mit der Sowjetunion am wirtschaftlichen Niedergang in den neuen Bundesländern beteiligt.

An dieser Stelle ist eine Lanze für all jene westlichen Unternehmen zu brechen, deren Leitung sich schon in der Vergangenheit sagte, man könne Handel erfolgreich nur mit Ländern treiben, die in der Lage sind, ihre Schulden zu bezahlen und die durch Schaffung rentabler Arbeitsplätze in den Ländern der Dritten und Zweiten Welt einen Beitrag hierzu leisten wollten. Es gab ihrer nicht wenige. Ohne ihre Arbeit sähe es in diesem Teil der Welt noch viel düsterer aus. Aber dank unserer egoistischen Außenwirtschaftspolitik sind ihrer immer weniger. Insbesondere mittelständische Unternehmer, die wichtigsten Know-how-Vermittler, trifft man dort immer seltener an. Unter den von mir eingehend geschilderten Rahmenbedingungen können sich nur noch große Konzerne erlauben, Zweigunternehmen in der Dritten und Zweiten Welt zu betreiben. Sie können sich gegen die Rahmenbedingungen immerhin besser zur Wehr setzen, z. B. durch Manipulation der Verrechnungspreise im vertikalen Konzernverbund und die Gewinne bevorzugt im Heimatland entstehen lassen, was ihren entwicklungspolitischen Beitrag entsprechend reduziert.

Der Zusammenbruch der sowjetischen Wirtschaft mit galoppierender Inflation hat auch diese Betriebe hart getroffen und ihre Produktion häufig zum Erliegen gebracht.

Alles in allem, meine ich, haben es die Hauptverantwortlichen für diese Situation unserer Weltwirtschaft, die lokalen Regierungschefs in der Zweiten und Dritten Welt wie auch der westlichen Industrieländer verdient, eine Lektion zu erhalten. Ich empfehle zu diesem Zweck, sie für einen Monat in schwere Kerkerhaft zu nehmen, mittelalterliche Verliese, in denen sie die Dunkelheit schauen sollen, in die sie die Zweite und Dritte Welt schon gestürzt haben und bald auch die Erste Welt stürzen werden. Nur einmal am Tag sollte man sie für eine Stunde ans Tageslicht führen, um ihnen dort Vorlesungen in marktwirtschaftlicher Ordnungspolitik und Währungsstabilität zu geben. Als Dozent hierfür empfehle ich unseren Altbundesbankpräsidenten KARL OTTO PÖHL.

Er hat nicht nur vor, sondern auch während der deutschen Wiedervereinigung außergewöhnliches Format bewiesen und stets die richtigen Akzente gesetzt, einschließlich seines demonstrativen Abschieds als deutscher Währungshüter. Einer Persönlichkeit mit solchen Fähigkeiten sollte man noch nicht die Ruhe des Pensionärs gönnen.

Die Zukunft wird zeigen, ob ich mir hier – wie ich sehr hoffe – nur ein ebenso frivoles wie unnötiges »Späßle« erlaubt – für das ich mich dann gerne entschuldige –, oder ob ich den Gefühlen eines ständig größer werdenden Teils derer, die diese Erde bevölkern, Ausdruck verliehen habe.

Teil 3:

Was sollte geschehen?

1 Grenzen des Wachstums

Eigentlich sollte ein Sozialdarwinist die Frage »Was sollte geschehen« weder stellen noch beantworten, sondern den Ereignissen ihren Lauf lassen, im festen Vertrauen darauf, daß der »Zwang der Verhältnisse« die erforderlichen Einsichten bei den Menschen schon bewerkstelligt.

Aber ein eigenartiger Don-Quichote-hafter Drang läßt mich dem »Zwang der Verhältnisse« mit wilden Gesten ein Stück vorauseilen. Würde dieser »Zwang« allein von der stillen Meditation der Weisen in einem Volke ausgeübt, wären solche Gesten sicher fehl am Platz. Aber die Geschichte lehrt uns, daß der »Zwang der Verhältnisse« auch »Libanon« heißen kann, oder »Jugoslawien«. Und angesichts solcher Entwicklungen verliert jede vorauseilende Hast ihre Lächerlichkeit. Zumal mein Vorsprung nicht sehr groß ist.

Auf sich selbst bezogen haben die westlichen Industriestaaten während der letzten 30 Jahre im großen und ganzen erfolgreich und prinzipiell richtig gehandelt. Sie haben dem Fundamentalprinzip des Handelns auf eigenes Risiko im Wettbewerb einen breiten Raum in ihrer politischen, wirtschaftlichen und sozialen Ordnung eingeräumt. Die Leistungsfähigkeit, die sie dabei erreichten, gab ihnen die Mittel, umfangreiche Unterstützung jenen zukommen zu lassen, die sich selbst nicht helfen können, den Kindern, Alten und Kranken. Leider haben sie sich in letzter Zeit mehr und mehr vom Bazillus der Bürokratie anstecken lassen.

Sie haben zudem in ihr Fundamentalprinzip des Handelns auf eigenes Risiko wesentliche Bereiche, nämlich unsere Umwelt, lange Zeit nicht einbezogen, weil sie nicht als knapper Faktor in Erscheinung trat. Dies hat sich während der letzten 15 Jahre deutlich gewandelt. Die beiden Ölkrisen haben gezeigt, daß die westlichen Industriestaaten auf die Herausforderung einer Ressourcenverknappung flexibel reagieren können. Da Umweltschäden nur mit großen Zeitverzögerungen spürbar werden, fehlt es leider z. Z. an ähnlichen Herausforderungen beim Umweltschutz. Immerhin nimmt die Bevölkerung ihre Umwelt heute als knappen Faktor zur Kenntnis. Unsere Jugend ist in hohem Maß für Umweltprobleme sensibilisiert, es besteht bei ihr eher die Gefahr, daß sie dabei andere wichtige Probleme aus den Augen verliert.

Die westlichen Industrienationen hätten mit ihrem System politischer Demokratie und sozialer Marktwirtschaft allen anderen Ländern ein Vorbild von großer Ausstrahlungskraft gegeben, hätten sie dieses Vorbild nicht mit ihrer Außenwirtschaftspolitik selbst wieder zunichte gemacht.

Bei einem Verzicht auf jegliche Dumpingmaßnahmen im Verkehr mit den armen Ländern – und hierzu ist der größte Teil unserer bisherigen Entwicklungshilfe hinzuzurechnen – wäre das Grundprinzip des Wirtschaftens auf eigenes Risiko von allen oder nahezu allen Ländern angewandt worden und hätte das wirtschaftliche Wachstum in diesen Ländern stark beschleunigt. Zumindest Hunger und Not wären heute aus der Welt verbannt und der wirtschaftliche Abstand zu den westlichen Industrieländern wäre darüber hinaus deutlich geringer.

Die Welt wäre deshalb nicht ohne Probleme und Streit, aber sie wäre frei von jener schrecklichen Frontstellung, die sich jetzt zwischen arm und reich aufgebaut hat und die über kurz oder lang zum gewaltsamen Zusammenstoß führen muß. Da sich die Eliten in den armen Ländern der Dritten Welt von uns korrumpieren ließen, haben ihre Völker ihre Identität verloren. Solange dies so bleibt, haben sie nur die Wahl zwischen fatalistischer Selbstaufgabe oder radikalem Ausbruchsversuch. In dieser Lage ist die Gefahr überaus groß, daß diese Völker – fast 50% ihrer Menschen sind unter 16 Jahre alt – ihre Identität in radikal-fundamentalistischen Glaubenssätzen neu zu finden suchen und zuerst ihre Länder und dann uns in ein Chaos stürzen. Ihre einzige wirkliche Chance liegt aber in geduldiger Arbeit, angeleitet von den eigenen Eliten, die endlich auf eigenes Risiko arbeiten.

Nur Japan und die vier »kleinen Tiger« haben der korrumpierenden Außenwirtschaftspolitik (einschließlich Entwicklungshilfe) des Westens erfolgreich widerstanden. Ihre Eliten haben sich das Wirtschaften auf eigenes Risiko unter Wettbewerbsbedingungen nicht nehmen lassen. Sie haben ihre Technologie nicht aus westlicher Entwicklungshilfe bezogen, sondern zuerst aus der Industriespionage im Westen und dann aus selbständiger Weiterentwicklung, und nun beginnt der Westen bereits dort den Hintergründen ihres technologischen Vorsprungs nachzuspionieren.

Auch die Eliten auf dem chinesischen Festland (VR China) werden es sich hoffentlich nicht nehmen lassen, westliche Leistungsprinzipien und westliche Technologie auf eigenes Risiko bei sich durchzusetzen.

Die Sowjetunion und der Ostblock haben dem Westen jahrzehntelang ein Gegenkonzept, den Kommunismus, entgegengesetzt und sind mit diesem Konzept gescheitert. Bis zum Zusammenbruch der Sowjetunion haben sich ihre Eliten nicht oder nur ansatzweise von der westlichen Außenwirtschaftspolitik korrumpieren lassen. Sie mußten ihre Importe voll bezahlen. Nur bei Grundnahrungsmitteln waren Dumpingelemente mit im Spiel. Auch erhielten sie keine Entwicklungshilfe.

Erst unter GORBATSCHOV begann auch die Korrumpierung dieser Eliten in einem so rasanten Tempo, daß die wirtschaftliche Lagebeurteilung des Giganten Rußland heute ähnlich hoffnungslose Züge aufweist wie jene des zwergenhaften afrikanischen Staates Guinea-Bissau, als ich ihn 1987 im Rahmen eines Strukturanpassungsprogramms der WELTBANK aufsuchte. Während uns die Situation Guinea-Bissaus noch relativ gleichgültig lassen konnte, ist dies jetzt bei Rußland nicht mehr möglich.

Unsere Außenwirtschaftspolitik droht uns wie ein Bumerang zu treffen. Worauf ist diese Außenwirtschaftspolitik zurückzuführen?

Die Politik des Dumping von Waren und Dienstleistungen und der Geschenksendungen (die ein Dumping zum Nulltarif darstellen) ist eine ganz simple Maßlosigkeit und unfaire Machtausweitung zu Lasten der Empfängerländer. Selbstverständlich verstößt dieses maßlose Handeln gegen die Grundsätze sozialer Marktwirtschaft und selbstverständlich muß soziale Marktwirtschaft im internationalen Handel gelten, soll sie überhaupt ernstgenommen werden.

Man gibt einem Geschäftspartner keinen Kredit, wenn man genau weiß, daß er seinen Kredit nicht zurückzahlen kann, weil er mit dem erhaltenen Geld entweder nur Konsumausgaben tätigt oder verlustreiche Investitionen durchführt, kurz: am Ende kein Geld hat, um Kapital + Zinsen zurückzuzahlen. Aber genau das tat der Westen 30 Jahre lang gegenüber den armen Ländern der Dritten Welt und seit fünf Jahren auch gegenüber der Zweiten Welt.

Und man macht einem anderen Land keine Geschenke (Nulltarif-Dumping), wenn man weiß, daß die Ware im Empfängerland lokale Produktion und Arbeitsplätze substituiert.

Aber genau das tat der Westen 30 Jahre lang gegenüber den armen Ländern der Dritten Welt und seit zwei Jahren auch gegenüber der Zweiten Welt.

Ein Markt (selbst ohne das Wörtchen »sozial« davorzustellen) kann nicht funktionieren, wenn ein Partner des Handels gleich nach der ersten Tauschoperation vom Markt verschwindet, weil er kein Geld mehr zu weiteren Tauschoperationen hat und – soll er doch weitermachen – sich dieses Geld zuvor vom anderen Partner zuerst leihen und dann schenken lassen muß.

Selbst in der Zeit üblen Manchester-Liberalismus in der ersten Hälfte des vorigen Jahrhunderts kam niemand auf den Gedanken, solche Praktiken im internationalen Handel vorzuschlagen oder gar anzuwenden.

DAVID RICARDO begründete seine klassische Freihandelslehre mit folgender Überlegung: »Zwei Menschen können sowohl Schuhe wie Hüte herstellen, und doch ist der eine dem anderen in beidem überlegen. Aber in der Herstellung von Hüten kann er seinen Konkurrenten nur mit einem Fünftel, in der von Schuhen um ein Drittel übertreffen. Wird es da nicht im Interesse beider liegen, daß der Überlegenere sich ausschließlich auf die Schuhmacherei und der weniger geschickte sich auf die Hutmacherei legen sollte?«

RICARDO und seine Anhänger sind häufig als Vertreter eines Wirtschaftsliberalismus angegriffen worden, der nur das Recht des Stärkeren kenne. Um wieviel fairer aber wäre heute der Welthandel, würden wir wenigstens dem Ricardoschen Grundsatz im Verhältnis zu den Ländern der Dritten Welt folgen. Um wieviel mehr Produkte, vor allem gewerblicher und industrieller Art, könnten dann diese Länder mit uns tauschen.

Tatsächlich ist nach 30 Jahren sog. Entwicklungszusammenarbeit das einzige, was diese Länder uns liefern dürfen, das, was wir aus klimatischen Gründen bei uns nicht herstellen können, wie Kaffee, Tee, Kakao, Baumwolle etc. Es steht zu vermuten, daß diese Länder gar nichts mehr exportieren würden, könnten wir auch jene Produkte bei uns erzeugen.

Wo unsere Dumpingpreise nicht ausreichen, um die lokale Produktion selbst von so einfachen Gütern wie Macheten zu unterbinden (siehe meine

Reise nach Guinea-Bissau), besorgen dies unsere Warengeschenke, die gebrauchten Altkleider von MISEREOR, die gebrauchten Schuhe von Herrn REGENTHAL usw.

Der RICARDO des Jahres 1992 ist kein müßiger Privatier wie der des vorigen Jahrhunderts, sondern der Leiter einer Hilfsorganisation. Dafür lautet sein Freihandelsmodell heute wie folgt: Derjenige, welcher Schuhe und Hüte teurer produziert, muß in Gottes Namen seine gesamte Produktion einstellen, aber es ist unsere christliche Pflicht, ihm eine Arbeitslosenunterstützung zu zahlen!

Hinter alledem stehen Aggression und Machtausweitung auch dort, und gerade dort, wo sie sich im Gewand christlicher Nächstenliebe verstecken. Das alles hat nichts mit Marktwirtschaft zu tun. Ein Markt funktioniert nur zwischen gleichberechtigten Partnern. Sind sie ungleich, muß der Stärkere dennoch die Spielregeln beachten, und die wichtigste lautet: Ich darf den Partner nicht in meine Abhängigkeit bringen.

Die Maßlosigkeit, mit der unsere Exportmanager wie unsere Hilfsorganisationen in der Dritten und seit kurzem auch in der Zweiten Welt unseriöse, weil für das Empfängerland schädliche Lieferaufträge an Land zogen, liegt nun beileibe nicht an ihnen allein, sondern an der Maßlosigkeit, in die unsere gesamte Gesellschaft nach und nach hineingeraten ist.

Nicht umsonst hat derjenige Ordnungspolitiker, dem wir die erfolgreiche Einführung der sozialen Marktwirtschaft in der Bundesrepublik verdanken, LUDWIG ERHARD, sein Wort vom »maßhalten« immer wieder mahnend, aber ohne viel Erfolg, wiederholt, in einer Zeit, in der wir im internationalen Handel noch recht schüchtern auftraten.

Unter allen gesellschaftspolitischen Gruppen, die nicht Maß gehalten haben, sind zuerst die Gewektschaften zu nennen. So unerläßlich ihre Existenz für das Funktionieren einer Demokratie und einer Marktwirtschaft ist, so unerläßlich ist es heute, sich darüber klarzuwerden, in welch schlimme Situation sie die westlichen Industrieländer gegenüber dem Rest der Welt gebracht haben. Während sich der technische Fortschritt seit 20 Jahren verstärkt auf die Bewahrung von Ressourcen (Umwelt) hätte konzentrieren müssen, haben ihn die Unternehmen unter dem Druck ständig steigender Lohnkosten auf die Substitution von Arbeit durch Kapital, sprich: Automation, hin orientiert. Dadurch hat die Produktion an Flexibilität verloren und an Umweltverbrauch und -belastung erheblich zugenommen. Mit dem Ergebnis, daß sie immer weniger zu einer Steigerung des Lebensstandards beitragen konnte, ja sogar zu ihrem Abbau führt.

Der hohe Automationsgrad, also die fortwährende Flucht vor den steigenden Lohnkosten, verlangte eine hohe Auslastung der Anlagen, um die Stückkosten zu senken, und mit diesem Imperativ im Reisegepäck wurden unsere Exportmanager auch mehr und mehr in die Dritte Welt geschickt, um, koste es, was es wolle, zusätzliche Aufträge an Land zu ziehen, und sei es auch nur zu den Grenzkosten der Produktion, um die Fixkostenbelastung der Anlagen reduzieren zu helfen. Welchem Exportvertreter wollte man da zumuten, unverrichteter Dinge von seiner Reise nach Afrika oder Lateinamerika zurückzukehren, um seinem Chef etwa zu berichten: »Ich hätte zwar meine Baumwollentkernungsanlage zum Preis X noch vor der amerikanischen Konkurrenz an den Staatsbetrieb Y verkaufen können, auch das Geschenk an den Direktor dieses Unternehmens und den Staatssekretär im Industrieministerium wären noch im Preis X unterzubringen gewesen, aber ich habe mein Angebot nicht unterbreitet, nachdem ich gesehen habe, daß es schon längst genug Entkernungsanlagen im Lande gibt, die nur bei 40% ihrer Kapazität arbeiten, weil sie von den nichtsnutzigen staatlichen Managern miserabel geführt werden.« Einem solchen Exportmanager hätte sein Chef geantwortet: »Guter Mann, holen Sie sich Ihre Papiere in der Personalabteilung und wechseln Sie schnellstens in einen anderen Beruf über!«

Was bewirkte aber der mit entwicklungsschädlichen Verkaufsmethoden im hochautomatisierten Anlagenbau mühsam erzielte Produktivitätsgewinn in der BRD, wenn er zuzüglich Inflationsrate regelmäßig zur Grundlage von Lohnerhöhungen in allen Bereichen von Wirtschaft und Verwaltung gemacht werden konnte? Wo bleibt, noch im Geltungsbereich der IG Metall, der Produktivitätsfortschritt z. B. bei meinem Klempner, den ich zu geringfügigen Reparaturarbeiten ins Haus bestellt habe? Wer kann solche Arbeiten bei Stundenverrechnungssätzen von 66,– (April 1992) noch bezahlen, und welche Produktivitätsfortschritte konnte ich während der letzten zehn Jahre bei seiner Arbeit beobachten? Wie schon vor zehn Jahren kommt der Geselle in Begleitung eines Gehilfen, der kaum etwas zu tun hat, und heute geht der Geselle dazu über, seine Arbeitsvorbereitung in mein Haus zu verlegen, die ich zu bezahlen habe. Von hier aus beginnt er, den Wasserhahn, den ich ihm schon zuvor präzise beschrieben hatte, beim Großhändler einzukaufen, gleichfalls mit seinem Gehilfen, und dann fällt ihm noch ein, daß er in der Werkstatt dieses oder jenes Werkzeug vergessen hat. Oft helfe ich ihm mit meinem Werkzeug aus, das weniger kostet als die Zeit, die er – auf meine Kosten natürlich – braucht, um es zu holen.

Nun gehen wir aus dem Geltungsbereich der IG Metal heraus und wenden uns der öffentlichen Verwaltung zu. Welche Produktivitätsfortschritte haben beispielsweise unsere lieben Lehrerinnen und Lehrer während der letzten zehn Jahre realisiert, oder gar unsere Herren Pastoren? Obwohl sie nichts derlei vorweisen können, werden ihre Gehälter notwendigerweise im gleichen Rhythmus mit angehoben, damit alle in etwa den gleichen Lebensstandard halten können. Wieviel arbeitsintensive Leistungen unserer öffentlichen Versorgungseinrichtungen sind aber auf diese Weise einfach zu teuer geworden und folglich in ihrem Niveau zurückgegangen. Das Niveau unseres Erziehungswesens ist – von der Grundschule bis zum Universitätsabschluß – während der letzten 30 Jahre kontinuierlich abgesunken. Wir muten es heute unseren Unternehmen zu, das mit Seminaren und Fortbildungskursen nachzuholen, was unser staatliches Erziehungswesen, aber auch unsere Eltern an Erziehung, einschließlich Umgangsformen, an unseren Kindern versäumt haben. Natürlich auch die Eltern! Dem Wunsch nach Doppelverdienst und der Emanzipation der Frau wurde ein Gutteil unserer Kindererziehung geopfert.

In dieser Maßlosigkeit haben sich die westlichen Industriestaaten etwa im Gleichschritt nach oben bewegt. Den Hauptschaden bei ihrem Vorgehen erlitten zum einen die Umwelt (Ressourcen), zum anderen die Länder der Dritten und nun auch der Zweiten Welt. Der internationale Handel fand im wesentlichen zwischen den reichen Ländern statt. Die aufkommende Konkurrenz der anderen Staaten wurde durch Korrumpierung ihrer Eliten unterbunden oder durch Zölle, Importbeschränkungen und Selbstbeschränkungsauflagen, die wir ihnen abverlangten, in deutlichen Grenzen gehalten. Gott sei Dank gibt es heute die Konkurrenz Japans und der »vier kleinen Tiger!« Man kann sich vorstellen, wohin der Westen seine Maßlosigkeit im Preisniveau moderner Industrieprodukte getrieben hätte, gäbe es nur ihn, der diese Produkte anbietet. Aber trotz dieser noch sehr zurückhaltend auftretenden fernöstlichen Konkurrenz hat unser Preisniveau im Vergleich zu jenem in der Dritten Welt eine geradezu perverse Höhe erreicht. Das erwähnte Beispiel aus Gambia, wo das Forstministerium mit 170 Beamten soviel im Jahr kostete wie ein einziger deutscher GTZ-Experte, mag zur Illustration dieser perversen Relation genügen.

Maßlosigkeit und Machtanspruch unserer Außenwirtschaftspolitik haben uns in eine Sackgasse geführt:

- Ein immer größerer Teil unserer Exporte muß durch die Allgemeinheit der Steuerzahler und Spender finanziert werden. Während die Unternehmen, die diese Exporte abwickeln, voll bezahlt werden und ihren Gewinn einstreichen, tragen Steuerzahler und Spender neben der finanziellen Last die kontinuierliche Verschlechterung ihrer Lebensqualität durch wachsende Umweltbelastung, werden von der Regierung mit dem Argument der allgemeinen Wirtschaftsbelebung vertröstet und dürfen darauf hoffen, daß sie vielleicht von den Durchsickereffekten etwas abbekommen. Beim relativ unbedeutenden Handel mit den armen Ländern der Dritten Welt konnte dieser simple Transfer vom Steuerzahler zu den Exportfirmen vor den Augen der Öffentlichkeit noch verborgen bzw. mit dem moralischen Anspruch einer Hilfe für die Dritte Welt verbunden werden. Durch das Ausmaß, das diese Praktiken künftig durch die rasch wachsende Bevölkerung der Dritten Welt und durch die Hinzunahme der Zweiten Welt, nicht zuletzt auch durch die Hinzunahme der neuen Bundesländer annehmen wird, geht das nicht mehr. Unsere Öffentlichkeit begreift, was mit ihr gespielt wird, und wird diesen Praktiken enge Grenzen setzen, vor allem wenn sie erfährt, daß damit der Zweiten und Dritten Welt nicht geholfen, sondern nur geschadet wird.
- Unsere bisherige korrumpierende Außenwirtschaftspolitik gegenüber der Zweiten und Dritten Welt verhindert das Wirtschaften der lokalen Eliten auf eigenes Risiko im Wettbewerb, verhindert einen raschen Anstieg von Produktion und Produktivität in diesem Teil der Welt und damit künftige Wohlstandsgewinne für uns aus einem ehrlichen Handel, der von beiden Seiten voll bezahlt werden kann.

- Unsere bisherige Außenwirtschaftspolitik (einschließlich Entwicklungshilfe) führt zu Selbstaufgabe und Identitätsverlust der Bevölkerung in den Ländern der Zweiten und Dritten Welt und damit zu einem Nachlassen der Eigenanstrengungen bei gleichzeitiger Zunahme der Umweltzerstörung in einem Ausmaß, das der Westen mit noch so vielen Transfers nicht ausgleichen könnte. Vielmehr wird jeder Transfer von Gütern und Diensten aus dem Westen die Lücke zwischen Bedarf und Eigenleistung im Süden und Osten weiter wachsen lassen und das Ausmaß der Umweltzerstörung vergrößern.

Es wird höchste Zeit, daß wir diese Entwicklung, die wir selbst ausgelöst haben, unter Kontrolle bringen, indem wir zu Maß und Mitte im Sinne LUDWIG ERHARDS zurückfinden. Es ist einfach Wahnsinn, in einer endlichen Welt mit endlichem Lebensraum und endlichen Ressourcen zu behaupten, die Wirtschaft könne ohne Wachstum, d. h. ohne positive Nettoinvestitionen nicht existieren. Jahrhundertelang vor uns hat sie dies gekonnt, und sie wird in den westlichen Industriestaaten sehr schnell wieder zu diesem Zustand zurückkehren müssen. Dann werden die Bruttoinvestitionen auf das Niveau der Ersatzinvestitionen für den bestehenden Produktionsapparat zurückgehen müssen. Ein Abweichen nach oben darf es dann nur in dem Maß geben, in dem ressourcenschonender technischer Fortschritt realisiert werden kann. Hätten frühere Jahrhunderte die Maßlosigkeit im Wachstum durch Ressourcenverzehr entwickelt, welche die Erste, Zweite und Dritte Welt in diesem 20. Jahrhundert entwickelt haben, wäre die Erde heute längst ein toter Planet.

Eine überzogene Investitionstätigkeit mit daraus resultierender überzogener Produktion suchte sich bislang freilich nicht nur auf den Exportmärkten ihren Absatz, sondern auch im Inland. Obgleich die damit zusammenhängende Problematik den Rahmen dieses Buches sprengt, versuche ich sie – ebenso wie die aus ihr zu ziehenden Konsequenzen – im folgenden in knapper Form zu umreißen.

Als ein Mittel überzogenen Wachstumsstrebens wird bei uns seit Jahren eine aggressive Werbung beklagt, welche die Absicht verfolge, den privaten Konsum über die eigentlichen Bedürfnisse der Menschen hinaus zu steigern. Nun können die »eigentlichen« Bedürfnisse der Menschen nicht anders geltend gemacht werden, als durch diese Individuen selbst. Die Erfahrung lehrt auch, daß sie sich durch Werbung weit weniger manipulieren lassen, als dies vielfach angenommen wird. Welchen Konsum ein Individuum zu seinem Glück braucht, ist innerhalb der durch die Ressourcenerhaltung gebotenen Grenzen Sache jedes einzelnen, seiner persönlichen Entwicklung und der damit verbundenen Lernprozesse.

Gänzlich anders dagegen ist die Investitionstätigkeit der öffentlichen Hand (Bund, Länder, Kommunen) zu beurteilen, wenn sie überzogenes Wachstum verfolgt. Wann beginnt überzogenes Wachstum durch die öffentliche Hand?

In den dreißiger Jahren setzte man – gestützt auf die Erkenntnisse des Nationalökonomen J. M. KEYNES – kreditfinanzierte Ausgaben der öffentlichen Hand (deficit spending) erstmals bewußt als Mittel der Konjunkturpolitik ein. In einer Phase der konjunkturellen Depression sollten durch kreditfinanzierte öffentliche Ausgaben und die damit erreichten direkten und indirekten – d. h. über den Multiplikatoreffekt erzielten – Einkommenswirkungen im privaten Sektor unterbeschäftigte Produktionsanlagen der Wirtschaft wieder zur Vollbeschäftigung gebracht werden. Umgekehrt sollte in einer Phase der konjunkturellen Überhitzung durch Schuldentilgung und Kürzung öffentlicher Ausgaben (surplus saving) ein konjunkturdämpfender Einfluß der öffentlichen Hand ausgeübt werden.

Dieses prinzipiell nützliche Instrumentarium wurde indessen in der Praxis der westlichen Industrieländer während der letzten Jahrzehnte immer mehr zu einem Instrument kontinuierlichen wirtschaftlichen Wachstums mißbraucht, das nichts mehr mit der Regulierung von Konjunkturschwankungen zu tun hatte. Die Maßlosigkeit solcher Wachstumspolitik durch kreditfinanzierte öffentliche Ausgaben zeigte sich in zweifacher Weise:

- im Anstieg der öffentlichen Verschuldung:
  Diese stieg immer mehr an, weil dem »deficit spending« kein entsprechendes »surplus saving« folgte. Die Schuldentilgung blieb immer mehr hinter der Neuverschuldung zurück. In der BRD stieg die öffentliche Schuld (Bund, Länder, Gemeinden) von 30% des Volkseinkommens im Jahre 1960 auf 57% im Jahre 1988 an.
- im Anstieg unrentabler, nutzloser oder umweltschädigender öffentlicher Investitionen:
  Ein immer größerer Teil der öffentlichen Investitionen weist keine Rentabilität auf bzw. wirft keinen oder nur noch geringen Nutzen für den Bürger ab oder wirkt umweltschädigend und wird nur noch wegen der Einkommenswirkung der Investitionsausgabe getätigt.

Läßt z. B. eine Stadt durch Schuldenaufnahme ein Kongreßzentrum errichten, für das kein ausreichender Bedarf vorliegt mit der Folge, daß die Einnahmen des Zentrums zur Deckung der Kosten und zur Schuldentilgung nicht ausreichen, so ergibt sich dadurch per saldo kein Wohlfahrtszuwachs für die Bürger, sondern lediglich eine Umverteilung von Mitteln von der Allgemeinheit der Steuerzahler zu den Bauunternehmern und ihren Beschäftigten, mit gewissen, meist schwer zu messenden Multiplikatorwirkungen in anderen Wirtschaftsbereichen. Diese sekundären Einkommenswirkungen der Investitionsausgabe bleiben aber in jedem Falle bei einer solchen unrentablen Investition für den Bürger hinter seiner Steuerbelastung weit zurück.

Würde das Kongreßzentrum durch eine einmalige Umlage der Bürger finanziert, würde dieses Mißverhältnis sehr schnell offenbar, und solche Investitionen würden nach den ersten schlechten Erfahrungen der Bürger von vornherein am Widerstand derselben scheitern. Damit die Bürger dieses Mißverhältnis nicht, oder nur in Teilen zu spüren bekommen, wählt man den Weg der öffentlichen Verschuldung. Die wachsende öffentliche Schuldenlast spürt der Bürger erst dann, wenn die Steuern erhöht werden müssen, um den wachsenden Kapitaldienst (Zinsen + Tilgung) der öffentlichen Schuld zu bezahlen.

In seiner vollen Konsequenz trifft den Bürger die wachsende öffentliche Schuldenlast aber erst bei der Insolvenz der öffentlichen Hand, d. h. dem Staatsbankrott. Die reichen westlichen Staaten konnten diesen während der letzten Jahrzehnte im Gegensatz zu zahlreichen armen Ländern vermeiden, was sie offensichtlich in der Vorstellung bestärkt hat, die Politik wachsender Staatsverschuldung ungeniert fortsetzen zu können (siehe USA, siehe BRD).

Im Gegensatz zu den armen Ländern wird den reichen Ländern im Falle des Staatsbankrotts aber nicht das Ausland mit Schuldenerlaß zu Hilfe kommen. Vielmehr werden ihre Bürger, insbesondere jene mit Ersparnissen, in vollem Umfang zur Tilgung der öffentlichen Schuld zur Kasse gebeten werden.

Die Politik der wachsenden öffentlichen Verschuldung mit dem Zweck kontinuierlicher Produktionssteigerung hat nichts mit sozialer Marktwirtschaft zu tun. Sie ist ein schleichendes planwirtschaftliches Gift in unserer Wirtschaftsordnung, sie ist unsozial und ungerecht. Sie stellt ein Wirtschaften auf fremdes Risiko dar. Die Investitionsentscheidungen werden nicht von den Bürgern getroffen, welche das Risiko mangelnder Rentabilität, zu geringer Nutzenstiftung und möglicher Umweltschädigung tragen. Auch gewählte Stadträte und Abgeordnete nehmen ihnen dieses Risiko ja nicht ab. Ihr Risiko beschränkt sich lediglich darauf, bei der nächsten Wahl nicht mehr gewählt zu werden, und das ist zu wenig.

Die Fehler unserer Außenwirtschaftspolitik (einschließlich Entwicklungshilfe) gegenüber der Dritten und jetzt auch gegenüber der Zweiten Welt sind also nur ein Teilbereich – wenn auch ein zunehmend wichtiger – einer ganz allgemein überzogenen Wachstumspolitik der westlichen Industriestaaten.

Im Zentrum dieser überzogenen Wachstumspolitik stehen die Sozialpartner, also die Arbeitgeber- und Arbeitnehmervertreter. Ihrem Hase-und-Igel-Wettlauf verdanken die westlichen Industrieländer einen Großteil ihrer Maßlosigkeit. Sie besteht in der zur fixen Idee festgefahrenen Vorstellung der Gewerkschaften, das Realeinkommen der Arbeitnehmer müsse kontinuierlich und grenzenlos wachsen können, und der Vorstellung der Arbeitgeber, sie könne diese fixe Idee durch kontinuierliche Ausweitung der Produktion bei gleichzeitigem Wachstum ihrer Unternehmergewinne realisieren.

Noch gibt es in den westlichen Ländern kaum einen Politiker, der es wagt, die Vorstellung kontinuierlichen Wachstums der Einkommen durch kontinuierliche Produktionssteigerung öffentlich als unrealistisch und im Hinblick auf unsere begrenzten Ressourcen als selbstzerstörerisch zu bezeichnen, und der vorschlägt, die Vollbeschäftigung beispielsweise durch Kürzung der Arbeitszeit ohne Lohnausgleich bzw. durch gleichmäßigere Verteilung der vorhandenen Arbeit unter den Arbeitsuchenden sicherzustellen.

Es hat den Anschein, als würden unsere westlichen Demokratien immer mehr in einer Art Geheimdiplomatie der Interessenverbände verkommen. In Demokratie und sozialer Marktwirtschaft gehört zwar der Kompromiß zwischen unterschiedlichen Interessen zum täglichen Geschäft. Beide, Demokratie und Marktwirtschaft, verkommen aber nicht nur unter dem Dogma einer Ideologie, die bestimmte gesellschaftliche Gruppen von vornherein ausgrenzt, sondern ebenso unter dem Gewurstel fauler Kompromisse. Die reine Lehre der Ideologie führt zur Diktatur, die faulen Kompromisse führen zur Anarchie und dann gleichfalls zur Diktatur. Faul sind die Kompromisse regelmäßig dann, wenn sie über die Köpfe von denen, die sie letztlich zu finanzieren haben, nämlich die Bürger, hinweg ausgehandelt werden und die Bürger weder über ihre Konsequenzen rechtzeitig informiert werden noch in ausreichendem Maße an ihrem Zustandekommen beteiligt sind. Die Geltendmachung originärer demokratischer Rechte muß aber jedem Bürger ermöglicht werden, ohne daß sich dieser erst in einer pressure group organisiert. Der reichlich erschütterte Glaube des Volkes daran, daß von ihm die Macht ausgeht, wie es in der Verfassung heißt, kann m. E. nur durch zweierlei Maßnahmen nachhaltig gestärkt und seine Staatsverdrossenheit beseitigt werden:

- es muß einerseits mehr unparteiischer Sachverstand in die Ordnungspolitik Eingang finden,
- es muß andererseits in Fragen, die nicht Gegenstand von Sachverstand, sondern von politischen Optionen sind, dem Bürger mehr direkte Entscheidungsfreiheit gegeben werden.

Bislang spielt nur in einem Bereich unparteiischer Sachverstand die ordnungspolitische Rolle, die ihm zukommt, nämlich in der Währungspolitik, realisiert und durch die Bundesbank, mit ihrer klar definierten, von der jeweiligen Regierung unabhängigen Aufgabe. Noch vor jeder Regierungsarbeit ist die marktwirtschaftliche Ordnungspolitik der deutschen Bundesbank das Faktum gewesen, auf das der Bürger während der letzten 30 Jahre sein Vertrauen setzen konnte. Da auch eine unabhängige Bundesbank die Währung bei kontinuierlich wachsender Staatsverschuldung nicht stabil halten kann, erscheint eine Begrenzung der Staatsverschuldung auf einen bestimmten Prozentsatz des Volkseinkommens in der Verfassung dringend geboten. Damit wird die Regierung gezwungen, deutlich unter dieser Grenze zu bleiben, wenn sie das Instrument des Konjunkturausgleichs durch staatliche kreditfinanzierte Ausgabentätigkeit behalten will.

Erhöhungen der Staatsausgaben werden dann rascher zu Steuererhöhungen führen müssen, was zu mehr Ehrlichkeit der Regierung gegenüber den Bürgern beiträgt und das Interesse der Bürger an Mitentscheidung stärkt.

Es gibt zumindest zwei weitere Bereiche unseres wirtschaftlichen und sozialen Lebens, in denen in gleicher Weise wie bei der Bundesbank unabhängiger Sachverstand einen ordnungspolitischen Beitrag leisten sollte. Dies ist einmal die Wettbewerbspolitik, zum anderen der Umweltschutz.

Was die Wettbewerbspolitik anbelangt, so lehrt die Erfahrung, daß eine soziale Marktwirtschaft mit einem funktionsfähigen Wettbewerb ganz entscheidend von der Erhaltung einer klein- und mittelständischen Unternehmensstruktur abhängt.

Unsere Wettbewerbspolitik ist während der letzten 15 Jahre weltweit, aber auch innerhalb der Bundesrepublik in einen recht verkommenen Zustand geraten. Seither wird mehr der Anhäufung wirtschaftlicher Macht und ihrem rigorosen Einsatz gefrönt, während die Erhaltung wettbewerbsfördernder Strukturen hintan bleibt.

Wir wissen genau, daß z. B. Baden-Württemberg seine hervorragende Wirtschaftskraft der Vielzahl kleiner und mittlerer Privatunternehmen verdankt und nicht den Giganten Daimler-Benz, Bosch und IBM.

Unsere Wettbewerbshüter in den westlichen Industriestaaten wissen auch genau, daß der größte Teil unserer westlichen Konzerne längst die Größe überschritten hat, die durch technischen Fortschritt, durch Massenfertigung zum Zweck der Stückkostensenkung bedingt ist, sondern in Dimensionen hineingewachsen ist und ständig weiter hineinwächst, die nur der Ausübung von Macht und der Ausschaltung von Wettbewerb dienen, aber sie werden überfahren von politischen Interessen, die diese Machtausweitung fördern wollen.

Perverser Höhepunkt dieses Machtstrebens ist der ungezügelte Wettstreit im Ankauf kleiner und mittlerer Unternehmen, vorwiegend in den USA, aber auch in Europa, durch Ausgabe von Anleihen, sog. junk bonds, die nur dem Zweck dienen, machtvolle Konzerngebilde zusammenzuschachern. Die Börse spielte das üble Spiel lange Zeit mit und suggerierte dem naiven Publikum spekulative Wertzuwächse. Tatsächlich haben die dergestalt unter eine zentrale Führung gebrachten Unternehmen nur höchst selten an Leistungskraft gewonnen, und eine Spekulation hierauf erwies sich als Seifenblase. Wären solche Machtgebilde besondes leistungsfähig, wäre das Sowjetimperium nicht zusammengebrochen und die Eliten der Dritten Welt hätten inzwischen eine blühende Wirtschaft entwickelt.

Unsere Wettbewerbshüter wissen auch genau um die besonders labile Wettbewerbssituation, die auf oligopolistisch strukturierten Märkten herrscht, also auf Märkten mit nur wenigen Anbietern oder Nachfragern. Ein Wettkampf zwischen ihnen nimmt sehr leicht ruinösen Charakter an, daher besteht die Neigung zu wettbewerbsbeschränkenden Absprachen. Nirgendwo ist es leichter, solche Absprachen zu treffen, als unter wenigen Marktteilnehmern, und nie ist es für eine Kartellbehörde schwieriger, solche Absprachen nachzuweisen.

Auf oligopolistisch strukturierten Märkten gibt es praktisch keinen Preiswettbewerb mehr unter den Anbietern. Daher ist es für einen funktionierenden Wettbewerb so wichtig, daß eine Vielzahl von Anbietern und Nachfragern am Markt sind. Tatsächlich sind aber heute immer mehr Märkte oligopolistisch strukturiert.

Es gibt heute immer weniger Kommunisten, welche die soziale Marktwirtschaft bekämpfen, aber immer mehr machthungrige Manager, welche sie mißbrauchen und von innen her aushöhlen. Diese machthungrigen Manager sind auch nur selten Eigentümerunternehmer, sondern meist Funktionäre von Kapitalgesellschaften. Sie kommen dem Funktionär von Staatsgesellschaften und seinem Wirtschaften auf fremdes Risiko sehr nahe, und die junk-bond-Konzernherren haben ihr Wirtschaften auf Risiko des ahnungslosen Anleihepublikums schon zur Perfektion entwickelt.

Was zur Aufrechterhaltung eines funktionierenden Wettbewerbs erforderlich ist, wissen die Fachleute auf diesem Gebiet so gut wie auf dem Gebiet der Stabilhaltung der Währung. Unsere Kartellbehörde kann aber ihre äußerst wichtige Funktion zur Wahrung unserer sozialen Marktwirtschaft erst dann ausüben, wenn sie in gleicher Weise wie die Bundesbank unabhängig und nur ihrer Aufgabe verpflichtet ist.

Würde man den Kartellbehörden in den westlichen Industriestaaten diese selbständige Aufgabe übertragen, so würde dies zur längst überfälligen Entflechtung einer ganzen Reihe von Großkonzernen führen. Zur Machtbefugnis dieser Kartellbehörden müßte es auch gehören, unfaire, weil allein auf Marktmacht und nicht auf Leistung beruhende ausländische Konkurrenz abzuwehren. Sie müßten folglich die Befugnis zu Antidumpingmaßnahmen im internationalen Handel erhalten.

Ganz in gleicher Weise wäre das Bundesumweltamt mit der unabhängigen Aufgabe der Sicherung und dem schonenden Umgang mit unseren allgemeinen Ressourcen zu betreuen. Was Schadstoff ist und was Raubbau an unseren Ressourcen darstellt und welche Grenzwerte hierbei vorzugeben sind, ist schließlich keine Frage von politischen Mehrheitsentscheidungen.

Da wir uns in der Erzeugung von Schadstoffen und im Ressourcenraubbau schon sehr weit nach vorne gewagt haben und die zulässigen Grenzwerte nicht von heute auf morgen unterschreiten können, kann lediglich die Übergangsphase zu umweltpolitisch geordneten Verhältnissen im Bereich politischer Option gehalten werden. Es wäre daher zunächst vorrangige Aufgabe des Bundesumweltamtes, den Rahmen festzulegen, der für »umweltpolitisch geordnete Verhältnisse« gelten muß mit der Angabe dessen, was sich im Bereich von Produktion und Konsum alles zu ändern hat, um zu solchen Verhältnissen zu gelangen. Danach wäre es eine Frage politischer Entscheidung, das Tempo zu bestimmen, mit welchem wir uns solchen geordneten Verhältnissen nähern sollen. In gleicher Weise, wie dem Bundeskartellamt das Recht zustehen sollte, ausländische Dumpingangebote abzuwehren, sollte dem Umweltamt das Recht zustehen, den Import von Waren, die durch umweltschädigende Produktionsverfahren hergestellt wurden, zu untersagen.

Soviel zum unparteiischen Sachverstand.

Was die unmittelbare Beteiligung des Bürges an politischen Optionen anbelangt, sollte dem Bürgerentscheid vor allem im kommunalpolitischen Bereich, aber auch in allen wichtigen nationalen Fragen eine ihm längst gebührende Rolle in der Verfassung eingeräumt werden. Wer hier verächtlich von Plebiszit spricht, sollte wissen, daß wir keine Plebejer sind. Wir haben nicht Kaiser und Könige in Pension geschickt, um uns hernach von Bürokraten und Spesenrittern bevormunden zu lassen. Auch hier ist dem Wirtschaften auf eigenes Risiko mehr Geltung zu verschaffen, was nur durch mehr Selbstbeteiligung des Bürgers an politischen Entscheidungen erreicht werden kann. Der Bürger ist an der Lösung von Sachproblemen interessiert. Statt dessen ist die Medienberichterstattung voll vom eitlen Karussell der Parlamentarier und Regierungsbeamten, das ihn in zunehmendem Maße langweilt und anwidert. Der Bürger hat klare Vorstellungen und Wünsche, was die Lösung bestimmter Sachfragen angeht, und kann sich durch sein Wahlrecht, das ihm lediglich alle vier Jahre die Möglichkei einräumt, eine Partei mit vagem und alles versprechendem Wahlprogramm zu wählen, nur entmündigt fühlen.

Ist das Recht der Schweizer Bürger auf Volksentscheid etwa ein Zeichen unterentwickelten Demokratieverständnisses? Unsere Parlamentarier wissen, daß das Gegenteil der Fall ist, und die faule Entschuldigung, so etwas sei nur in einem kleinen Staat möglich, ist nun gar zu dumm!

Es war unverantwortlich, über die Frage des Beitritts der DDR-Bevölkerung zur BRD nicht die gesamte deutsche Bevölkerung direkt abstimmen zu lassen, und es ist ebenso unverantwortlich, ihr ein direktes Wahlrecht über die Frage der Aufgabe wichtiger Hoheitsrechte, wie der Währungshoheit in der Europäischen Gemeinschaft, vorzuenthalten.

Ganz im gleichen Sinne erscheint es wichtig, auch innerhalb unserer Gewerkschaften für mehr Demokratie zu sorgen, was nur gewährleistet ist, wenn alle Arbeitnehmer eines Wirtschaftszweiges auch Mitglied in der sie vertretenden Gewerkschaft sind. Es ist nicht akzeptabel, daß hier oft eine Minderheit die Entscheidung über Arbeitsniederlegungen treffen kann. Wir räumen jedem Bürger mit großer Selbstverständlichkeit bei Erreichen der Volljährigkeit ein Wahlrecht auf Gemeinde-, Landes- und Bundesebene ein und erwarten mit der gleichen Selbstverständlichkeit seine Beteiligung an den Steuern und Abgaben dieser Gebietskörperschaften. Bei den hochpolitischen Fragen der Gestaltung der Arbeitsbedingungen, insbesondere der Lohnhöhe, machen wir sein Stimmrecht von seinem freiwilligen Beitritt in eine Gewerkschaft abhängig, der wir das Recht einräumen, die Lohnhöhe auch für Nichtmitglieder festzulegen. Angesichts der herausragenden politischen Bedeutung, die den Arbeitsbedingungen zukommt, sollten wir dem Bürger auch hier nicht erlauben, sich vor der Beteiligung an Beiträgen ebenso zu drücken wie am Tragen politischer Verantwortung durch Stimmabgabe.

Diese knappen und konzentrierten Bemerkungen und Vorschläge zur allge meinen Situation überzogener Wachstumspolitik der westlichen Industriestaaten (einschließlich Japans) ließen sich weit detaillierter darstellen, würden jedoch den Rahmen dieses Buches überschreiten. Das folgende Kapitel »Aktionsbereiche und Maßnahmen« beschränkt sich wieder auf das Verhältnis der reichen zu den armen Ländern.

2 Aktionsbereiche und Maßnahmen

2.1 Politischer Föderalismus

Ein gewisses Unternehmen, das die Lungen seiner Kunden vergiftet, suggerierte uns in letzter Zeit in seiner Plakatwerbung Völkerverständigung unter dem Slogan: »Come together.« Tatsächlich handelt es sich bei dem Ganzen nur um schädlichen blauen Dunst. Blauen Dunst, weil es uns die Tatsache verschleiert, daß wir längst »together« sind, nämlich auf dieser Erde, so wie sie gewachsen ist und mit allem, was heute auf ihr lebt, und schädlich, weil sie uns die Aufnahme von Ausländern in die BRD suggeriert, was sich – wie wir gesehen haben – für das Ausland als ganz überwiegend entwicklungsschädlich erweist.

Das Prinzip des Wirtschaftens auf eigenes Risiko ist nur möglich im Zustand existenzieller Verbundenheit mit den Produktionsfaktoren, das ein Ausweichen nicht erlaubt.

Ich habe dargestellt, daß der Kontakt, den der industrielle Westen zu den Ländern der Dritten und nunmehr auch der Zweiten Welt hergestellt hat, mit ganz wenigen Ausnahmen dazu führte, daß die Eliten dieser Länder vor der Aufgabe des Wirtschaftens auf eigenes Risiko im politischen wie im wirtschaftlichen Bereich ausgewichen sind und ihren Aufgaben nicht mehr nachkommen. Statt dessen sind westliche Hilfsorganisationen mit ihren Projekten und westliche Konzerne mit ihren lokalen Niederlassungen mehr und mehr in die Rolle der lokalen Eliten usurpiert.

Wir stehen vor der Frage, ob wir den eingeschlagenen Weg künftig weiter voranschreiten und die lokalen Eliten nach und nach vollständig verdrängen – ihnen etwa ein Pensionsrecht auf den Bermudas einräumen – sollten, oder ob wir dazu beitragen wollen, daß sie ihr Ausweichen vor ihren originären Aufgaben endlich aufgeben. Für jeden, der sich den Prinzipien politischer Demokratie und sozialer Marktwirtschaft, also dem darunterliegenden Fundamentalprinzip des Wirtschaftens auf eigenes Risiko verbunden fühlt, kann dies keine Frage sein. Wenn unsere Weltbevölkerung nicht schon während der nächsten 30 Jahre, in der sie sich in den armen Ländern der Dritten Welt verdoppeln wird, in ein Chaos an Selbstaufgabe, Verantwortungslosigkeit und Verlassen der Heimat einmünden soll, muß politische Verantwortung regional breit gestreut werden. Sie muß dort wieder verankert werden, wo sie während der vergangenen 30 Jahre in unverantwortlicher Weise gelockert wurde, und sie darf dort nicht gelockert werden, wo sie derzeit noch verankert ist.

Ich meine, unter diesem Gesichtswinkel sollten wir auch die Frage nach dem Sinn oder Unsinn einer weiteren Zentralisierung der politischen Verantwortung in Europa betrachten.

Die Notwendigkeit einer gemeinsamen europäischen Währung wie auch der Zentralisierung wichtiger Entscheidungen in gesamteuropäischen Institutionen, wie Europaparlament und Europäische Kommission, wurde während der vergangenen Jahre häufig mit dem Hinweis auf die USA begründet, den man etwas Ebenbürtiges gegenüberstellen müsse, so wie man auch die Fusionswelle unter den europäischen Unternehmen zur Vorbereitung auf den Gemeinsamen Markt damit begründet hatte, man müsse den amerikanischen Wirtschaftsgiganten Paroli bieten.

Dies scheint auf den ersten Blick einleuchtend, bei näherem Hinsehen jedoch nicht mehr. Denn die vereinigten Staaten von Europa sind bei ihrem vollständigen Zusammenschluß Ende des 20. Jahrhunderts etwas gänzlich anderes als die USA bei ihrer Entstehung im 18. und frühen 19. Jahrhundert. Für die Bevölkerung der USA war der nordamerikanische Kontinent eine tabula rasa zur Besiedlung, Besitzergreifung und Expansion, nachdem die Urbevölkerung weitgehend ausgerottet und ihre Reste in Reservate verbannt waren. Es steht mir fern, den »melting pot« zu kritisieren, den die amerikanische Gesellschaft heute darstellt, sie hat zweifellos ihre eigene unverwechselbare Identität gewonnen, aber die Völker Europas und die meisten Staaten dieser Erde sind nunmal kein »melting pot«. Ihre Vielfalt im Aussehen, in den Lebensgewohnheiten und in ihren Leistungen gehören zum Schönsten, was die Menschheit hervorgebracht hat, sie ist zugleich ein Abbild unserer göttlichen Schöpfung und ihres Weges von der Einfalt zur Vielfalt. Wollen wir dem Fingerzeig unseres Schöpfers folgen, so besteht unsere politische Aufgabe darin, die Vielfalt zu harmonischem Nebeneinander und damit auch zu einem Miteinander ohne Aufdringlichkeit, Bevormundung, Abhängigkeit oder Selbstaufgabe zu bringen. D. h. zugleich auch, Vielfalt in der wirtschaftlichen Effizienz der Völker zu akzeptieren. Wer das Wesen der Demokratie und der sozialen Marktwirtschaft auch nur ein bißchen verinnerlicht hat, weiß, daß ein gut Stück ihres Wesens in der Machtbegrenzung und im Verzicht auf Ausübung von Macht zum Zweck der Teilnahme aller am gesellschaftlichen Geschehen und am Markt bedeutet.

Diese Machtbegrenzung muß auch in regionaler Hinsicht gelten. Anders ist das Prinzip des Wirtschaftens auf eigenes Risiko nicht durchzusetzen. Jeder überzogene Zentralismus ist politisch undemokratisch und wirtschaftspolitisch dirigistisch. Er führt zur Steuerung auf fremdes Risiko. Was dabei herauskommt, ist die Unterdrückung von Regionen und die Ineffizienz im Management, sowohl der Ordungsmacht wie der privaten Unternehmen.

Welch ein Dilemma steht hinter dem bekannten Satz: Rußland ist groß, und der Zar ist weit. Soll dieses Dilemma nun auch für Europa in bezug auf die gesamteuropäischen Institutionen Geltung erhalten? Politisch, wirtschaftlich, kulturell und sozial betrachtet ist Westeuropa keine tabula rasa, sondern von gewachsener Vielfalt und verlangt eine ebenso vielfältig abgestimmte, maßgeschneiderte Politik. Wie soll diese maßgeschneiderte Politik durch zentrale gesamteuropäische Organe gewährleistet werden? Wie soll z. B. eine Europäische Notenbank die Konjunktur in der BRD mit hohen Zinsen drosseln und gleichzeitig die Depression in anderen Ländern mit niedrigen Zinsen überwinden helfen? Das gleiche Problem bestünde für eine gesamteuropäische Budgetpolitik, wenn in einem Land »surplus saving«, im anderen aber »deficit spending« angesagt ist. Wäre aber eine europäische Notenbank oder ein gesamteuropäisches Budget gezwungen, eine regional differenzierte Währungs- und Haushaltspolitik zu führen, wäre es von vornherein besser, diese Politik föderativen politischen Instanzen zu überlassen, da sie effizienter sind und ihrer Bevölkerung gegenüber besser haften können. Tatsächlich kann aber eine europäische Zentralbank gar keine differenzierte, sondern nur eine pauschale Währungspolitik verfolgen, das gleiche würde für ein gesamteuropäisches Budget gelten. Dadurch würden beide ebenso rigide und ineffizient wie all jene zentralistischen Systeme, die wir schon kennen. Vor allem würden sie in keiner Weise integrierend zwischen den Mitgliedsländern wirken. Alles, was seit 1951 an Integration unter den westeuropäischen Völkern erreicht wurde, konnte nur deshalb erreicht werden, weil ihre Staaten ihre Souveränität nahezu vollständig behielten und die Harmonisierung der Lebensverhältnisse zwischen den Bevölkerungen in der vollen politischen und wirtschaftlichen Verantwortung jedes Staates und seiner Regierung verblieb. Es besteht ein fundamentaler Unterschied zwischen der laufenden Koordinierung und Harmonisierung unabhängiger Staaten und der Unterwerfung unter eine zentrale Bürokratie.

Kommen wir zur Sache. Was haben wir vom totalen wirtschaftlichen und fortgeschrittenen politischen Zusammenschluß unter einheitlicher Währung zu erwarten, und wer in Europa erhofft sich etwas von dieser fortgeschrittenen Integration?

Das bisherige Verhalten der westlichen Industriestaaten in bezug auf die Dritte und jetzt auch die Zweite Welt wie auch die Erfahrungen aus zwei Jahren deutschem »Aufschwung Ost« geben uns hierzu sehr gute Anhaltspunkte.

Die Industrie in der Bundesrepublik, den Benelux-Ländern, Frankreich und England erhofft sich Wachstumsimpulse. Woher sollen diese Wachstumsimpulse kommen?

Erstens durch den Ankauf von Unternehmen in den wirtschaftlich schwächeren Ländern Griechenland, Italien, Spanien, Portugal und Irland. Zweitens durch die Zulassung der Einwanderung von Ausländern aus Nicht-EG-Staaten. Drittens durch die Aussicht auf Produktivitätssteigerung und dem damit verbundenen Anstieg des Lebensstandards, insbesondere in den bislang wirtschaftlich schwächeren Mitgliedsländern.

Das Ganze sieht wirtschaftlich gesehen recht gut aus, nur im politischen und gesellschaftlichen Bereich hapert es.

Der höhere Automationsgrad, der künftig mit moderner Technologie ausgerüsteten Betriebe in den wirtschaftlich schwächeren EG-Ländern wird dort Arbeitskräfte freisetzen. Diese sind entweder durch Mittel aus einem europäischen Sozialfonds zu unterstützen, den die reichen Länder, welche die modernen Anlagen lieferten, finanzieren müssen, oder es müssen weitere industrielle Arbeitsplätze in den ärmeren Mitgliedsländern finanziert werden. Die dadurch bewirkte abermals ausgeweitete Produktion wird zwangsläufig verstärkt auf dem Weltmarkt angeboten werden müssen, d. h. in den Ländern der Zweiten und Dritten Welt, die diese Produkte nur auf der Basis von Dumpingangeboten und Geschenksendungen annehmen werden, wodurch sich die ganzen in diesem Buch schon sattsam beschriebenen Effekte importierter Arbeitslosigkeit für die Zweite und Dritte Welt in verschärfter Form fortsetzen werden.

Eine weitere Möglichkeit zumindest vorübergehender Einkommenswirkungen liegt in der Durchführung von Infrastrukturprojekten, wiederum unter Bevorzugung der strukturschwachen EG-Mitgliedsländer, finanziert aus einem speziellen Strukturfonds der EG. Dies gibt Beschäftigungsimpulse vor allem auf dem Bausektor. Die erhöhte Nachfrage nach Bauarbeitern muß mangels lokalem Angebot weitgehend durch Ausländer aus Nicht-EG-Staaten befriedigt werden.

Die Wirkung für die Bevölkerung wird deutlich.

Zunächst wird das politische Gewicht von regionalen und länderbezogenen Instanzen auf zwei Ebenen verlagert:

- Auf die mehr und mehr gesamteuropäisch agierenden Konzerne. Ihre Manager usurpieren in eine mehr und mehr politische Rolle, der die demokratische Legitimation fehlt. Sie entscheiden weitgehend über die Entwicklung von Wirtschaftsregionen.
- Auf die Struktur- und Sozialfonds der EG-Kommission. Während in den Konzernen mehr und mehr politische Entscheidungen getroffen werden, denen eine demokratische Legitimation fehlt, werden in der EG-Kommission mehr und mehr politische Entscheidungen getroffen, denen jede wirtschaftliche Effizienz abgeht (vgl. Anlage 13.)

Es ist einleuchtend, daß unter diesen Bedingungen das politische Klima in der Bevölkerung der Mitgliedsländer ganz allgemein aufgeheizt wird:

- Die Steuerzahler in den reicheren Ländern werden zunehmend darüber aufgebracht sein, daß sie in Struktur- und Sozialfonds einzahlen sollen, ohne an den Gewinnen ihrer Industrie angemessen beteiligt zu sein.
- Die Bevölkerung in den ärmeren Ländern der Gemeinschaft wird sich darüber beklagen, daß die strukturfördernden Projekte über ihre Köpfe hinweg geplant und durchgeführt werden, daß an ihnen vorzugsweise Baufirmen und ausländische Arbeiskräfte, aber auch jede Menge Subventionserschleicher bei der EG verdienen, während ihre Umwelt verbaut und geschädigt wird.
- Alle werden sich darüber beklagen, daß sie fremdgesteuert werden und sie die Verantwortlichen nicht mehr zur Verantwortung ziehen können.

Wenn es bis dahin noch keine Mafia, keine Wirtschaftskriminalität und keine separatistischen Bewegungen in Europa gegeben hätte, würde all dies jetzt neu aufkeimen. So aber wird all dies eine deutliche Verschärfung und weitere regionale Ausbreitung finden. Denn es beginnt dann die große Zeit im Wirtschaften auf fremdes Risiko durch das Fehlen regional greifbarer und verantwortlicher politischer Haftung.

Umgekehrt wäre Sizilien innerhalb Jahresfrist von der Plage der Mafia befreit, wäre Sizilien ein unabhängiger Staat, ohne die Möglichkeit der Kapitalflucht seiner Eliten. Dann müßten die Mafia-Bosse entweder auswandern oder sich zu verantwortlichem Handeln in Politik und Wirtschaft ihres Landes bekehren.

So aber pickt sich die Geschäftswelt in der Bundesrepublik und den anderen reichen EG-Ländern die Rosinen aus dem Geschäft mit der europäischen Integration, während der Bürger bei der Bewältigung der daraus resultierenden politischen und sozialen Probleme allein gelassen wird. Die deutschen Banken beispielsweise sind schon heute die wichtigsten Verwalter süditalienischer Mafia-Gelder, aber deutsche Richter und deutsche Polizisten werden sich hüten, ihren Dienst in Palermo anzutreten, solange es dort eine Mafia gibt.

Eine Politik, welche vorgibt, die Angleichung der Lebensverhältnisse in den Ländern der Gemeinschaft über gesamteuropäische Sozial- und Strukturfonds bewerkstelligen zu können, wird damit genau so scheitern, wie unsere Entwicklungshilfe mit ihren Projekten bislang in bezug auf die Angleichung der Lebensverhältnisse in der Dritten Welt scheiterte. Hier wie dort läßt sich eine Angleichung der Lebensverhältnisse nur durch Wirtschaften ihrer Eliten auf eigenes Risiko im Wettbewerb erreichen, mit dem Ziel, die regionale Wertschöpfung insbesondere durch Entwicklung verarbeitender Industrie zu steigern. Tun die lokalen Eliten dies, brauchen sie keine Sozial- und Strukturfonds, denn sie erwirtschaften dann selbst die Steuereinnahmen, die sie für ihre Sozial- und Infrastrukturausgaben benötigen. Scheitern die lokalen Eliten aber an dieser Aufgabe, so kann ihnen kein Sozial- und Strukturfonds helfen. Im Gegenteil: Von der Verausgabung der Transferleistungen aus diesem Fonds profitieren – wie schon bei der Entwicklungshilfe – die reichen Länder der Gemeinschaft, bei denen die ärmeren Länder einkaufen. Der regionale Ausgleichscharakter dieser Fonds ist also reine Heuchelei. Tatsächlich wird er die regionalen Disparitäten – wie im Verhältnis zur Dritten Welt – nur weiter steigern.

Für die Länder Westeuropas gilt nichts anderes wie für alle Länder unserer Erde: Frieden, Sicherheit und maßvoller Wohlstand lassen sich nur durch vollverantwortliches Wirtschaften von Eliten und Bevölkerungen auf eigenes Risiko erreichen und wahren, d. h. nur im Rahmen einer vollen politischen, wirtschaftlichen, kulturellen und sozialen Souveränität ihrer Länder, wobei Länder im Sinne gewachsener und von der Bevölkerung akzeptierter Gemeinschaften zu verstehen sind. Jedes Land muß für seine Fehler geradestehen wie auch den Erfolg seiner Arbeit auf seinem Konto verbuchen können. Dazu muß es aber seine Währungshoheit behalten.

Auch die Angleichung der Lebensverhältnisse der Bevölkerung eines Landes an die anderer Länder muß ganz in der Entscheidung und dem eigenverantwortlichen Handeln von Eliten (Regierung) und Bevölkerung belassen werden. Nur auf dieser Grundlage kann es eine Völkerverständigung und ein harmonisches Miteinander geben. Damit wird zugleich deutlich, daß eine auf Völkerverständigung und Harmonie gerichtete Politik eine fortwährende, sich jeden Tag von neuem stellende Aufgabe für Eliten wie Bevölkerung aller Länder ist. Der Versuch, durch Zentralisierung von politischer Macht solche Harmonie zu erreichen, ist in der Geschichte noch stets gescheitert. Geradezu abenteuerlich aber ist die Vorstellung, durch solche Zentralisierung »unumkehrbare Prozesse« in Gang setzen zu wollen, denn die Geschichte lehrt uns, daß nichts kürzer währt als tausendjährige Reiche und nichts rascher umgekehrt wird als die »unumkehrbaren Prozesse«. Auch »Maastricht« wird in dem Maße scheitern, in welchem es föderative Strukturen und föderative Verantwortung verläßt.

Was wir aber alle künftig in Europa beachten sollten, ist, daß wir an den Grenzen wirtschaftlichen Wachstums angelangt sind und die Politik der Flucht nach vorn endlich aufgeben müssen.

Die Aufgabe Europas liegt nicht in wirtschaftlicher Expansion. Die Brosamen-Theorie, die besagte, der Westen müsse wachsen, damit die Brosamen, die vom Tische der reichen Länder fallen und die zur Entwicklung der Dritten Welt dienen sollen, zahlreicher werden, hat der Westen während der letzten 30 Jahre selbst ad absurdum geführt. Diese Brosamen sind zwar ausreichend, die lokalen Eliten von der Übernahme ihrer Aufgaben abzuhalten, aber sie würden nie ausreichen, die Zweite und Dritte Welt vor den katastrophalen Folgen des Versagens ihrer Eliten zu bewahren.

Die Aufgabe Europas und Nordamerikas liegt künftig darin, das wirtschaftliche Wachstum der Zweiten und Dritten Welt nicht mehr zu behindern, sondern durch das Angebot technischen Know-hows effizienter zu gestalten (vgl. Kapitel 3).

Europa sollte sich künftig vor allem auf seine kulturellen Aufgaben besinnen. Das bedeutet vor allem, daß es sich der Erziehung seiner Jugend ungleich intensiver widmen muß als bisher. Hierbei sind Eltern wie Ausbildungseinrichtungen gleichermaßen gefordert. Die Eltern sollten ihre Kinder zu harter Arbeit für spätere bessere Leistungen in Wissenschaft, Kunst, Unternehmensführung und Ordnungspolitik und zum Verzicht auf Anspruchsdenken erziehen und dabei selbst mit gutem Beispiel vorangehen. Um so rascher wird es uns dann auch gelingen, unsere Umwelt in »geordnete Verhältnisse« zu bringen, und erst dann können wir mit Nachdruck gleiches von anderen Ländern fordern.

In unserem Erziehungswesen sollten wir Wettbewerb durch die Zulassung von mehr Privatschulen und Privatuniversitäten schaffen, um dem laschen öffentlichen Erziehungswesen etwas Feuer unter den Kessel zu setzen. Wir sind weit weniger Leistungsgesellschaft und weit mehr bequeme Konsumgesellschaft, als wir meinen.

2.2 Kein Dumping, keine Warenhilfe

Die Wirtschaft der Zweiten und Dritten Welt kann nur wachsen, wenn wir ihrem Wachstum nicht mehr durch Exporte zu subventionierten Preisen und Warengeschenke im Wege stehen. Jeder Export von Waren unter den tatsächlichen Gestehungskosten sollten daher im Rahmen eines freiwilligen Selbstbeschränkungsabkommens unter den westlichen Industriestaaten unter Einschluß Japans und der vier »kleinen Tiger« künftig unterbunden werden.

Man könnte geneigt sein, für den Export von Rohstoffen und Energie eine Ausnahme zu machen, um die armen Länder der Dritten Welt z. B. mit verbilligtem Erdöl zu versorgen. Meines Erachtens wäre eine geringfügige Subventionierung als Starthilfe bei der Errichtung industrieller Arbeitsplätze akzeptabel, aber nur für kurze Zeit (ca. fünf Jahre). Grundsätzlich sollten keine Produktionen in Gang gesetzt werden, die nur durch Subventionen von außen Bestand haben.

Zu den drastisch zu kürzenden Subventionen gehören natürlich auch die günstigen Kredite und Warenhilfen von WELTBANK und IWF. Sie sind besonders dann in hohem Maße schädlich, wenn das Empfängerland bereits über eine relativ hohe Produktionsbreite und -tiefe seiner Wirtschaft verfügt wie z. B. Rußland, für das im April 1992 von den führenden westlichen Industrieländern (G 7) ein günstiger weicher Kredit von 24 Milliarden Dollar bereitgestellt worden ist. Die Medien, wie z. B. meine Tageszeitung, behaupteten hierzu mit dreister Stirn in dicken Balkenüberschriften: »Westen hilft Rußland mit 24 Milliarden Dollar«. Der schlichte Bürger muß auf solche Überschriften hin tatsächlich annehmen, Rußland werde in fast ungeheurem Maße geholfen, eine solche Hilfe müsse doch Rußland auf die Beine stellen, insbesondere seinen Übergang zur Marktwirtschaft nunmehr endlich reibungslos ermöglichen.

Was bedeutet die Zurverfügungstellung des 24-Milliarden-Kredits? Ganz allein dies, daß Rußland vom Westen für 24 Milliarden Dollar Waren importieren darf, die es unter Berücksichtigung der Konditionen zu einem mehr oder minder subventionierten Preis erhält. Kann Rußland damit geholfen werden? Die erste Frage muß doch wohl lauten: Braucht Rußland derzeit irgendwelche Waren, die es nicht selbst produzieren kann? Die Antwort lautet: Nein. Rußland muß seinen darniederliegenden, derzeit völlig unausgelasteten Produktionsapparat in Gang setzen und damit, so modern oder veraltet, wie er zur Zeit ist, produzieren. Die Menschen, die in den Staatsbetrieben und Kolchosen beschäftigt sind, müssen dem Gehalt, das sie beziehen, ein Güteräquivalent recht und schlecht gegenüberstellen. Das kann ihnen niemand abnehmen. Wenn sie dies nicht tun, sondern sich von außen für 24 Milliarden Dollar füttern lassen, ist auch diese Riesensumme in weniger als einem Jahr verpufft, ohne eine Wirkung in diesem Land zu hinterlassen. Selbst wenn Rußland mit dieser Summe nur westliche Investitionsgüter einkaufen würde – tatsächlich wird es davon einen großem Teil, à fonds perdu, für Konsumgüter ausgeben –, welche Investitionsgüter sollte es damit einkaufen? Wahrscheinlich fehlen dem Produktionsapparat an allen Ecken und Enden Ersatzteile, aber die kann ihnen der Westen nicht liefern. Er könnte ihnen bestenfalls hie und da Maschinen liefern, mit denen solche Ersatzteile hergestellt werden könnten. Aber bestehen die Schwierigkeiten Rußlands denn darin, daß solche Maschinen fehlen. Wohl kaum. Sie sind da und wahrscheinlich nicht voll ausgelastet.*

Wie wir gesehen haben, besteht das akute Hauptproblem Rußlands in seiner die Produktion weitgehend lähmenden Hyperinflation. Solange diese anhält, kommt die Produktion durch nichts in Gang. Das zweite Problem ist die schwierige Umstellung auf das Wirtschaften auf eigenes Risiko. Werden beide Probleme, die Hyperinflation und die Umstellung des Wirtschaftens auf eigenes Risiko, durch die Devisenhilfe irgendwie positiv beeinflußt? Natürlich nicht. Wie schon während der vergangenen fünf Jahre wird den Eliten für höchstens ein weiteres Jahr das Überleben in ihren alten Machtstellungen ermöglicht und sie werden während dieser Verschnaufpause unter JELZIN ebensowenig wie in den vergangenen fünf Jahren unter dem verzweifelten GORBATSCHOV irgendeinen Schritt in Richtung Wirtschaften auf eigenes Risiko unternehmen. Das würden sie erst dann versuchen, wenn ihnen endlich die fortwährenden Überlebenshilfen aus dem Westen gestrichen würden.

Nach meinen umfangreichen Ausführungen in diesem Buch ist auch klar, daß das Schädliche an den Dumpingangeboten in der Tatsache der Verhinderung lokaler Produktion liegt und nicht – wie die völlig fehlgeleitete jahrelange Diskussion um das Schuldenproblem der Dritten Welt behauptete – in der Tatsache, daß hier günstige Kredite und nicht vollständige Geschenke vergeben wurden. Denn Geschenke, also Dumping zum Nulltarif, sind selbstverständlich in ihrer produktionslähmenden Wirkung am schlimmsten.

Natürlich werden hier unsere Hilfsorganisationen und unsere Kirchenmänner aufbegehren, denen im Verhältnis zu unseren neuen Bundesländern wie auch zu Rußland oder der Dritten Welt nichts anderes einfällt, als die ebenso stereotype wie gefährliche, weil doppeldeutige Formel vom »Teilen« zu wiederholen.

Die entwicklungspolitisch einzig akzeptable Form des »Teilens« kann nur im Teilen von rentablen Arbeitsplätzen, nicht aber im Teilen von Konsumgütern bestehen. Hier ist es unsere vornehmste christliche Aufgabe, die Entstehung solcher rentablen Arbeitsplätze in der Zweiten und Dritten Welt zu fördern und vor allem von unserer Seite alles zu unterlassen, was die Schaffung solcher Arbeitsplätze verhindert.

Als Christus seine Bergpredigt hielt, lebte er in der stationären Wirtschaft der Antike mit Sklaverei und archaischer gleichbleibender Technologie. Jede

* Der Unsinn westlicher Technologielieferungen in solchen Hauruck-Aktionen und crash-programs ist uns nur zu gut aus der Entwicklungshilfe bekannt. Abgesehen von ihrer volkswirtschaftlich schädlichen Wirkung gleichen sie in ihrem technischen Ergebnis der Inbetriebnahme eines ICE-Zuges auf einem Gleissystem, das schon einen gewöhnlichen D-Zug in der ersten Kurve aus der Bahn wirft.

Art von wirtschaftlicher Dynamik und Entwicklung durch Innovation waren dem Denken dieser Zeit fremd. Christus konnte sich bei seiner Predigt ganz auf den sozialen Ausgleich beschränken, die Stimulierung produktiver Kräfte war damals kein Thema.

Würde er seine Bergpredigt heute halten, würde er angesichts des Zustandes dieser Welt vom »Teilen« durch Schaffung einer größtmöglichen Zahl von Arbeitsplätzen in der Zweiten und Dritten Welt sprechen und er würde jene Schwarzkittel, die Kleider- und Schuhspenden in die Dritte Welt verschiffen, wie die Pharisäer mit großer Wut aus dem Tempel jagen. Dies ist nicht nur mein logischer Schluß als Volkswirt, sondern auch meine Überzeugung als Christ.

Alle Hilfsorganisationen, insbesondere die kirchlichen, sollten daher ihre Projektarbeit daraufhin überprüfen, ob sie mit ihrer Arbeit, insbesondere ihren finanziellen Transfers, lokale Arbeitsplätze schaffen oder deren Schaffung behindern oder – noch schlimmer – bestehende Arbeitsplätze zerstören. Dabei müssen sie selbstverständlich über den engen Rahmen ihres Projekts hinausschauen und die volkswirtschaftliche Gesamtwirkung sehen. Nicht den Arbeitsplatz für Änderungsschneiderei, der mit Kleiderspenden geschaffen wird, sondern die 50 Arbeitsplätze, die sie gleichzeitig in der lokalen Konfektionsindustrie vernichten.

Ein besonders heikles Thema sind die Nahrungsmittelhilfen im Katastrophenfall. Ich zitiere hierzu noch einmal Profesor YUNUS aus Bangladesh. Anläßlich des Bundestagshearings vom 20. 6. 1988 sagte er: »Sie wissen, daß wir viele Naturkatastrophen haben. Überschwemmungen, Zyklone und Taifune wechseln sich miteinander ab. Wir haben jedes Jahr irgendeine Art von Katastrophe, die uns weit zurückwirft. Bisher haben wir uns immer irgendwie durchgemogelt. Wir überleben, denn wir sind Kämpfer. Wir kämpfen gegen die Naturgewalten und gegen die nachteiligen Bedingungen, unter denen wir leben müssen. Das ist eine gute Basis, von der aus man beginnen kann. Manchmal gibt es natürlich auch Rückschläge, dadurch daß man eine Katastrophenhilfe gibt, die zwar heute für die Menschen sorgt, ihnen aber keine Vorsorge für die Zukunft bietet. Wir müssen unsere eigene Hife von Jahr zu Jahr aufbauen. Wir fangen jedes Jahr von vorn an, als ob wir noch nie von Überflutung gehört hätten. Es ist sicherlich an der Zeit, daß wir uns einmal ernsthaft mit diesem Thema auseinandersetzen, aber das ist unsere Sache. Ich ziehe da niemanden zur Verantwortung. Wir Bangladeshis müssen die Kapazitäten aufbauen, damit wir nicht jedes Jahr wieder unter diesen Naturkatastrophen leiden oder daß wir zum Beispiel auf eine Dürre vorbereitet sind. Das liegt in unserer Verantwortung, und wir müssen etwas tun.«

Hätten wir die Eigenhilfe dieser Länder nicht seit 30 Jahren durch unsere Nahrungsmittelspenden korrumpiert, gäbe es heute keinen Staat mehr, der nicht aus eigener Kraft Vorsorge für den Katastrophenfall getroffen hätte. Man könnte dann die westliche Hilfe auf besonders schwerwiegende Katastrophen beschränken und dabei logistische und finanzielle Unterstützung zum Ankauf und zur Verteilung von Grundnahrungsmitteln aus den Nachbarländern geben. Diese Grundnahrungsmittel der Nachbarländer müßten dann aber auch aus der Produktion dieser Länder rühren und nicht aus westlichen Überschüssen, mit denen wir bereits unzählige Notlager in der Dritten Welt randvoll angehäuft haben.

Die überfällige Einigung, die im Mai 1992 innerhalb der EG zum Abbau von Subventionen und damit zusammenhängend zum Abbau von Agrarüberschüssen zustande kam, ist ein Schritt nach vorn. Der tatsächliche Fortschritt für die armen Länder der Dritten Welt wird aber davon abhängen, in welchem Maße nicht nur die EG, sondern auch die USA und Kanada zum Verzicht auf jegliche Dumping- und Geschenksendungen bereit sind, und dies gilt natürlich nicht nur im Agrarbereich.

Nicht die vielfach geforderte Ausweitung subventionierter und geschenkter Exporte in die Länder der Zweiten und Dritten Welt, sondern ihre Einstellung sind zum tragenden Grundsatz einer Weltwirtschaftsordnung zu erheben. Eine gleichberechtigte Teilnahme am Welthandel kann es erst geben, wenn es eine ausgewogene Teilnahme aller Länder an der weltweiten Produktion von Waren und Dienstleistungen gibt. Erst dann kann Welthandel zu Wohlstandsgewinn für alle beitragen und nicht – wie bislang – zu ständig wachsenden Ungleichgewichtigkeiten mit der Folge von Verschuldung, Abhängigkeit und Selbstaufgabe der nicht ausreichend an der Produktion beteiligten Länder.

2.3 Stabile Währungen und Kampf gegen die Kapitalflucht

Grundlage jeder sozialen Marktwirtschaft ist eine stabile Währung. Wir Deutsche wissen dies nur zu gut und wir verdanken ihr ein Gutteil unseres Wohlstands.

Eine Inflation, die über 15 bis 20% p.a. hinausgeht, wirkt produktionslähmend. Das ist in Guinea-Bissau nicht anders als in Rußland. Als ein wesentlich stabilisierendes Element in der Wirtschaft Westafrikas hat sich die FCFA-Zone erwiesen, die Frankreich nach der Unabhängigkeit seiner westafrikanischen Kolonien für diese Länder mit einer festen Relation zum FF geschaffen hat.

Eine Schlüsselmaßnahme jeder marktwirtschaftlichen Strukturanpassung hätte folglich die Errichtung von unabhängigen Zentralbanken in den Ländern der Dritten und Zweiten Welt sein müssen, mit der einzigen gesetzlichen Aufgabe der Stabilhaltung der lokalen Währung. Aber in keinem Land, in welchem IWF und WELTBANK Strukturanpassungsprogramme finanzierten, ist diese Schlüsselmaßnahme ernsthaft in Angriff genommen worden, was allein schon Zweifel an der Aufrichtigkeit solcher Bemühungen erwecken muß. Man erzwang lediglich regelmäßige Abwertungen des Devisenkurses, aber diese zwar richtige Maßnahme kann natürlich nicht der Stabilisierung einer Währung dienen.

Hätten die G-7-Länder Rußland wirklich helfen wollen – und nicht nur ihrer eigenen Exportindustrie –, hätten sie Rußland schon vor der Freigabe der Preise technische Hilfe bei Durchführung einer Währungsreform und beim Aufbau einer unabhängigen Notenbank leisten können. Sie hätten damit Rußland einen unendlich großen Nutzen beschert.

Eine an der Währungsstabilität orientierte Zentralbank stellt Geld nur gegen das tatsächliche Angebot von Gütern und Dienstleistungen zur Verfügung und nicht zur bloßen Bezahlung von Gehältern an Betriebe, die ein solches Angebot nicht leisten. Eine solide Zentralbankpolitik wirkt somit allein schon eminent produktionsfördernd – ganz im Gegensatz zu ausländischen Devisenkrediten.

Eine stabile Währung ist zugleich die wirksamste Waffe im Kampf gegen die Kapitalflucht aus den Ländern der Zweiten und Dritten Welt, während die Devisenkredite einen ständigen Quell der Veruntreuung durch die Eliten, verbunden mit weiterer Kapitalflucht darstellen.

In zahlreichen Ländern der Dritten Welt erreicht die Kapitalflucht einen hohen Prozentsatz der Auslandsschulden, in einigen Fällen geht sie sogar über diese hinaus (vgl. Anlage14).

Voraussetzung jeder wirtschaftlichen Zusammenarbeit mit einem Land der Zweiten und Dritten Welt sollte daher künftig sein, daß es durch unabhängige Zentralbanken für eine Stabilität der eigenen Währung sorgt. Erst wenn diese erreicht ist, sollte man weitere Bereiche der Unterstützung vereinbaren.

Stabile Währungen werden indessen nicht gleich zu einem Stopp und zur Umkehr der Kapitalfluchtbewegungen führen. Dies wird erst dann der Fall sein, wenn durch weitere produktions- und innovationsfreundliche Rahmenbedingungen ein günstiges Investitionsklima entsteht. Eine weitere wichtige Rahmenbedingung zur Verringerung der Kapitalflucht ist die Privatisierung der lokalen Produktion, denn die Bestechlichkeit der Manager von Staatsgesellschaften ist nicht nur die Hauptursache ineffizienter Produktion, sondern stellt zugleich den Hauptbereich der Kapitalflucht dar. Die konsequente Nichtbelieferung von staatlichen, in der Produktion tätigen Gesellschaften durch die westliche Investitionsgüterindustrie würden Korruption und Kapitalflucht zwar nicht gänzlich beseitigen, aber auf einen Bruchteil ihres jetzigen Umfangs reduzieren. Als Sofortmaßnahme erscheint es unerläßlich, die Gewährung von staatlichen Bürgschaften (z. B. HERMES) für westliche Lieferungen an staatliche, in der Produktion tätige Unternehmern in der Zweiten und Dritten Welt zu streichen. Bis solche Rahmenbedingungen gesetzt wurden und Wirkung gezeigt haben, sollte die Kapitalflucht von seiten der westlichen Regierungen durch Strafverfolgungsmaßnahmen bekämpft werden, anstatt sie, wie bisher, zu erleichtern. Aus gutem Grund haben alle Staaten der Zweiten und Dritten Welt Devisenbewirtschaftung, die Kapitalflucht verstößt somit gegen geltendes Recht dieser Staaten. Unsere staatlichen Stellen, die mit dem Kampf gegen Wirtschaftskriminalität befaßt sind, müßten unverzüglich die Aufgabe und Befugnis erhalten, Fluchtkapital aus den Ländern der Zweiten und Dritten Welt zu identifizieren und ihren Rücktransfer zu veranlassen. Ihre Abwehr ist ebenso wichtig wie die Abwehr der Fluchtgelder aus dem Drogengeschäft. Selbstverständlich wäre auch das Bankgeheimnis insoweit aufzuheben.

2.4 Maßnahmen zur Reduzierung des Bevölkerungswachstums

Eine der düstersten Rahmenbedingungen, welche die wirtschaftliche und soziale Entwicklung der Dritten Welt behindert, ist das bislang ungebremste Bevölkerunswachstum von 2 bis 4% p.a. Nahezu 50% der Bevölkerung sind unter 16 Jahre alt. Eine Altersstruktur, die hinsichtlich ideologisch-politischer oder fundamentalistisch-religiöser Beeinflußbarkeit der Bevölkerung Schlimmes befürchten läßt.

Kein vernünftiger Mensch kann davon ausgehen, daß es auf unserer begrenzten Erde mit ihren ebenso begrenzten Ressourcen ein kontinuierliches unbegrenztes Wachstum der Bevölkerung geben kann. Wir wissen alle, daß es unbegrenzte Wachstumsprozesse auf unserer Erde nicht gibt. Die inzwischen sehr umfangreiche ökologisch-alternative Literatur hat zu diesem Bewußtsein erheblich beigetragen. Es geht also nicht um die Frage, ob Grenzen für das Wachstum der Erdbevölkerung bestehen, sondern nur darum, wo diese liegen.

Im Herbst 1978 nahm ich an einer Mission mit Experten der FAO in Sambia teil, um eine Studie über das landwirtschaftliche Bewässerungspotential des Landes anzufertigen. Für den FAO-Experten für Pflanzenbau, einem Fachmann, der in seinem Leben vorzugsweise über den Energiebedarf bei der Erzeugung von Biomasse geforscht hatte, war die Ermittlung des landwirtschaftlichen Bewässerungspotentials ein einfaches Problem. Er ließ sich das durchschnittliche Wasserdargebot der Flüsse Sambias während eines Jahres geben und legte über die potentiellen Bewässerungszonen des Landes seine jahreszeitlichen Klimakarten, anhand derer er die potentielle Biomasse-Produktion errechnen konnte. Alles, was er benötigte, um die Menschheit zu ernähren, waren Wasser und Sonnenenergie. Weder die Böden und ihre Erosionsgefährdung, noch spezifische Nahrungspflanzen und ihre Resistenz gegen Krankheiten und Schädlinge interessierten ihn, und am wenigsten interessierten ihn die Menschen, die alles zu bewerkstelligen hatten, die Frage etwa, wie gut oder schlecht sie die erforderlichen Bewässerungsperimeter errichten und unterhalten, welche Versalzungsprobleme* sie dabei haben würden etc. Unter der Kombination von Wasser und Sonnenenergie erschien es einfach, Sambia sonnigen Zeiten entgegenzuführen und ihm ohne Probleme eine zehnmal so große Bevölkerung zu bescheren als jene des Jahres 1978.

---

* Völlig abwegig ist in diesem Zusammenhang die Gleichsetzung des ariden und semiariden Klimas der Sudan-Zone Afrikas mit Klimaten wie etwa der Monsunzone Indiens.

Wenige Tage nachdem mein FAO-Kollege das Ergebnis seiner eleganten Berechnungen stolz erläuterte, bombardierte das damals noch an der Macht befindliche Regime Ian Smith Lager der Widerstandskämpfer NKOMOS am Rande von Lusaka. Meine Kollegen verließen daraufhin fluchtartig das Land, zumal sie ihre schlauen Berechnungen schon abgeschlossen hatten, und überließen es mir, meine nicht ganz so elegant durchzuführenden ökonomischen Erhebungen, bei denen ich gezwungenermaßen auch die Menschen und ihre Probleme miteinbeziehen mußte, allein fortzusetzen.

An diese Begebenheit mußte ich unwillkürlich zurückdenken, als ich unlängst in W. MICHLERS »Weißbuch Afrika« eine Statistik darüber las, welche Bevölkerung sein landwirtschaftliches Potential ernähren könne (vgl. Anlage 15).

Da wurde behauptet, Afrikas Landwirtschaft könne ohne Dünger und Schädlingsbekämpfungsmittel und durch Bewirtschaftung in reiner Handarbeit 1,4 Milliarden Menschen (1988: rd. 600 Millionen) ernähren und bei hohem Einsatz von Produktionsmitteln gar 14,4 Milliarden Menschen.

Solche Behauptungen, erst recht in Form von Statistiken, sind unhaltbar und in ihrer Wirkung auf den Leser unverantwortlich. Was soll das Gerede von der Überbevölkerung der Erde, muß der Leser solcher »Statistiken« denken, wenn Afrika, der mit Abstand ärmste Kontinent, eine mehr als zwanzigmal höhere Bevölkerung als jetzt ernähren kann.

Solche Zahlen können nur in dem Elfenbeinturm naturwissenschaftlicher Spielereien entstehen, die sich mit der Frage, was die Menschen, die derzeit auf diesem Kontinent leben, mit dessen Potential und seiner Erhaltung unternehmen, überhaupt nicht befassen. Bei Fortsetzung ihres jetzigen Raubbaus wird schon eine Bevölkerung Afrikas von einer Milliarde große Schwierigkeiten haben, sich mit Nahrungsmitteln und Trinkwasser selbst zu versorgen. Anstatt Zahlenspiele darüber anzustellen, welche Biomasse die Sonnenenergie auf dem afrikanischen Kontinent liefern könnte, sollten wir uns mit der Frage befassen, wie wir seinen derzeitigen katastrophalen Ressourcenraubbau beenden.

Die Statistik MICHLERS scheint sogar einen umweltschonenden Gedanken zu enthalten, denn sie sagt aus, daß Afrika 1,4 Milliarden in traditionellem Hackbau ohne moderne Technik und Produktionsmittel ernähren könnte.

Nun, wer annimmt, die Bevölkerung Afrikas würde sich ihre Subsistenz in gebückter Haltung mit Machete, Hacke und anderen Handarbeitsgeräten erwirtschaften und und dies auch noch in etwa 30 Jahren, wenn sie auf 1,4 Milliarden angewachsen sein wird, der sollte zuvor einem der Menschen auf unserem Titelbild wenigstens für einen Monat die Arbeit abnehmen. Wegen der geringen Produktivität dieser Subsistenzwirtschaft mit der Hacke herrscht in Afrika seit über 20 Jahren eine massive Landflucht, die im Begriff ist, den diesbezüglichen Vorsprung Lateinamerikas einzuholen. Würde der Westen endlich aufhören, dort seine Agrarüberschüsse billig anzubieten, wäre das Inlandspreisniveau für Agrarprodukte zwar etwas höher und der Grad der Eigenversorgung könnte bei 100% liegen, aber dadurch würde sich das Einkommen pro Arbeitstag der Subsistenzbauern nicht wesentlich verbessern und ihr prinzipielles Desinteresse an der Arbeit in der Landwirtschaft würde fortbestehen. Seit 20 Jahren erhalte ich bei meinen Besuchen in kleinbäuerlichen Betrieben auf die Frage: Welches ist das Hauptproblem in ihrem Betrieb? die mit Abstand häufigste Antwort: Arbeitskräftemangel! Und dies in Ländern, die bis zu 30% Arbeitslosigkeit haben und zu manchen Jahreszeiten noch mehr. Die von MICHLER vertretene Ansicht, die »Subsistenzwirtschaft absorbiert das Bevölkerungswachstum« ist grundfalsch und wird seit gut 20 Jahren in Afrika und seit 40 Jahren in Lateinamerika durch Landflucht widerlegt. Solche Ansichten entspringen einem ökologisch begründeten Wunschdenken des Westens, aber solange bei uns nicht wenigstens der Personenverkehr zum Fahrrad zurückgefunden hat, sollten wir nicht von den Afrikanern verlangen, ihren Lebensunterhalt mit der Handhacke zu verdienen. Auch dieses Ansinnen ist eine typisch westliche Maßlosigkeit, bei welcher sich Agrarexportlobby und alternative Esoterik zu einer recht merkwürdigen Interessengemeinschaft verbinden. Kaum ein Land hat einen ähnlich hohen Anteil an verarbeitender Industrie und Dienstleistungen wie die BRD (1989 zusammen 94% des BIP) verbunden mit einem Weltrekord im Export pro Kopf der Bevölkerung (1989 5483 $ gegenüber Japan mit 2235 $ pro Kopf). Aber anstatt uns selbst eine überfällige Zurückhaltung aufzuerlegen, haben wir die Unverfrorenheit, Afrika die »heile Welt« der Subsistenzwirtschaft mit der Handhacke anzuraten. Jedes Jahr werden in Afrika Millionen Hektar Land nicht oder verspätet oder nicht sorgfältig genug bei Einsetzen der Regenfälle zur Aussaat vorbereitet, weil die Bodenvorbereitung mit der Hand diese Arbeit nicht schnell genug bewältigen kann.

Andererseits gibt es schon heute einige afrikanische Länder, wie z. B. Marokko, in denen mehr als 50% der ackerbaulichen Arbeiten mechanisiert erledigt werden, aber es gibt außer in der Südafrikanischen Union beispielsweise noch keine lokale Schlepperproduktion. Hierin liegt das Problem Afrikas! Es fehlen schon heute Millionen rentabler gewerblicher und industrieller Arbeitsplätze. Wenn wir nicht das Unsere dazu beitragen, daß diese Arbeitsplätze bald entstehen, werden sich die Afrikaner deswegen nicht der Subsistenzlandwirtschaft zuwenden, sondern sie vielmehr weiter verfallen lassen und in noch größerem Umfang als bisher von unseren Care-Paketen aller Art leben und jede sich bietende Gelegenheit nutzen, um in den Westen zu gelangen.

Die Frage, wie wir diese Probleme lösen und dabei gleichzeitig die vorhandenen, aber schon erheblich degradierten natürlichen Ressourcen rehabilitieren und künftig tunlichst schonen, liefert uns zugleich die relevante Antwort dafür, ob es an der Zeit ist, etwas für den Geburtenrückgang in diesen Ländern zu unternehmen, nicht aber die Spielereien von Biochemikern.

Die Antwort ist eindeutig: In den armen Ländern der Dritten Welt hat sich während der letzten 30 Jahre ein enormes Defizit an produktiven und rentablen Arbeitsplätzen angehäuft. Die Aufgabe, diesen Trend umzukehren und die dabei zu bewältigenden Probleme sind so gravierend, daß diese Länder nur dann eine Chance haben, sie zu überwinden, wenn ihnen die Zahl der Arbeitslosen nicht durch ein weiterhin ungebremstes Bevölkerungswachstum davonläuft.

Von allen Hilfsinstitutionen ist daher zu fordern, daß sie nur jenen Ländern Hilfe gewähren, die spürbare Maßnahmen zur Reduzierung der Geburtenrate nachweisen können. Das gilt besonders für die medizinische Infrastuktur. Die westliche Medizin ist direkt ursächlich für das enorme Bevölkerungswachstum in den Ländern der Dritten Welt während der letzten 60 Jahre. Wer sie in Anspruch nehmen, wer ihre Vorteile nutzen will, muß auch bereit sein, ihre negativen Folgen zu vermeiden. Wer sich dieser Verantwortung entzieht, handelt verantwortungslos.

Seit Jahren unverantwortlich in dieser Frage ist das Verhalten des Papstes. Es gipfelt in der Ablehnung von Verhütungsmitteln, wie Kondomen. Unter solcher Anleitung läuft die katholische Kirche Gefahr, erheblichen Schaden in der Welt anzurichten. Wenn der Papst jetzt Empfängnisverhütungsmittel wie Pille und Kondome ablehnt, wird er spätestens seinem Nachfolger zumuten müssen, Kriege und unkontrollierbare Seuchen als Folge solchen Verhaltens zu akzeptieren.

Es ist höchste Zeit, daß die Führung der katholischen Kirche hier eine deutliche Kurskorrektur vornimmt. Erst recht nachdem sie das Mittel der Abtreibung entschieden bekämpft und seine Nichtanwendung zur Glaubensfrage erhoben hat. Es steht mir fern, solchen Glauben meinerseits bekämpfen zu wollen. Wir sollten als Christen jedoch so ehrlich sein, wenigstens zur Kenntnis zu nehmen, auf welche Weise alte Kulturvölker, die uns an Bildung und Sittlichkeit in keiner Weise nachstehen, wie das chinesische und das japanische Volk, das Problem eines zu hohen Geburtenüberschusses bewältigt haben. China hat sein Bevölkerungswachstum seit etwa 1980 auf 1,3 % reduzieren können, Japan auf 0,6 %. Es ist gar nicht auszudenken, mit welchen zusätzlichen Problemen sich die Menschheit heute plagen müßte, wäre das Bevölkerungswachstum dort seit 1960 auch nur bei 2 % verharrt, geschweige denn bei 3 % wie in den schwarzafrikanischen Ländern.

Aus Kirchenkreisen ist immer wieder zu hören, daß die Not der Menschen in der Dritten Welt nicht zwangsläufig zu unmoralischem oder kriminellem Handeln Anlaß geben muß und daß die Anfechtungen, denen die Menschen in den wohlhabenden Ländern ausgesetzt seien, wie z. B. der Drogenkonsum, keineswegs als erstrebenswertes Vorbild angesehen werden könnten. Das alles ist richtig, aber es wäre doch wohl ein Hohn, daraus zu folgern, es sei besser, die Dritte Welt würde weiter in Armut, z. B. in der Subsistenzwirtschaft, verharren.

Das größte Problem, mit dem sich die Menschheit während der nächsten 30 Jahre wird auseinandersetzen müssen, ist weder die gegenwärtige Armut in der Dritten Welt noch der Reichtum in der westlichen Welt, sondern das gleichzeitige Nebeneinander beider Situationen. Schon das Drogenproblem hat hierin seine Ursache, aber alle gravierenden in diesem Buch behandelten Probleme haben hierin ihren Grund.

Und last not least: Nachdem allen vernünftigen Menschen klar ist, daß das Bevölkerungswachstum auf dieser Erde irgendwann einmal zum Stillstand kommen muß, darf man fragen, mit welchen Mitteln der Papst dann einen solchen Stillstand erreichen will. Es kann kaum angenommen werden, daß ihm dann sittlich weniger bedenkliche Mittel wie Pille und Kondom zur Verfügung stehen werden. Wer das Mittel der Abtreibung, das in Japan und ganz besonders in China rigoros gehandhabt wird, ablehnt, muß weiche Mittel der Geburtenbeschränkung, wie Kondom und Pille, jetzt mit doppeltem Nachdruck fordern.

2.5 Vermeidung entwicklungsschädlicher Wanderungen

Gleich im ersten Kapitel dieses Buches sind wir der Frage nach den wirtschaftlichen Wirkungen der Beschäftigung ausländischer Arbeitskräfte nachgegangen. Wir haben analysiert, welche Vorteile sie dem Aufnahmeland bringen und wie unterschiedlich diese Vorteile für die verschiedenen Bevölkerungsgruppen im Aufnahmeland sind.

Daß die Wirtschaftskraft eines Landes engstens mit der Größe seiner Bevölkerung, insbesondere der im arbeitsfähigen Alter, verbunden ist, wußten schon die merkantilistischen Fürsten. Der weitblickende Landesvater zog damals Fremde ins Land, der schlechte Landesvater ließ sie ziehen oder vertrieb sie gar noch aus religiöser Verblendung. Die nachteiligen Folgen der Aufhebung des Edikts von Nantes, das die Flucht der Hugenotten bewirkte, lassen sich noch heute in der Wirtschaft Frankreichs erkennen.

Nimmt man sich die maximale Steigerung unseres Bruttosozialprodukts zum Ziel, den weiteren Anstieg unserer Exportüberschüsse, so bietet die BRD sicher noch weiten Raum für die Zuwanderung von Ausländern. Zwar haben die alten Bundesländer inzwischen eine Bevölkerungsdichte von rd. 253 Einwohner/km^2 und liegen damit zweieinhalbmal so hoch wie Frankreich. Aber was heißt das schon! Verglichen mit Hongkong sind wir ein dünnbesiedeltes Land. Und wenn wir uns schon mit Hongkong vergleichen: Ich bin sicher, die fleißigen Schwaben und unter ihnen die in jüngster Zeit besonders agilen Oberschwaben werden notfalls den Wettbewerb mit der Kronkolonie aufnehmen und, sollten die Baugrundstücke knapp werden, den Bodensee mit Hausbooten vollstellen, wenn es darum geht, ihre spezifischen Tugenden in den Dienst der Produktion und der Versorgung des Restes der Welt zu stellen.

Freilich, irgendwo liegen die Grenzen solcher Tugenden, auch wenn man dabei nur die Vorteile für die Bundesrepublik im Auge hat. Es ist nicht Gegenstand meines Buches, diese Grenzen für die Bundesrepublik und seine Bevölkerung aufzuzeigen. Diese Grenzen muß sie selbst setzen, und ich meine, unsere Regierung, ganz gleich welche Parteienmehrheit sie stellt, sollte das

Verantwortungsbewußtsein gegenüber ihren Bürgern aufbringen, sie über die Frage der weiteren Aufnahme von Ausländern in einem Volksentscheid selbst abstimmen zu lassen. Wenn sie das Ergebnis einer solchen Abstimmung erst in Händen hätte, würde sie sich hüten, diejenigen, die gegen eine weitere Aufnahme von Ausländern gestimmt haben, als rechtsradikal und ausländerfeindlich zu bezeichnen.

Im ersten Kapitel dieses Buches ging es vielmehr um die Frage, welche Vorteile das Ausland von der Abwanderung von Teilen seiner Bevölkerung hat, und die Antwort war deutlich negativ. Nicht nur das Produktionspotential des Auslandes wird reduziert, auch die Gastarbeiterüberweisungen in ihre Heimat wirken überwiegend demotivierend auf die Bereitschaft der verbleibenden Bevölkerung, die lokale Produktion zu steigern. Vielmehr wächst die Neigung der verbleibenden Bevölkerung zum Import westlicher Güter bei wachsender Verschuldung und Inflation und zum Verlassen der Heimat.

Nein, einen Dienst erweisen wir dem Ausland durch die Aufnahme von Teilen seiner Bevölkerung nicht. Wir brauchen uns nur vorzustellen, in den USA hätte die Bevölkerung einen dreimal höheren Lebensstandard, und zwei bis drei Millionen junge deutsche Familien würden dorthin abwandern und Oma und Opa mit ihren Gastarbeiterüberweisungen und USA-Care-Paketen versorgen, um zu wissen, welche Wirkung dies für die BRD hätte. Die Bundesregierung würde alles tun, um dies zu verhindern, und wenn sie es nicht könnte, würde sie versuchen, gleichfalls Arbeitskräfte aus dem Ausland zu sich zu holen.

Klar ist in diesem Zusammenhang auch folgendes: Mit welchen staatsrechtlichen Argumenten wir auch immer die Rückkehr deutschstämmiger Bevölkerung aus Rußland, Polen oder Rumänien rechtfertigen: Diesen Ländern wird durch den Wegzug deutschstämmiger Bevölkerung ein nicht wiedergutzumachender volkswirtschaftlicher Schaden zugefügt. Kein Nationalökonom wird mir in diesem Punkt widersprechen!

Ich habe mich immer gefragt, wie es kommen konnte, daß die Regierung eines so stolzen und selbstbewußten Volkes wie jenes der Türken so die Interessen des eigenen Volkes vernachlässigen konnte. Gerne haben die Türken ihr Land, das sie lieben, sicher nicht verlassen. Aber diese Frage kann man sich natürlich quer durch die Zweite und Dritte Welt stellen. Auch die Drohung LECH WALESAS, wenn ihr, Bundesrepublik, uns nicht helft, schicken wir euch unsere Arbeitslosen, muß man als eine wirtschaftspolitische Bankrotterklärung verstehen. 1990 gab er dem französischen FIGARO ein Interview und sagte dort auf die Frage nach dem besten Wirtschaftssystem, man müsse das Beste aus dem Kapitalismus mit dem Besten aus dem Sozialismus verbinden. Und auf die Frage, was das denn sei, gab er zur Antwort: »Nun, der Kapitalismus ist leistungsstark, aber im Sozialismus braucht man nicht viel zu arbeiten, und das muß man beibehalten.«* Eine Regierung, die ihre Bevölkerung zum Arbeiten

* Aus »ZEITWENDE«, Oktober 1990, S. 247.

nach Deutschland schickt und zum Ausruhen in die Heimat holt, wird ihre wirtschaftlichen und sozialen Aufgaben auch in hundert Jahren noch nicht gelöst haben.

In der BRD aber würde die weitere Aufnahme von Ausländern genau jene Maßlosigkeit im Auftreten gegenüber der Zweiten und Dritten Welt weiter steigern, die wir als ein wesentliches Hindernis bei ihrer Entwicklung identifiziert haben und die es schleunigst zu beenden gilt. Der hochautomatisierte Produktionsapparat würde den Druck zum rücksichtslosen Abladen der Exportüberschüsse in jenem Teil der Welt weiter erhöhen. Die ausländischen Arbeitskräfte würden weiter am wirtschaftlichen Niedergang ihrer Heimatländer mitwirken und das Marionettenhafte ihrer lokalen Regierungen erneut unterstreichen. Und daher ist jede weitere Aufnahme von Ausländern in die Bundesrepublik entwicklungspolitisch abzulehnen, ohne daß es dabei eines Feilschens um Prozentpunkte bedarf.

2.6 Aktive Friedenssicherung

Es bleibt die Frage des Asylrechts, die ja nicht entwicklungspolitisch entschieden werden kann.

Das Asylrecht ist in der politischen Diskussion der letzten Jahre zu einem besonders kostbaren Rechtsgut hochstilisiert worden. Als Glied einer Familie, die während des Dritten Reiches aus politischen Gründen im Ausland leben mußte, weiß auch ich dieses Gut zu schätzen. Weit kostbarer allerdings ist das Recht auf Heimat. Ich meine nach allem, wie damit in jüngster Zeit umgegangen wird, ist es Zeit, den absoluten Vorrang des Heimatrechts vor dem Asylrecht herauszustellen.

Niemand verläßt sein Land gern, es sei denn aus Neugierde für kurze Zeit, um die Welt kennenzulernen. Aber darum geht es hier ja nicht. Jeder zieht Verhältnisse, die es ihm erlauben, in seiner Heimat zu bleiben, einem Asylantrag in der BRD vor. Beginnt unser Mitleid erst dann, wenn der Bürgerkriegsflüchtling oder der politisch Verfolgte seine Heimat verloren hat, der Rest seiner Familie vielleicht schon tot, Haus und Hof zersört, und sich unsere Hilfe vorwiegend konjunkturbelebend für unsere Industrie über ihn ergießen kann? Sind wir denn nicht in der Lage, früher helfend einzugreifen? Aber bestimmte Interessengruppen in der BRD haben es während der letzten Jahre erreicht, den Begriff der Ausländerfreundlichkeit auf jenen der Asylfreundlichkeit zu reduzieren. Welch eine Schande für den Westen, SADDAM HUSSEIN nach einem für das irakische Volk ungeheuer verlustreichen Krieg nicht nur an der Macht gelassen, sondern ihm auch noch ein militärisches Potential an die Hand gegeben zu haben, mit dem er den Versuch der Bevölkerung, ihn endlich loszuwerden, blutig niederschlagen konnte und sie nun weiter tyrannisieren kann. Welch eine Schande unsere sog. Hilfe für die Kurden! Ein entschlossenes Wort des Westens hätte genügt, um diesem Volk endlich sein Recht auf

Unabhängigkeit zu geben. Statt dessen ließ man zu, wie es erst vom Irak und dann von der Türkei zerrieben wurde. Aber immerhin wurden wir unsere Zelte, unsere Arzneien und Lebensmittel los, wofür uns das kurdische Volk sicher zu ewigem Dank verbunden bleibt!

Und welch ein Drama in Jugoslawien, welch eine Schande für Europa! Zwar konnten wir nicht verhindern, daß die Völker des ehemaligen Jugoslawien mit einfachen Waffen gegeneinander kämpfen, aber Europa, einschließlich Sowjetunion, hätte längst das schwere Kriegsgerät der jugoslawischen Bundesarmee mit einem gezielten Schlag vernichten müssen, hätte es dieses nicht freiwillig den Blauhelmen der UNO abgeliefert. Wieviel Elend wäre dann vermieden worden. Nach solch einem Schlag hätten sich die Völker Jugoslawiens wahrscheinlich schnell friedlich geeinigt.

Wichtiger noch ist natürlich, die Völker der Zweiten und Dritten Welt gar nicht erst mit solch einem Kriegsmaterial zu beliefern. Wieviel Elend und wieviel Flüchtlinge haben unsere westlichen Waffenlieferungen während der letzten 30 Jahre hervorgebracht! Die gleichzeitigen östlichen Waffenlieferungen sind hierfür sicher nicht allein der Grund gewesen, und ihnen hätte man auch auf andere Weise begegnen können als durch westliche Waffenlieferungen, z. B. durch militärische Beistandspakte. Da sich die Fronten oft sehr schnell ändern – wie der Fall des von uns hochgerüsteten Irak zeigt –, wäre diese Sicherheitspolitik sicher wirksamer gewesen. Aber das Waffengeschäft wurde höher veranschlagt als der Wille, Frieden zu stiften. Und der Grundsatz der Bundesregierung, keine Waffen in Krisengebiete zu liefern, ist nichts weiter als die mit Scheinheiligkeit getarnte Politik einer bestmöglichen Belieferung des internationalen Waffenhandels. Hauptsache der Export stimmt!

Ein erster Beitrag zu einer aktiven Friedenspolitik wäre also das Verbot jeglicher Waffenlieferungen außerhalb des NATO-Gebiets, was bedeuten würde, veraltete NATO-Waffen grundsätzlich zu verschrotten, anstatt mit ihnen ein Geschäft zu machen. Unsere westlichen Verteidigungshaushalte würden dadurch nur kurzfristig mehrbelastet, langfristig würde sich dieses Verfahren auch ökonomisch ausbezahlen, wie uns der Krieg gegen Saddam gezeigt hat. Denn ohne unsere Waffenlieferungen hätte er gar nicht erst stattgefunden.

Ein zweiter wichtiger Schritt zur Friedenssicherung wäre, jegliche Wirtschaftshilfe gegenüber einem Staat der Zweiten und Dritten Welt von der Beachtung der Menschenrechte und grundlegender demokratischer Spielregeln abhängig zu machen. Darüber wird seit Jahren zwar viel geredet, der sog. Politikdialog mit den Regierungen der Zweiten und Dritten Welt soll sie von der Notwendigkeit der Einhaltung solcher Grundregeln überzeugen, aber nur in der Zweiten Welt sind hier durch das mutige Auftreten GORBATSCHOVS tatsächlich Fortschritte erzielt worden, nicht etwa durch unser Auftreten.

Ohne große Risiken einzugehen, hätte ein solch entschlossenes Auftreten des Westens gegenüber den Polizeistaaten und Diktaturen der Dritten Welt – solche sind sie bis heute in ihrer überwiegenden Mehrzahl – erhebliche Fortschritte zugunsten ihrer Bevölkerung erreichen können. Aber bis heute hat sich so gut wie nichts getan. Die Angst vor dem möglichen Geschäftsverlust hält uns ab. Ein geschlossenes Vorgehen des Westens hat sich bislang als Illusion erwiesen, denn im Entwicklungshilfegeschäft herrscht die gleiche Konkurrenz wie unter Staubsaugervertretern, und so zeigt sich im Ausbleiben jeglichen Fortschritts beim Politikdialog einmal mehr der Charakter unserer Entwicklungshilfe: Wir geben sie nicht, weil sie den armen Ländern nützt, sondern weil sie unserer Industrie nützt. Und deshalb können wir sie nicht mit so unnützen Dingen wie Moral belasten.

Nur geht es, liebe Leser, bei der Beachtung demokratischer Grundregeln in den Staaten der Dritten Welt nicht allein um Moral, sondern allmählich um unsere eigenen vitalen Interessen. Denn, und damit sind wir wieder beim Asylrecht: Ahnen wir eigentlich, was da längst hätte auf uns zukommen können und in Zukunft auf uns zukommen wird?

Jeder Bürger, der in einem der zahlreichen Staaten der Dritten Welt heute demokratische Rechte wie Rede- und Versammlungsfreiheit demokratische Wahlen und eine demokratisch legitimierte Regierung öffentlich fordert, sieht sich schon morgen politischer Verfolgung ausgesetzt und könnte übermorgen bei uns einen begründeten Asylantrag stellen. Millionen und Abermillionen hätten solche Anträge während der vergangenen Jahre stellen können. Was sie allein davon abgehalten hat, ist der Gleichmut, mit der sie bislang ihre Situation ertragen, ist die Liebe und Verbundenheit mit ihrer Heimat und ihren Menschen. Aber Gleichmut und Ausdauer sind Grenzen gesetzt. Und könnten wir sie aufnehmen, wenn sie mit begründeten Anträgen kämen?

Selbst wenn wir während der nächsten 20 Jahre in Westeuropa die apokalyptisch hohe Zahl von 100 Millionen Afrikanern aufnähmen, wären dies dann gerade 10% der Bevölkerung Afrikas, die bis dahin eine Milliarde Menschen überschreiten wird.

In Osteuropa bis zum Ural, auf dem Balkan und in der Türkei werden bis dahin etwa 440 Millionen Menschen leben, eine Aufnahme von nur 10% wären weitere 44 Millionen Menschen für Westeuropa.

Wer je geglaubt hat, die Aufnahme von Ausländern könne etwa die Not ihrer Heimatländer lindern helfen – tatsächlich ist das Gegenteil der Fall –, wird vor diesen simplen Zahlenrelationen selbst dann, wenn er alles, was ich in diesem Buch versucht habe, dem Leser nahezubringen, für Unsinn hält, ganz einfach kapitulieren müssen. Es bleibt zu hoffen, daß solche Zahlenrelationen wenigstens jene Kirchenkreise zum Nachdenken anregen, die über das Asylrecht hinaus für die Aufnahme von Armutsflüchtlingen werben, wie dies im Herbst 1991 Kardinal GEORG STERZINSKY tat. Er halte es für schrecklich, daß man heutzutage beinahe einen Konsens erreicht hat, daß überhaupt nur noch politische Flüchtlinge Aufnahme finden dürfen. »Ist denn ein Armutsflüchtling nicht auch ein Mensch, dem wir Gerechtigkeit im Erbarmen schenken müssen?«*

---

* SCHWÄBISCHE ZEITUNG vom 9. 10. 1991.

So geht es freilich nicht. Wir müssen vielmehr alles in unserer Macht Stehende unternehmen, damit in der Welt Verhältnisse herrschen, die eine politische Verfolgung oder Massenelend mit der Folge von Flucht und Asylantrag ausschließen. Sollte die Verweigerung jeder Hilfe an die politisch Verantwortlichen nicht ausreichen, darf militärisches Eingreifen nicht mehr ausgeschlossen werden.

Die Welt ist zu klein geworden, um Tyrannei, Krieg und Bürgerkieg noch als innere Angelegenheit eines Staates zu akzeptieren. Die üblen Folgen solcher Zustände betrachten wir ja schon lange nicht mehr als innere Angelegenheit und greifen ein: mit Hilfssendungen aller Art, einschließlich Waffen, und mit Asylgewährung. Wir kurieren ständig an den Symptomen, weil unsere Wirtschaft daran verdient, aber zugleich stützen wir den Fortbestand ihrer Ursachen, die IDI AMINS, die BOKASSAS, die MOBUTOS und MENGISTUS und wie sie alle heißen. Als Menetekel für die Einhaltung der Menschenrechte dient uns AMNESTY INTERNATIONAL, aber dieses Feigenblatt ist zu klein, um die Scham über unser Versagen bedecken zu können. Ich bin weit davon entfernt, Einrichtungen wie AMNESTY INTERNATIONAL oder das Notärzteschiff CAP ANAMUR für eine Farce zu halten. Bekommen solche Organisationen aber nur deshalb so viel zu tun, weil unsere westliche Außenpolitik versagt, werden sie dadurch zur Farce. Das gleiche gilt für das ROTE KREUZ. Seit Jahren erhält es dank westlicher Außenpolitik immer mehr den Charakter einer Organisation für westliche Warenexporte.

Es wird Zeit, daß wir von willkürlicher Außenpolitik jedweden Staates zu einer Weltinnenpolitik übergehen. Die Zeit ist reif, die Gedanken, die IMMANUEL KANT vor 200 Jahren entwickelte, in die Tat umzusetzen. Zur Weltinnenpolitik gehört die Entmachtung nationaler Armeen und die Aufstellung einer Weltpolizeitruppe. Es wäre schön, die Vereinten Nationen hätten schon den Grad an politischer Reife entwickelt, um eine Weltinnenpolitik verfolgen zu können. Dem stehen heute vor allem zwei Umstände entgegen:

Die Mehrzahl der Länder der Dritten Welt sind heute noch Polizeistaaten und Diktaturen. Solange sich dies nicht geändert hat, werden sie versuchen, ihr System mit eigenen Armeen zu stützen.

Das westliche NATO-Bündnis hat die Macht und zum erstenmal die reale Chance, in Zusammenarbeit mit den GUS-Staaten eine Weltpolizeimacht aufzustellen, aber sie besitzt nicht das Vertrauen der Weltbevölkerung. Solange der Westen bei seinem internationalen Auftreten stets nur sein Geschäft im Auge hat, vom Waffenhandel bis zu den Feldlazaretten und der Nahrungsmittelhilfe, wird die Weltbevölkerung eine solche Weltpolizeitruppe nicht als gerechte Ordnungsmacht betrachten können. Vielmehr wird – auch ohne Weltpolizei – der fundamentalistische Haß gegen den Westen weiter zunehmen und ein immer größerer Teil der Weltbevölkerung wird von dem Tag träumen, an dem er sich von der Übermacht westlich-egoistischen, mit scheinheiligem Humanismus getarnten Vorteildenkens wird befreien können. Er wird, anstatt sich durch produktive Arbeit von dieser Übermacht zu befreien, in ideologisch-militärischer Agression ergehen.

Wir sehen dies am Verhalten jener arabischen Staaten, denen der Ölreichtum die materielle Basis zu solcher Aggression verlieh, und wir sehen es an der Sympathie, mit der ihr Verhalten von den übrigen armen Staaten begleitet wurde.

Solange der Westen glaubt, diese Staaten würden sich stets nur untereinander zerfleischen, und er hätte dabei nichts besseres zu tun, als sie gegeneinander aufzurüsten, verlieren wir jeden Anspruch, als Ordnungsmacht auftreten zu können.

Dabei hätte der Westen nach dem Zusammenbruch des Ostblocks zum erstenmal die Chance gehabt, als Ordnungsmacht Profil zu gewinnen. Er hat sie im Krieg gegen SADDAM HUSSEIN verpatzt und im Falle Jugoslawiens gar nicht erst genutzt.

Das Kriegspotential im Nahen Osten wird wieder drastisch zunehmen, weitgehend unbemerkt von der Weltöffentlichkeit, bis es, möglicherweise unter Einsatz von ABC-Wafen, das nächste Mal kracht. Aber der Westen ist in seinen Waffenhandel so verliebt, daß er bereits jede Rücksicht auf seine eigene Sicherheit vergißt. Warum auch daran denken! Da wir alle mal sterben müssen, sollten wir wenigstens die Chance nutzen, unserem Totengräber den Spaten zu liefern und uns mit 50% an seinem Geschäft zu beteiligen.

Einzige Aufgabe einer weltweiten Polizeimacht müßte es sein, das in nationalen Händen befindliche schwere Kriegsmaterial in der Welt zu zerstören und seine Produktion und Verbreitung zu verhindern. Es wäre nicht ihre Aufgabe, Recht zu sprechen und Streitigkeiten zu schlichten, sondern lediglich ihre Austragung mit ABC-Waffen und schwerem Kriegsmaterial zu verhindern. Da dies eine wichtige Überlebensfrage für die Weltbevölkerung ist, wäre dies ein Stück Weltinnenpolitik. NATO und GUS-Staaten sollten ihr militärisches Potential verringern, vereinen und auf eine weltweite Eingreiftruppe hin reorganisieren. Aufgabe dieser Eingreiftruppe wäre es, überall in der Welt beim Ausbruch bewaffneter Auseinandersetzungen einzugreifen und das schwere Kriegsmaterial einschließlich Waffenfabriken bei beiden kriegführenden Parteien zu zerstören. Ebenso wichtig wäre es, untereinander die kontrollierte Nichtverbreitung jeglicher Waffen zu vereinbaren und eine gemeinsam getragene und überwachte Waffenproduktion ganz auf diese Eingreiftruppe zu konzentrieren. Natürlich läßt sich auf diese Weise nicht verhindern, daß Menschen mit Äxten und Messern aufeinander losgehen. Aber es ließe sich damit jede größere kriegerische Auseinandersetzung verhindern, die zu Massenelend und Massenflucht führt. Das Angebot technischer Hilfe des Westens könnte für die GUS-Staaten ein wichtiger Anreiz zur Mitwirkung an einer solchen Weltpolizeitruppe und zur entsprechenden Reorganisation ihrer Rüstung sein. Zum Angebot technischer Hilfe hinzutreten müßte das Angebot zur Abnahme (Import) von Waren und Dienstleistungen aus den GUS-Staaten, insbesondere von ehemaligen Rüstungsbetrieben, die auf zivile Produktion umgestellt wurden.

Wenn NATO und GUS-Staaten warten, bis die UNO ihnen ein solches Mandat überträgt, werden sie wahrscheinlich lange warten müssen. Wenn NATO und GUS-Staaten die Chance, die ihnen jetzt gegeben ist, nicht ergreifen, werden wir nach dem Zusammenbruch des Gleichgewichts der Supermächte in eine neue »kaiserlose, schreckliche Zeit« einmünden, fern von dem erhofften Weltfrieden, mit einem Hauen und Stechen jeder gegen jeden.

Umgekehrt würden einige wenige Einsätze dieser Weltpolizei genügen, um allen Gewaltregimen zu zeigen, daß sie mit nationaler Rüstung und militärischer Aggression nicht weiterkommen, und dies würde automatisch zu einer weltweiten umfassenden Abrüstung führen.

Unsere Welt ist inzwischen so dicht besiedelt und ihre knappen Ressourcen sind so gefährdet, daß wir uns im Verkehr der Staaten untereinander bei der Regelung von Streitigkeiten kein anderes Verfahren leisten können wie jenes, das wir in unserer Innenpolitik schon längst praktizieren: der Gebrauch von Waffen ist untersagt und wird polizeilich verfolgt, Streitigkeiten sind vor den ordentlichen Gerichten auszutragen, politische Willensbildung und -äußerung müssen demokratischen Regeln folgen.

Nur so kann auch das Asylrecht, das wir grundsätzlich aufrechterhalten sollten, überhaupt praktikabel bleiben, weil es dann nur noch eine sehr kleine Zahl von begründeten Asylanträgen geben kann.

Was eine Weltpolizeitruppe freilich nicht erreichen kann ist, geordnetete Verhältnisse in einem Land zu schaffen oder gar für Demokratie und soziale Marktwirtschaft zu sorgen. Hierzu beitragen kann nur ein umfassendes und unter den Mitgliedsländern abgestimmtes politisches Engagement des Westens unter gleichzeitigem Einsatz aller im dritten Teil dieses Buches empfohlenen Maßnahmen. Der Sturz eines Diktators, ob er nun BABY DOCK heißt, MARCOS, MENGISTU oder BARRE, schafft für sich allein noch keine Besserung. Wenn das politische Engagement des Westens nach dem Sturz eines Diktators lediglich darin besteht, in dem betreffenden Land drei Hilfstöpfe hinzustellen – den ersten gefüllt mit Nahrungsmitteln, den zweiten mit Medikamenten und Verbandsmaterial und den dritten mit Waffen – mit der lakonischen Feststellung, man wolle nicht in die inneren Angelegenheiten dieses Staates eingreifen und daher nur »humanitäre Hilfe« leisten, darf man sich nicht wundern, wenn in diesem Land Elend und Anarchie noch schlimmere Ausmaße annehmen als zuvor.

2.7 Privates Eigentum an den Produktionsmitteln

Ohne Privateigentum an den Produktionsmitteln gibt es kein Wirtschaften auf eigenes Risiko, und ohne Wirtschaften auf eigenes Risiko im Wettbewerb mit anderen fehlt – das ist der empirische Befund in Afrika wie in der Sowjetunion, in Lateinamerika wie in Ostasien – die wirtschaftliche Leistung, welche die Zweite und Dritte Welt benötigen, um aus der Misere zu gelangen.

Kollektive und staatliche Wirtschafts- und Eigentumsformen haben nicht nur im Ostblock versagt, auch in Lateinamerika und vor allem in Afrika ist Land im Kollektiveigentum während der letzten 30 Jahre in erschreckendem Umfang durch rücksichslosen Raubbau erodiert und unfruchtbar gemacht worden, weil es jedem gehörte und folglich niemand Verantwortung für die Erhaltung seines Potentials entwickelte. Kollektive Eigentumsformen gewährleisten gerade das nicht, was viele bislang von ihnen erhofften und weshalb sie diese propagierten: sozialen Schutz.

Soziale Leistungen können nur aus den Überschüssen einer leistungsfähigen Wirtschaft finanziert werden, nicht aber aus der allgemeinen Armut. Der Dienst am Nächsten wird erst aus den Überschüssen egoistischen Strebens möglich. So wichtig es ist, den Egoismus in Grenzen zu halten, so tödlich ist es, ihn durch kollektivistische Wirtschafts- und Eigentumsordnungen zu unterdrücken.

Es ist daher müßig, den Staaten der Zweiten und Dritten Welt Hilfe zu gewähren, solange sie nicht in allen Wirtschaftssektoren, insbesondere aber in der Landwirtschaft, dem Privateigentum an den Produktionsmitteln breiten Raum gegeben haben.

Freilich, die Privatisierung der Produktionsmittel und die Umstellung auf ein Wirtschaften im Wettbewerb ist ein schwieriger, oft schmerzlicher Umstellungsprozeß, der ebensoviel Geschick und Augenmaß, wie Durchhaltevermögen bis zum Erfolg erfordert. Wer ihn ernsthaft anstrebt, weiß, daß er sich nicht auf Ukase beschränken kann, ebenso, daß er dabei schrittweise vorgehen muß. Die bisherigen Reformbemühungen in der Sowjetunion und ihren Nachfolgestaaten lassen hierbei ebenso zu wünschen übrig wie die Strukturanpassungsprogramme in der Dritten Welt. Welche positiven Beiträge der Westen im Rahmen einer reorganisierten technischen Hilfe leisten kann behandelt das folgende Kapitel. Bevor er sich solchen positiven Beiträgen zuwendet, sollte er sich vor allem aller negativen, in den vorangegangenen Kapiteln beschriebenen Einflußnahmen enthalten. Was die Privatisierung der Produktionsmittel anbelangt, so besteht eine negative Einflußnahme bis heute ganz massiv dadurch, daß staatliche Unternehmen in der Zweiten und Dritten Welt in den Genuß von Ausfallbürgschaften (z. B. HERMES) seitens westlicher Regierungen beim Import westlicher Technologie gelangen. Solange dem staatlichen Sektor in der Zweiten und Dritten Welt derartige Unterstützung zuteil wird, kann dort ein Privatisierungsprozeß nicht gelingen.

3 Auf dem Weg zu einer Technischen Hilfe

Wir haben inzwischen sieben kategorische Aktionsbereiche und darin jeweils eine Reihe von Maßnahmen aufgeführt und zu einem Kranz von Rahmenbedingungen für die politische, wirtschaftliche und soziale Gesundung der Länder der Zweiten und Dritten Welt und zur Bewahrung der diesbezüglichen Errungenschaften der Ersten Welt zusammengestellt, und der Leser wird bemerkt haben, daß noch nicht ein einziges Mal vom Geld die Rede war, es sei denn in der Weise, daß wir es als schädlich betrachteten. Tatsächlich ist es ebenso müßig, die Frage zu stellen, wieviel Geld man zur Entwicklung der Zweiten und Dritten Welt braucht, wie jene, wieviel DM die deutsche Wiedervereinigung kostet.

Erforderlich ist zunächst das Setzen entwicklungsfördernder Rahmenbedingungen. Diese kosten zwar auch Geld, aber ihr Geldaufwand steht völlig im Hintergrund. Sie kosten zunächst einmal die Einsicht in ihre Notwendigkeit und dann entschlossenes Handeln, während die Finanzierung zweitrangig ist. Ihr Problem liegt gerade darin, daß sie viel zuwenig kosten und daß sie gewissen Interessengruppen, die lieber weiterhin an den Symptomen kurieren wollen, weil dies ein dickes und dauerhaftes und ständig wachsendes Geschäft ist, eben dieses Geschäft kaputtmachen würden. Diese Interessengruppen werden daher weiterhin die Lösung der Probleme bei ihren Ursachen und das Setzen entsprechender Rahmenbedingungen zu vereiteln trachten und versuchen, die Öffentlichkeit mit pseudo-humanitären Argumenten zu täuschen, um ihr Geschäft zu retten. Aber der Bürger in den westlichen Ländern merkt allmählich, wer das Ganze bezahlen muß, nämlich er selbst, und er wird daher nicht mehr mitspielen. Er wird das hypokritische Gespinst, das man zuerst um die Hilfe für die Dritte Welt und nun auch für die Zweite Welt gewoben hat, beseitigen, um zu den harten Realitäten vorzudringen. Hierzu sollten meine Erfahrungen einen Beitrag leisten.

Zu den harten Realitäten gehört auch die völlig unzureichende Effizienz, mit der unsere westliche Technische Hilfe bisher eben wegen des Fehlens adäquater Rahmenbedingungen arbeiten mußte. Wenn ich in Teil 1, Kapitel 4.2, den Erfolg der westlichen Hilfsprojekte abschätzte und sagte, daß 10 bis 20% der Projekte in der Lage waren, Innovationen zu vermitteln, so ist dies als ein Kompliment an jene Kollegen zu werten, denen es unter Bedingungen, die sich überwiegend kontraproduktiv auswirkten und die ihre Arbeit umfassend behinderten, dennoch immer wieder gelang, die Produktivität zu steigern oder neue überlegene Produkte in die Produktion der armen Länder einzuführen. Mit dem Anliegen, die Erfolgschancen unserer Technischen Hilfe zu verbessern, widme ich dieses Buch zugleich all jenen Kollegen, die den Grad ihrer Berufserfüllung nicht nur an ihrem Gehaltskonto ablesen und die unter der bisherigen Situation ebenso leiden wie ich. Ich glaube, es sind ihrer sehr viele.

In einer marktwirtschaftlichen Wirtschaftsordnung unterscheiden wir den

Bereich der Produktion (von Gütern und Diensten), der ganz überwiegend in Händen privater Unternehmer liegt, und den Bereich der staatlichen Ordnungspolitik. Für den großen Bereich der lokalen Produktion ist der lokale Privatunternehmer (evtl. in Kooperation mit einem ausländischen Joint-Venture-Partner) allein zuständig. Er plant und realisiert, denn er trägt das Risiko. In diesem Bereich hat der Staat keine andere Aufgabe, als die Rahmenbedingungen zu setzen.

Beide Bereiche sind endlich auch voneinander zu trennen was die künftige Technische Hilfe des westlichen Auslands anbelangt. Wie ich in Teil 1, Kapitel 4.2 ausführte, ist die Technische Hilfe bis heute auf diese Trennung nicht eingestellt. Vielmehr wird unsere Hilfe in die sog. »Projektform« gegossen, und diese ist ein hilfloses, ineffizientes Knäuel von Ordnungspolitik und Produktionsarbeit, das Ganze zuammengehalten nicht nur von der Vorstellung, man könne beides miteinander verbinden, sondern auch von der fixen Idee, beides effizient durch die Bürokratie des BMZ von Bonn aus steuern zu können.

Nehmen wir das in der Technischen Hilfe häufig vorkommende Beispiel eines ländlichen Regionalentwicklungsprojekts in einem afrikanischen Land, bei welchem einige tausend kleinbäuerliche Familien die Zielgruppe des Projekts darstellen. Die Frage, wie ihnen von deutscher Seite aus geholfen werden kann, ist zunächst Gegenstand sog. Regierungsverhandlungen, die regelmäßig im ein- oder zweijährigen Turnus zwischen den zuständigen Ministerien im Geberland (BMZ) und Nehmerland (lokales Landwirtschaftsministerium) stattfinden, bei welchem das Nehmerland einen entsprechenden Förderantrag unterbreitet. Nach dem grundsätzlichen Beschluß, das Projekt mit einer bestimmten Globalsumme zu fördern, folgen umständliche Gutachten zur Projektdetailplanung, welche die deutschen Unterbehörden (GTZ, KFW) im Auftag des BMZ durchführen, ausgeführt, wieder im Unterauftrag letzterer Gesellschaften, durch private Consultingfirmen. Darüber vergehen ein, manchmal zwei bis drei Jahre, dann endlich reist das Expertenteam aus, das die ländliche Region fördern soll. Unmittelbarer Ansprechpartner des Teams vor Ort ist die staatliche Landwirtschaftsverwaltung. Über sie versucht nun das Expertenteam auf die bäuerlichen Verhältnisse innovativ einzuwirken. Was die Bauern kultivieren, ist in der Regel ein Mix von sog. Subsistenzkulturen, also ihre Basisnahrungsmittel (Hirse, Mais, Maniok, Reis etc.), von denen sie nur einen kleinen Teil oder gar nichts vermarkten, und sog. cash crops (Kaffee, Kakao, Tee, Baumwolle etc.), von denen sie alles vermarkten.

Berücksichtigt man den enormen ordnungspolitischen Anspruch, mit dem ein solches Projekt von der Ministerialbürokratie in Bonn entwicklungspolitisch begutachtet und schließlich mit hochtrabenden und dicken Ausarbeitungen über Oberziel, Projektziel, Ergebnisse und Aktivitäten in die Wege geleitet wurde, sollte man annehmen, daß es auf diesem ordnungspolitischen Bereich vor Ort auch einiges bewegen kann. In unserem Falle hieße das, die Produktionsmittelversorgung der Bauern durch einen privatwirtschaftlich arbeitenden Landhandel unter Wettbewerbsbedingungen sicherzustellen, denn das gibt es bislang meist nicht, oder die Weiterverarbeitung der cash crops durch ebenso im Wettbewerb arbeitende Privatbetriebe zu organisieren – auch dies gibt es, wie der Leser inzwischen weiß, bislang kaum –, das hieße schließlich, die Preispolitik des lokalen Landwirtschaftsministeriums produktionsfördernd zu gestalten und last not least kontraproduktive Dumping- und Hilfssendungen des westlichen Auslands abzuwehren.

Das alles entspricht zwar den offiziellen Verlautbarungen unserer Entwicklungsbürokratie in Bonn, zumindest seit der Wende von 1983, aber das sprengt nun leider den Projektrahmen, in den wir unsere Technische Hilfe gegossen haben. Nein, nein, solche Dinge können wir leider nicht anpacken, so sind nun mal die Rahmenbedingungen in diesem Land, das gehört in unserem ZOPP-Modell zu den Annahmen, daran drehen wir nicht!

Was tun wir dann? Nun, wir versorgen die Partnerbehörde, die lokale Landwirtschaftsverwaltung mit Fahrzeugen – daran fehlt es immer – und seit der Ölkrise auch mit Treibstoffen, und wir schicken ihr Personal zu Fortbildungslehrgängen ins Ausland. Wir errichten den Bauern Grundschulen, reparieren Feldwege und Trinkwasserbrunnen – hier wirken wir eminent ordnungspolitisch, allerdings ausschließlich durch Transferzahlungen –, und dann besteht unser Projekt auch noch aus unmittelbaren Eingriffen in die Produktion. Wir beraten die Bauern im richtigen Gebrauch der Fruchtfolge und der sorgfältigen Durchführung der Pflegemaßnahmen, auch wenn sie unsere Ratschläge nicht befolgen wollen, weil in Anbetracht der Preis-Kosten-Relation der zusätzliche Arbeitsinput gar nicht interessant ist. Und weil dem leider so ist, beliefern wir sie mit preissubventionierten Düngemitteln, die wir – enorm ordnungspolitisch – unter Ausschaltung des lokalen Landhandels mit unserer eigenen Logistik im Projektgebiet verteilen. So haben die Bauern wenigstens einen kleinen Ausgleich für ihre niedrigen Erzeugerpreise.

Und wenn wir nun in diesem Jammertal aus verhinderter Ordnungspolitik und der Ersatzbefriedigung durch Transferzahlungen großes Glück haben, so gelingt uns noch ganz unerwartet eine Innovation:

Beispielsweise, wenn da so ein junger Doktorand im Expertenteam – ganz einfach und simpel zu handhaben – eine biologische Bekämpfungsmethode gegen einen im Projektgebiet verbreiteten Schädling entwickelt hat. Dann gehören wir zu den glücklichen 10 bis 20% jener Projekte, die nachhaltige Innovationen realisieren konnten, meist durch Naturwisschenschaftler mit Entwicklungen, die auch unter schlimmsten Rahmenbedingungen funktionieren und auf die ich als Ökonom nur neidisch sein kann, weil so etwas in meinem Fachbereich durchzusetzen erheblich schwieriger ist. Liest man die Entwicklungshilfemitteilungen aus dem Hause des BMZ und seiner untergeordneten Gesellschaften, so besteht unsere Technische Hilfe natürlich nur aus solchen innovatorischen Erfolgstreffern.

Tatsächlich beweisen sie nur, daß unsere Technische Hilfe falsch konzipiert ist, solange sie an der Organisationsform des Projekts festhält, denn: die Unterstützung der staatlichen Ordnungspolitik gehört in die lokalen Ministerien und ihre regionalen Untergliederungen und die Unterstützung in der Produktion gehört in den privaten Sektor. Das zweite ist, daß unsere Technische Hilfe nicht – wie bislang – zu 80 bis 90% aus Transferleistungen bestehen sollte, die nichts weiter bewirken, als die überholten monopolistischen Strukturen der lokalen Eliten zu stützen.

Nun, letzteres hat man unserer Entwicklungshilfe schon seit einigen Jahren vorgeworfen, seit der Wende von 1983 und seit den etwa zur gleichen Zeit beginnenden Strukturanpassungsprogrammen wird auch in der Entwicklungshilfe viel über Privatisierung geredet und sie ist nun auch das Anliegen der Staaten in der Zweiten Welt. Warum sich noch nicht viel getan hat, habe ich bereits dargelegt. Aber unterstellt, die von mir vorgeschlagenen sieben kategorischen Aktionsbereiche würden mit entsprechenden Maßnahmen ausgefüllt, wo sollte dann der Schwerpunkt unserer Technischen Hilfe künftig liegen und wie sollte sie organisiert sein?

Zunächst ist vorauszuschicken, daß sich die soziale Marktwirtschaft in den Ländern der Zweiten und Dritten Welt nicht ohne erhebliche Anstrengungen wird einführen lassen. Wer glaubt, nach dem Zusammenbruch des Kommunismus stünde dem weltweiten Sieg der sozialen Marktwirtschaft nichts mehr im Wege, der irrt. Selbst wenn wir es schaffen sollten, ihrer Einführung von unserer Seite nicht mehr im Wege zu stehen, werden die bisherigen Eliten und ihre Bürokratie zunächst alles versuchen, sich um die Aufgabe des Wirtschaftens auf eigenes Risiko im Wettbewerb zu drücken, so gut sie können. Schließlich haben wir sie in der Dritten Welt 30 Jahre lang in dieser Haltung bestärkt.

Bei der Durchsetzung einer sozialen Marktwirtschaft bedürfen daher die Länder der Zweiten und Dritten Welt während der nächsten zehn Jahre einer besonderen ordnungspolitischen Unterstützung, die wir niemandem aufdrängen, die wir aber zur Voraussetzung für jegliche weitere finanzielle Unterstützung auf dem Gebiet der Infrastruktur machen sollten.

Hatte ich nicht eben weitere finanzielle Transfers (Devisenhilfen) kategorisch abgelehnt? Ich bleibe auch prinzipiell bei dieser Ablehnung. Nur muß man sich darüber im klaren sein, daß der produktive Sektor, insbesondere der industrielle, in zahlreichen Ländern der Dritten Welt während der letzten 30 Jahre so stark in seiner Entwicklung zurückblieb, daß er während der nächsten 10 Jahre nicht die Steuerkraft entwickeln kann, um dem Fiskus die Finanzierung der Infrastruktur aus solchen Steuern zu erlauben. In einigen Ländern würde die Steuerkraft nicht einmal zur Unterhaltung der bestehenden Infrastruktur ausreichen. Zwar sollte die bisherige Überbetonung infrastruktureller Transfers beendet und ihr Volumen für die Dritte Welt deutlich reduziert werden (auf ca. 50%), aber auf dem reduzierten Niveau dennoch für die nächsten 10 Jahre weitergeführt werden, damit die Infrastruktur nicht zum Engpaß eines künftigen industriellen Aufschwungs wird. Ganz entscheidend bei der Infrastrukturförderung ist, daß sich dabei privates lokales Bauhandwerk und Bauindustrie entwickeln.

Die Verknüpfung dieser Hilfe mit dem Junktim tatsächlicher Anstrengungen in der marktwirtschaftlichen Ordnungspolitik und Privatisierung dürfte ein starker Anreiz zu solchen Reformen sein.

Was die Zweite Welt anbelangt, so sehe ich die Notwendigkeit einer solchen Übergangsregelung bei der Infrastruktur nicht. Sie sollte westliche Technologie voll bezahlen, das gibt ihr den Anreiz, die eigene Forschung zu intensivieren.

Ein erster Bereich, in welchem unsere Technische Hilfe erforderlich sein wird, ist der Aufbau unabhängig arbeitender Zentralbanksysteme, was ich in seiner Bedeutung schon in Kapital 2.3 umrissen habe.

Der zweite Schwerpunkt ist die Privatisierung in der Produktion. Dies geht nicht allein per Dekret durch Freigabe der Preise und durch Überstülpen einer privaten Rechtsform auf Staatsbetriebe und ihre Funktionäre, wie dies immer wieder ohne Erfolg versucht wird. Dies gelingt nur durch Auswahl von Führungskräften, die das Zeug zum Wirtschaften auf eigenes Risiko haben. Schon die Rekrutierung von unternehmerischen Talenten und ihre systematische Förderung durch Managementtraining sollte Gegenstand Technischer Hilfe sein. Entscheidend für unsere Hilfe ist, daß eine strenge Selektion nach der Leistungsfähigkeit und nicht nach Beziehungen stattfindet. Nach Abschluß des vorbereitenden Trainings folgt der Sprung ins kalte Wasser der privaten Betriebsgründung. Diese kann durch geeignete zinsgünstige Betriebsgründungsdarlehen gefördert werden, wofür aber meist keine Devisenhilfe erforderlich ist, denn häufig können bestehende Anlagen übernommen werden.

In einer zuvor vom Staat überwucherten Wirtschaft nützt eine isolierte Privatisierung eines Betriebes indessen wenig, wenn nicht zugleich der Beschaffungs- wie der Absatzmarkt privatwirtschaftlich und nach Wettbewerbsgrundsätzen organisiert werden kann, denn sonst wird privates Wirtschaften im Keim erstickt. Dies bedeutet auch, daß eine zuvor zentral gelenkte Wirtschaft nicht mit einem Schlag, sondern nur scheibchenweise mit gleichsam vertikalen Schnitten durch die Palette von Produkten und Dienstleistungen, jeweils von den Zulieferbetrieben bis zum Endverbraucher privatwirtschaftlich reorganisiert werden kann. Auch dann sind Schnittstellen zu den zunächst noch unter staatlicher Regie arbeitenden Betrieben nicht ganz zu vermeiden, aber sie können auf ein Minimum begrenzt werden. Hier liegt ein weiter Bereich für Technische Hilfe in der Produktion wie auch bei flankierenden ordnungspolitischen Maßnahmen. Dabei kann die Technische Hilfe Überbrückungshilfen geben, als ultima ratio auch mit Devisenkrediten zum Import sonst nicht oder nicht rechtzeitig beschaffbarer Investitionsgüter. Aber letzeres Mittel sollte sehr sparsam eingesetzt werden, damit die stimulierende Wirkung auf die lokale Produktion nicht verfehlt wird.

Eine besonders wichtige Aufgabe ist es, mit der Privatisierung zugleich für ausreichenden Wettbewerb zu sorgen und monopolistische Strukturen und Verhaltensweisen von vornherein zu unterbinden. In den meisten Ländern der Dritten Welt haben die Machthaber bereits private Unternehmen gegründet, oft im Bereich wichtiger international gesuchter Rohstoffe. Hier braucht nicht privatisiert zu werden, sondern meist nur entflochten, um Wettbewerbsstrukturen aufzubauen. Bei allem ist die Verabschiedung wirksamer Kartellgesetze und ihre Anwendung gegenüber jedermann entscheidend. Sind die Machthaber zum Verzicht auf ihre private Monopolstellung nicht bereit, sollte man ihnen klarmachen, daß sie dann »ihren Dreck alleene«, d. h. ohne jegliche westliche Unterstützung fortführen müssen.

Selbst bei viel gutem Willen auf beiden Seiten und geschicktem Voranschreiten werden solche marktwirtschaftlichen Umstellungsprozesse je nach Land einen Zeitraum von 8 bis 15 Jahren in Anspruch nehmen. Das Tempo hängt dabei nicht vom Geld (Importmöglichkeiten vom Westen) ab, das man zur Verfügung stellt, sondern von der Zahl unternehmerischer Menschen, die bereit sind, auf eigenes Risiko zu arbeiten, und den sie fördernden ordnungspolitischen Rahmenbedingungen.

Es ist daher unerläßlich, daß der unglückselige Mittelabflußzwang in der Entwicklungszusammenarbeit beendet wird und Haushaltsvorschriften nicht mehr zu kontraproduktiven Transfers in die armen Länder zwingen. Die für die Entwicklungszusammenarbeit bestimmten Mittel sollten daher einem Fonds zufließen, in dem sie haushaltsrechtlich nicht verfallen können, sondern in dem sie langfristig der Vermittlung von technischem Know-how an Privatunternehmer, der Unterstützung der Ordnungspolitik und – in Maßen – dem Ausbau der Infrastruktur in den armen Ländern dienen können, ohne jeden Zeitzwang und Mittelabflußdruck. Es ist besser, die Mitarbeiter in den Hilfsorganisation verbringen ihre Zeit mit Patiencelegen – so schaden sie der Dritten und Zweiten Welt wenigstens nicht – als daß sie sich zu kontraproduktivem Mittelabfluß hinreißen lassen.

Das beim marktwirtschaftlichen Umstellungsprozeß im Rahmen der Technischen Hilfe zu entsendende Fachpersonal sollte grundsätzlich in zwei getrennten Bereichen zur Verfügung gestellt werden:

- der ordnungspolitische Bereich:

  Hier werden den staatlichen Ordnungsinstanzen, also vor allem den Ministerien und ihren regionalen Strukturen, den Zentralbanken, Kartellämtern etc. Fachkräfte zur Durchführung spezifischer, vorher vereinbarter ordnungspolitischer Programme zur Verfügung gestellt und wieder abgezogen, wenn das Empfängerland diese Maßnahmen nicht ehrlich verfolgt.

  Verhandlungspartner und Entsender auf deutscher Seite könnte weiterhin das BMZ mit seinen unterstellten Gesellschaften (GTZ und KFW) sein, desgleichen für flankierende Devisenhilfe und für die Fortführung der im Umfang reduzierten Infrastrukturhilfe.

  Allerdings muß man die Frage stellen, ob der künftige Schwerpunkt ordnungspolitischer Maßnahmen und der enge Politikdialog, der hierzu erforderlich ist, nicht eine Politik aus einer Hand erfordert, und hierfür sollte die Verantwortung beim Auswärtigen Amt liegen. Die Technische Hilfe in der Ordnungspolitik wäre dann eine Abteilung des Auswärtigen Amts. Dies hätte auch den Vorteil einer längst überfälligen stärkeren personellen Präsenz in den Ländern der Zweiten und Dritten Welt. Nur so läßt sich Ordnungspolitik unterstützen, nicht aber durch die Zentralen der Ministerien in Bonn. Das hier und in den unterstellten Gesellschaften beschäftigte Personal sollte endlich verstärkt an die Front versetzt werden. Aber es steht zu befürchten, daß solche Sachfragen von vornherein vom Hader der Parteien und ihrem Feilschen um Einfluß verdrängt werden.

– Der (privatwirtschaftliche) Produktionsbereich:
Zur Beschleunigung des Aufbaus einer privatwirtschaftlichen Produktion sollten die lokalen Privatunternehmer auf den westlichen Personalmärkten Unterstützung finden können. Hierzu bedarf es einer Preissubventionierung der Technischen Hilfe. Der lokale Unternehmer würde der westlichen Fachkraft die lokal üblichen Vergleichsbezüge plus 30 bis 50% Aufschlag (letzeren als Anreiz, fremdes Personal möglichst rasch durch lokales zu ersetzen) in lokaler Währung zahlen, den großen Rest (einschließlich Reisekosten, Sozialversicherung etc.) in DM würde der Fachkraft durch die Technische Hilfe bezahlt. Als Drehscheibe für die Vermittlung solcher Fachkräfte könnten im Empfängerland die Industrie- und Handelskammern, Handwerkskammern und Landwirtschaftskammern fungieren, in der Bundesrepublik könnte hiermit die GTZ beauftragt werden. Das Ganze sollte mit einem Minimum an administrativem Aufwand abgewickelt werden können. Damit würde die Beschäftigung teurer Fachleute in der Produktion endlich mehr auf den Personenkreis begrenzt (z. B. den jungen Doktoranden mit seiner biologischen Schädlingsbekämpfung), der den lokalen Unternehmern auch tatsächlich von Nutzen ist, weil er innovatives Know-how im Reisegepäck hat.
Zwar bedarf auch der Einsatz solchen Personals einer gewissen Planung und Koordinierung, aber er wäre nicht mehr Gegenstand von umständlichen Regierungsverhandlungen, Notenwechseln etc. und der Einschaltung von zahlreichen Beamten im Geber- und Nehmerland, die mit der Problemlösung so gut wie nichts zu tun haben und von ihr nichts verstehen.
Damit auch die Kleinbauern Zugang zu innovativem Know-how bekommen, sollten sie sich in berufständischen Organisationen auf Dorfebene zusammenschließen, die es teilweise schon gibt, und ihren Bedarf bei den Landwirtschaftskammern anmelden. Sie müssen endlich sowohl an der Planung wie an der Finanzierung von ausländischem Personaleinsatz in der Produktion beteiligt werden, denn sie tragen auch einen Großteil des Risikos. Von Geberseite setzt dies voraus, daß man technische Hilfe in der Produktion erst anbietet, wenn man ausgereifte innovatorische Lösungen vorweisen kann. Angewandte Forschung, die heute regelmäßig Gegenstand unserer zahllosen Projekte ist – jedes entdeckt Afrika von neuem und nur für sich – gehört nicht in den Bereich der Produktion und sollte daher in den ordnungspolitischen Bereich der technischen Hilfe (Ausbildung und Forschung) gerechnet werden.
Die regionalen Landwirtschaftsverwaltungen sollten sich ganz auf die Auf-

gaben der Ordnungspolitik (z. B. Flurbereinigung, Ressourcenschutz etc.) konzentrieren.

4 Sonderfall: Die neuen Bundesländer

Wie jedermann weiß, stellen die neuen Bundesländer unter allen ehemaligen Ostblockstaaten einen Sonderfall dar. Ihre Bevölkerung konnte sich durch Wiedervereinigung einem wohlhabenden westlichen Land anschließen, seine Währung übernehmen und seine Sozialleistungen, sie genießt volle Freizügigkeit, im Westen zu leben und zu arbeiten und last not least: sie hat volle demokratische Rechte. In diesen Sonderbedingungen liegen die Chancen wie auch die besonderen Risiken bei Angleichung der Lebensverhältnisse. Was heißt das eigentlich, Angleichung der Lebensverhältnisse? Ist es damit getan, daß wir einen raschen Anschluß an das Lohnniveau im Westen finden? Das hieße noch mehr Arbeitslosigkeit im Osten, weil sich dann nicht nur für die alten Kombinate kein privater Käufer mehr fände, sondern auch ein großer Teil der inzwischen privatisierten Betriebe wieder schließen müßte.

Die westdeutschen Gewerkschaften, insbesondere die IG Metall, die sich für eine rasche Lohnangleichung im Osten stark machen, sind trojanische Pferde in der Wirtschaft der neuen Bundesländer. Herr STEINKÜHLER weiß genau, daß jedes Prozent Lohnerhöhung im Osten die Auftragslage in seiner schwäbischen Heimat verbessert und natürlich im Osten doppelt verschlechtert.

Der Bevölkerungsexodus aus der DDR und jetzt den neuen Bundesländern wird unserer Bevölkerung weitgehend vorenthalten. Das Statistische Bundesamt hinkt mit der statistischen Aufbereitung ein ganzes Jahr nach. Seine veröffentlichten Zahlen sind die nachstehenden:

1989:	388 396	
1990:	395 343	
1991:	46 623	(erstes Quartal)
	55 542	(zweites Quartal)

Welches Ausmaß der Exodus z. Z. hat, erfährt man nicht genau, aber man muß davon ausgehen, daß der monatliche Wegzug die Größenordnung einer Kleinstadt von 15 000 – 25 000 Einwohnern hat. Wenn die Entwicklung so weiterläuft, wie sie seit zwei Jahren abläuft, wird sich der Abbau des industriellen und landwirtschaftlichen Potentials fortsetzen und auf einem deutlich niedrigeren Niveau stabilisieren. Auf diesem Niveau werden nur noch etwa 40 bis 50 % der ehemaligen Arbeitsplätze der DDR* erhalten bleiben, selbst unter Berücksichtigung des Ausbaus im Dienstleistungssektor. Etwa zwei bis drei Millionen weite-

* Berücksichtigt man, daß die Beschäftigungsquote (Verhältnis der beschäftigten zur erwerbsfähigen Bevölkerung) im System der DDR bei 90 % und in marktwirtschaftlichen Systemen nur bei 70 % liegt, müßten wenigstens knapp 80 % der ehemaligen Arbeitsplätze in der DDR erhalten bleiben.

rer Bevölkerung aus den neuen Bundesländern, vorwiegend industrielle Facharbeiter mit ihren Familien, werden nach Westdeutschland umsiedeln, weil sie dort Arbeit finden. Die »Angleichung der Lebensverhältnisse«, sprich des Lohnniveaus, wird weiter fortgesetzt, was noch eine weitere Million Menschen aus der DDR vertreiben würde, aber hier werden nun die Bundesregierung und alle Parteien massiv gegensteuern. Und nun sind wir endlich beim Geld und der im Grunde so müßigen Frage: »Was kostet die Wiedervereinigung«, denn nun werden die dreistelligen Milliardenbeträge zum Abfluß gebracht!

Ein Teil dieser Beträge wird natürlich vom sozialen Netz verschlungen, das ist peinlich und deswegen redet man möglichst wenig darüber, aber der andere Teil soll dafür um so publikumswirksamer dem Aufschwung im Osten zugutekommen.

Weil man auch mit noch soviel Geld keine Unternehmer aus dem Westen in den Osten locken kann, um dort eine unrentable, weil zu teure Produktion zu beginnen und diese Unternehmer sich inzwischen längst in der Tschechoslowakei engagiert haben, greift man zu den in den Ländern der Dritten Welt schon seit 30 Jahren so beliebten Infrastrukturprojekten (vgl. Anlage 16).

Hier braucht man sich um die Rentabilität keine besonderen Gedanken machen, die Kosten sind zwar enorm, aber der Westen wird es schon bezahlen, schließlich tragen wir eine »nationale Verantwortung«, und wenn wir die SPD fragen, tragen die Reichen unter uns ganz besonders diese nationale Verantwortung, wie immer sind sie ihre heimliche finanzielle Reservearmee.

Hier bei den Infrastrukturinvestitionen, dem Ausbau von Straßen und Bahnlinien, dem Post- und Fernmeldewesen, den öffentlichen Gebäuden, den Hotels und Tagungsstätten etc. darf nun geklotzt werden, es soll zudem alles möglichst schnell gehen, damit die Angleichung auch der Infrastruktur möglichst bis zum Jahr 2005 sichergestellt ist. Hinzu kommt natürlich die Modernisierung der privaten Wohnungen.

Eine solch massive Konzentration von Aktivitäten auf dem Bausektor läßt sich mit noch soviel Geld nicht sicherstellen, wenn man nicht die Arbeitskräfte zum Bauen hat. Da nur ein geringer Teil der Erwerbslosen in den neuen Bundesländern auf dem Bau arbeiten will, nicht zuletzt, weil er in anderen Berufen qualifiziert ist, stehen wir vor der irren Situation, daß den neuen Bundesländern trotz extrem hoher Arbeitslosigkeit Arbeitskräfte fehlen werden. Da die Baukonjunktur in Westdeutschland dank Zustrom von Umsiedlern, Aussiedlern und Asylanten boomt und keine Bauarbeitskräfte freizusetzen erlaubt, wird es naheligen, diese beispielsweise aus Polen kommen zu lassen (vgl. Anlage 17 unten).

Nun sind die neuen Bundesländer ohnehin ein dünn besiedeltes Land (1984: 154 Einw./km^2, 1991: 145 Einw./km^2), und es würde mich nicht wundern, wenn unsere Politiker Pläne zur Ansiedlung von zwei bis drei Millionen Menschen aus Osteuropa, insbesondere aus Polen, in den neuen Bundesländern entwickeln und in die Tat umsetzen sollten.

Die Abwanderung von zwei bis drei Millionen Polen etwa würde – wie ich schon dargelegt habe – der polnischen Volkswirtschaft nicht gerade Vorteile bringen, aber darüber soll sich die polnische Regierung Gedanken machen, und die sieht das vielleicht ganz anders als ich.

Worüber sich die Bevölkerung in den neuen Bundesländern aber Gedanken machen sollte, ist, welchen Vorteil sie aus solchen übers Knie gebrochenen Mammutprojekten für die Infrastruktur hätte. Die Technologie kommt aus dem Westen, insbesondere, wenn sie in solcher Eile errichtet wird, und der größte Teil der Arbeitskräfte käme aus dem Ausland. Nur im Dienstleistungsgewerbe gäbe es noch etwas mehr Arbeitsplätze. Aber nur so lange, bis die Infrastruktur steht. Was kommt danach, insbesondere für die dann arbeitslosen Polen? Und die Sonderabgaben, die dem Steuerzahler im Westen auferlegt werden, kommen nur zu einem geringen Teil der Bevölkerung im Osten zu gute, zum größten Teil aber den westdeutschen Bau- und Zulieferfirmen. Auch wenn im Westen vorwiegend die Besserverdienenden zur Kasse gebeten werden, ändert das entwicklungspolitisch an dem miesen Ergebnis gar nichts. Auf das entwicklungspolitische Ergebnis aber kommt es an, meine ich, wenn wir von einer tatsächlichen und nicht nur scheinbaren Angleichung der Lebensverhältnisse sprechen wollen. Angleichung der Lebensverhältnisse heißt entwicklungspolitisch: Angleichung der Wirtschaftskraft des Ostens an die des Westens. Um dies zu erreichen, müssen die Menschen in den neuen Bundesländern für die Erhaltung ihrer industriellen Arbeitsplätze kämpfen. Sie sind das Herzstück für ihre Wirtschaftskraft, zu dem sie auch künftig kaum Alternativen (z. B. Tourismus) finden können (vgl. Anlagen 17–19). Erhaltung der industriellen Arbeitsplätze heißt nicht Weitersubventionierung der veralteten Kombinate, sondern Ersatz durch moderne Anlagen. Und hierbei darf geklotzt werden, denn sonst kommen nicht genügend Arbeitsplätze zustande. Um dies zu erreichen, gibt es nur einen Weg:

- Die Arbeitskräfte, welche die DDR (bzw. die neuen Bundesländer) seit 1989 verlassen haben, sollten wieder dorthin zurückkehren.
  Das soziale Netz der Arbeislosenversicherung gibt ihnen immerhin die große Chance, dies zu tun, auch wenn es Opfer abverlangt. Diese Chance gilt es zu nutzen. Die neuen Bundesländer werden nie wieder zu Blüte kommen, wenn ihre Bevölkerung den Arbeitsplätzen nachläuft und nicht darauf besteht, daß die Arbeitsplätze zu ihnen kommen. Um es knallhart zu formulieren: Die Bevölkerung der neuen Bundesländer muß den westdeutschen Arbeitsmarkt boykottieren, um den Aufschwung Ost zustande zu bringen.
- Die Erwerbstätigen in den neuen Bundesländern sollten sich für die nächsten 5 bis 10 Jahre größte Zurückhaltung bei Lohnerhöhungen auferlegen, ja, sich sogar vorerst mit Lohnkürzungen einverstanden erklären. Damit sie dies finanziell durchstehen können, sollte ihnen das Wohnen in den neuen Bundesländern durch staatliche Mietzuschüsse entsprechend verbilligt werden. Die Mittel hierfür können durch zeitliche Streckung der Infrastukturinvestitionen gewonnen werden, des weiteren dadurch, daß die soziale Absicherung durch die zusätzlich geschaffenen Arbeitsplätze weniger Mittel

erfordert. Die Mietpreise und ihr Anstieg sollten für eine Übergangszeit von 10 Jahren eng begrenzt werden. Um die private Wohnungsmodernisierung dennoch anzuregen, sollten den Eigentümern entsprechend attraktive Abschreibungsmöglichkeiten auf Renovierungsaufwendungen eingeräumt werden. Darüber hinaus sollte die Riesenzahl von Wohnungen im öffentlichen Eigentum so rasch wie möglich durch die Einrichtung von Mietkaufmodellen in privates Eigentum der unteren Einkommensempfänger übergehen.

Nur eine Kombination dieser beiden Maßnahmen bringt ausreichend westdeutsche Unternehmer dazu, sich mit wettbewerbsfähiger Technologie in den neuen Bundesländern niederzulassen.

Sie würde dann auch endlich die Bundesregierung bewegen: Sie steht dann nämlich vor der Wahl, entweder ca. 3,7 Millionen Arbeitslose* in den neuen Bundesländern bis zum Sankt-Nimmerleins-Tag aus dem sozialen Netz zu versorgen, oder endlich die Grundstücksfragen so zu regeln, daß west- oder ostdeutsche Privatunternehmer überall und sofort mit der Errichtung ihrer Produktionsanlagen beginnen können.

Nun will der Leser sicher wissen, was meine Vorschläge kosten. Es muß ihm genügen, daß ich ihm sage: Sie sind die wirksamsten aller Lösungen bei der Angleichung der Lebensverhältnisse und daher sind sie auch die billigsten. Sie sind zudem die einzigen, deren Kosten sich einigermaßen präzise nennen lassen, denn jede Regierung, welche diese Vorschläge in die Tat umsetzt, hat ihr Ziel, dafür lege ich meine Hand ins Feuer, in 5 bis 10 Jahren erreicht.

Dann wäre eine Angleichung der ostdeutschen Wirtschaftskraft erreicht und damit die unerläßliche Basis für die Angleichung der Lebensverhältnisse. Dann würden auch die ostdeutsche Landwirtschaft, Industrie und der Dienstleistungssektor die Steuermittel erwirtschaften, die zum Ausbau ihrer Infrastruktur erforderlich sind. Die Hilfe des Westens im Bereich der Infrastruktur könnte sich auf die Beseitigung der gröbsten Umweltschäden beschränken, weil dieser ein zeitlicher Vorrang eingeräumt werden sollte. Ansonsten ist eine zeitliche Streckung im Ausbau der Infrastuktur unerläßlich, will man vorrangig ostdeutsche Betriebe mit ihrer Durchführung beauftragen. Gerade darauf kommt es aber an! Für den Ausbau der Infrastruktur sollte man daher einen Zeitraum von 15 bis 20 Jahren und für den privaten Wohnungsbau von 30 bis 40 Jahren ins Auge fassen.

Was ich dem Leser zur Frage der Finanzierung auch noch sagen kann, ist, daß jeder andere Weg, insbesondere der seit 2 Jahren eingeschlagene, nicht nur erheblich teurer kommt, sondern in seinem Ende nicht absehbar ist, weshalb jede Kostenschätzung darüber eine Täuschung der Öffentlichkeit darstellen

---

* Nach jüngsten Angaben (Anfang Juni 92) des Präsidenten der Bundesansalt für Arbeit FRANKE sind derzeit unter Einrechnung der Arbeitsbeschaffungsmaßnahmen im Osten 3 Millionen arbeitslos. Nach Rückkehr der Umsiedler wären es ca. 3,7 Millionen.

würde. Die fortwährende Subventionierung zu teurer Arbeitsplätze in den alten Kombinaten, das soziale Netz für die hohe Arbeitslosenzahl und die Infrastrukturprogramme, die für den Osten weitgehend ins Leere gehen würden, all das wird sich über kurz oder lang als unbezahlbar erweisen und das Klima zwischen »Ossis« und »Wessis« auf unerträgliche Weise belasten. Ziemlich bald wird dann der Versuch der Angleichung der Lebensverhältnisse als ein nicht mehr zu finanzierendes Torso in der Landschaft der neuen Bundesländer stehenbleiben. Die neuen und die alten Bundesländer werden dann auf Dauer einander etwa so gegenübestehen, wie heute die Ile de France mit dem Zentrum Paris und die lothringische Eisenerzregion einander gegenüberstehen, und die Deutschen werden sich an diese Situation ebenso auf Dauer gewöhnt haben, wie sich die Franzosen daran gewöhnten.

Ich meine, die Menschen aus den neuen Bundesländern, die Sachsen, Thüringer, Brandenburger und Mecklenburger sollten sich nicht vollends ganz zwischen den Mühlsteinen der Geschichte zerreiben lassen, sondern neues Selbstbewußtsein entwickeln. Sie haben keinen Anlaß, sich mit gesenktem Haupt der Zukunft zu verschließen.

Wenn Pressemitteilungen stimmen, hat dort die Zahl der Geburten seit der Wiedervereinigung um 38 % abgenommen. Dem sollten wir gegensteuern. Allerdings nicht mit einer Wiederbelebung der Inquisition, sondern mit Anreizen (vgl. Anlage 20).

Sie haben auch keinen Anlaß, zu schwer an der Vergangenheit zu tragen. In Schwaben, Bayern und am Rhein hätte es unter anderem Vorzeichen genauso viele Stasi-Mitarbeiter gegeben. Auch Hitler hatte in Mittel- und Ostdeutschland nicht mehr Anhänger, eher weniger, als im Westen und Süden des Reichs.

Wenn sie ihr Land lieben und ihre Identität für sich und ihre Kinder bewahren wollen, sollten sie das Opfer, das die Rückkehr in ihre Heimat und die Mäßigung im Lohnniveau für eine Übergangszeit erfordert, auf sich nehmen. Nutzen sie diese Chance nicht bald und entwickeln sie nicht das Zusammengehörigkeitsgefühl, das hierfür nötig ist, wird die Geschichte über sie hinweggehen. Die Feststellung, die Menschen im Osten hätten die erheblich höhere Zeche für die gemeinsame Vergangenheit zwischen 1933 und 1945 tragen müssen, ist zwar richtig, aber für die Menschen im Osten wäre es tödlich, wenn sie daraus eine Entschädigungs- und Subventionsmentalität entwickeln würden. Alles, was ich in diesem Buch geschildert habe, wäre vergeblich gewesen, wenn einem Bürger aus den neuen Bundesländern bei seiner Lektüre noch Zweifel an der Gefährlichkeit einer solchen Entschädigungs- und Subventionsmentalität bleiben sollten.

Sie sollten für Arbeitsplätze demonstrieren und nicht für Lohnerhöhungen. Gewerkschaftsvertreter, die sie zu letzterem aufrufen, sollten sie gleich nach Westdeutschland zurückschicken. Die Bundesregierung aber sollte ihre Finanzmittel endlich auf Maßnahmen konzentrieren, die dem Osten helfen und nicht nur einigen wenigen im Westen. Die Unaufrichtigkeit ihres Verhaltens ist nicht mehr zu übersehen. Und sie fällt jenen westdeutschen Unternehmen, die sich in den neuen Bundesländern bereits engagiert haben, in den Rücken. Will sie endlich zur Sache kommen, so sorgt sie unverzüglich für zwei Dinge: Eine Senkung der Lohnkosten durch Verrechnung mit staatlichen Mietzuschüssen und eine Regelung der Grundstücksfragen zwecks Unternehmensniederlassung. Das Gaukelspiel um das Vorrecht der Eigentumsrückübertragung kann nicht länger hingenommen werden, wenn sie nicht jede Glaubwürdigkeit verlieren will, zumal sie die Kröte der stalinistischen Enteignungen zwischen 1945 und 1949 schluckte, ohne mit der Wimper zu zucken. Wo bleibt die Sozialgebundenheit des Eigentums, die das Grundgesetzt fordert!? Wer von den früheren Eigentümern nach zwei Jahren noch kein glaubwürdiges Konzept für die Wiederinbetriebnahme seines Unternehmens vorlegen und kurzfristig umsetzen kann, muß entschädigt werden und damit basta! Der absolut letzte Termin hierfür sollte der 31. 12. 1992 sein.

Säßen August der Starke und der Alte Fritz noch auf ihrem Thron, wären die richtigen Schritte längst unternommen worden.

Mit diesen knappen Bemerkungen maße ich mir als Outsider nicht an, alle wirtschaftspolitischen und schon gar nicht alle sozialen und kulturellen Aspekte der deutschen Wiedervereinigung anzusprechen, sondern lediglich die aus meiner Erfahrung in der Entwicklungspolitik resultierenden. Ich meine aber, die von mir angesprochenen Aspekte sind so wichtig, daß keine Regierung um ihre rasche Lösung herumkommt – Lösung im Sinne wirtschaftspolitischer Weichenstellung –, will sie die Angleichung der Wirtschaftskraft des Ostens an die des Westens unseres Vaterlandes nicht auf Dauer verspielen.

Schlußbetrachtung

Große Zivilisationen gehen nicht an ihren Mißerfolgen, sondern stets nur an ihren Erfolgen zugrunde, sprich: an der Maßlosigkeit, mit welcher sie ihre Erfolgsprinzipien über Gebühr ausdehnen.

Im Zentrum der westlichen Zivilisation steht der Glaube an die Kräfte des Individuums. Ihre Religion kennt nur den persönlichen Gott, ihre Philosophie betont die Würde des Menschen, ihre Politik seine Grundrechte, ihre Wirtschaft seine freie Entfaltung im Wettbewerb. Das gleiche gilt im Bereich des Sports.

Keine andere Zivilisation vor ihr hat annähernd vergleichbare Kräfte freigesetzt, wie die westliche Zivilisation des Individuums.

Die Überlegenheit, die wir dabei anderen Völkern und ihrer Zivilisation gegenüber gewonnen haben, hat sowohl uns, wie auch die anderen Völker korrumpiert und damit unser Verhältnis zueinander vor schier unlösbare Probleme gestellt. Seit jener Zerstörung indianischer Kulturen, die vor genau 500 Jahren begann, nahm dieses Ungleichgewicht zwischen unserer Überlegenheit und der Unterlegenheit der übrigen Völker über Jahrhunderte hinweg zu. Es trug der Menschheit das finstere Kapitel des Sklavenhandels mit afrikanischen Völkern ein, die weitgehende Ausrottung indianischer Völker bei der Besiedelung des amerikanischen Kontinents durch die Europäer und erreichte seinen Höhepunkt mit der Gründung europäischer Kolonialreiche.

Mit dem Ende der kolonialen Epoche wurde indessen das fundamentale Ungleichgewicht zwischen der Überlegenheit hier und der Unterlegenheit dort nicht aufgehoben, sondern nur von der militärisch-politischen Ebene auf die Wirtschaft verlegt, wobei sich das Ungleichgewicht vergrößerte und seine korrumpierende Wirkung verstärkte.

In seinem Gefühl der Überlegenheit, in dem sich stets Machtgier und Mitleid zu einem unentwirrbaren Knäuel verstrickten, glaubte der reiche Westen, er müsse die Verantwortung für die wirtschaftliche und soziale Entwicklung der armen Länder übernehmen, und die armen Länder glaubten in ihrem Gefühl der Unterlegenheit, die Verantwortung für sich selbst nicht tragen zu können. Ihre Eliten verfehlten die Übernahme einer neuen Cheffunktion, die auf der Beherrschung exekutiver Arbeit und ihrer modernen Technologie beruht, und verharrten in der überkommenen Haltung antiker Herrschaftsausübung. Aus dieser Haltung wurde eine Pose, ein Schauspiel, finanziert durch den reichen Westen.

Es war klar, daß sich auf solch einer Basis der »Entwicklungszusammenarbeit« das fundamentale Ungleichgewicht nur weiter vergrößern konnte. Denn der Westen fuhr fort, seine Überlegenheit durch wachsende Warenlieferungen und Dienste in die armen Länder auszubauen, während die armen Länder ihre Unterlegenheit mit wachsendem Verzicht auf Eigeninitiative unterstrichen. Er begann mit der Kapitalflucht ihrer Eliten und setzt sich in der Abwanderung ihrer Bevölkerungen fort.

Inzwischen beginnen die Überlegenheit hier und die Unterlegenheit dort pathologische Züge anzunehmen.

Im reichen Westen mischt sich in das Gefühl der Überlegenheit zunehmend das Gefühl der Angst. Bislang hat es sich in zweifacher Form geäußert:

- In einem scheinbar pragmatischen Ansatz, der besagt: Wir müssen unsere bisherigen Hilfssendungen drastisch steigern, sonst kommen die armen Völker zu uns, überfluten unser Land und stürzen uns in ein Chaos. Seit wir auch die Zweite Welt, den ehemaligen Ostblock, zu den Entwicklungsländern rechnen, hat dieses Gefühl der Angst erheblich an Gewicht gewonnen, und unsere Exportlobby hat nicht gezögert, sich dieses Gefühl nach Kräften zunutze zu machen.
- In einem intellektuellen Ansatz, der – und darin haben wir schon Tradition – in der totalen Negation unseres westlichen Wesens und seiner Kultur besteht.

  Die erste totale Negation dieser Art mit enormen politischen Folgen lieferte KARL MARX. Er rief die Unternehmer nicht zu sozialer Verantwortung, zu Maß und Mitte auf, sondern versuchte mit seiner Akkumulationstheorie den wissenschaftlichen Nachweis, daß die Maßlosigkeit zu unserem (kapitalistischen) Wesen gehöre. ROSA LUXEMBURG ergänzte seine Theorie noch um ein Erklärungsmuster, mit dem sie auch unsere Maßlosigkeit in der kolonialen Unterwerfung anderer Völker als systemimmanent darstellte, d. h. als ein Wesensmerkmal unserer Kultur.

  Der Marxismus war aber nichts weiter, als eine ins Pathologische gesteigerte Form der Kritik, die zur Leugnung des eigenen Wesens aufrief. An die Stelle des Individuums sollte das Kollektiv treten, an die Stelle der Eigenverantwortung die Unterwerfung unter einen undefinierten Gemeinnutz.

  Es war von vornherein klar, daß mit dieser Form selbstzerstörerischer Kritik nur die geistige Grundlage für eine Revolution gewonnen werden konnte, nicht aber das Fundament für eine neue Kultur in Europa. Osteuropa hat diese Erfahrung auf sehr bittere Weise machen müssen.

  Eine neue Form der Negation der eigenen Kultur brachte die NEW AGE-Welle. Sie hat ihre Kraft offensichtlich verloren, aber sie benebelte viele junge Menschen in ihrer ganz natürlichen und schon immer dagewesenen Form der Negation, ihrem Generationenkonflikt.

Viel schlimmer ist eine Form der Negation der eigenen Kultur, die allein uns Deutsche betrifft. Sie bestand im Größenwahn des Dritten Reichs, der uns so fundamental aus dem Gleichgewicht brachte, daß wir dieses bis heute nicht zurückgewonnen haben. Der Größenwahn von einst ist in Duckmäuserei umgeschlagen. Aus dem unrechtmäßigen und gewaltsamen Eingreifen im Ausland wurde ein Wegschauen vor fremden Unrecht und Gewalt in der Welt. Aus dem mutwilligen Auslösen von Krieg wurde die Vorstellung, der Frieden in der Welt könne und müsse vor allem dadurch gesichert werden, daß die Deutschen nie wieder zu den Waffen greifen. Aus dem Handeln ohne Rücksicht auf Verluste wurde ein Handeln nur mit Rücksicht auf schnelle Gewinne. Es wird Zeit, daß das bevölkerungsreichste größte und wirtschaftlich mächtigste Land im Herzen Europas wieder sein Gleichgewicht findet, da sonst erheblicher Schaden auf ganz Europa zukommt.

In den armen Ländern gewinnt das Gefühl der Unterlegenheit dadurch einen pathologischen Zug, daß die Eliten beginnen, ihre Selbstaufgabe und Verantwortungslosigkeit gegenüber dem Schicksal der eigenen Völker nunmehr als Stärke zu betrachten und als Waffe gegenüber dem reichen Westen einzusetzen. Die Armut und die Umweltzerstörung bei uns, sagen sie, rührt nicht von unserer Untätigkeit, sondern von der »pauvreté«, und die zu beseitigen, ist Sache des reichen Westens. Her mit den Hilfssendungen, und zwar möglichst geschenkt. Bezahlen – das wißt Ihr doch inzwischen – können wir eh nichts.

Eine letzte Steigerung dieser pathologischen Form des Unterlegenheitsgefühls kann man sich nur noch in der Weise vorstellen, daß die Eliten der armen Länder ihr Haus anzünden, um die westliche Feuerwehr auf den Plan zu rufen.

Wie uns die FAO soeben mitteilt, hat die Abholzung der tropischen Regenwälder drastisch zugenommen, seit der reiche Westen seine Besorgnis über seine Zerstörung äußert und Hilfe anbietet. Lt. FAO nahm die jährliche Abholzung von 11,3 Millionen Hektar (1980) auf jetzt 16,9 Millionen Hektar zu!*

Reagiert der Westen weiter krankhaft, indem er seine Maßlosigkeit für eine Tugend hält, reißt er immer mehr Arbeitsplätze an sich, in der Vorstellung, er könne und müsse damit einen immer größeren Teil der Weltbevölkerung versorgen, und reagieren die Eliten in den armen Ländern weiterhin krankhaft, indem sie den Westen dazu aufrufen, ihren armen Ländern immer mehr Arbeitsplätze und Verantwortung für sich selbst abzunehmen, wird unsere Welt immer rascher einem einzigen Tollhaus gleichen. Auf ihr wird es dann keine Heimat mehr geben, sondern nur noch Asyl. Weil dann auf beiden Seiten jede Vernunft und jedes Gefühl für den rechten Weg abhanden kommt, wird der »Zwang der Verhältnisse« wahrscheinlich ein ähnliches Grauen annehmen wie jenes schon seit 25 Jahren herrschende Grauen im Libanon, und dies wird dann endlich auch für uns mehr sein als ein Ereignis für unsere Fernsehgesellschaften und unsere stets geschäftigen Hilfsorganisationen.

Wollen wir all dies vermeiden, haben wir auf beiden Seiten nichts anderes zu tun, als zu Maß und Mitte zurückzukehren.

Keine Zivilisation, gleichgültig, ob sie das Individuum in ihren Mittelpunkt stellt oder nicht, kann darauf verzichten, ihre Kräfte im Gleichgewicht zu halten. Darin allein besteht unser aller Aufgabe. Um dies zu erreichen, muß der Westen nicht in die Kutte des Zen-Buddhisten schlüpfen und auch nicht beginnen, Gaia, die Erdkugel anzubeten, sondern – ohne Urschrei und Affentheater – seine eigenen Werte in die Balance bringen.

Ganz das gleiche gilt für die armen Länder unabhängig davon, welchem Kulturkreis sie sich zugehörig fühlen. Ihre Eliten müssen beginnen, der eige-

* SCHWÄBISCHE ZEITUNG vom 10. 6. 1992

nen Kraft zu vertrauen. Keine Kultur, kein Volk kann bestehen, das sich nicht ganz und gar auf die eigenen Kräfte verläßt. Das bedeutet freilich nicht Abkoppelung vom Welthandel, sondern Wahrnehmung der eigenen Interessen im Welthandel. Sie ist nur in einem ehrlichen Handel möglich, dessen Güter im Preis voll bezahlt werden. Wenn die Eliten der armen Länder nicht endlich verstehen, daß ihnen jedes Geschenk, das sie sich machen lassen, einen Arbeitsplatz wegnimmt und einen Verzicht auf eigene Wertschöpfung kostet, werden sie nie eine aufrechte Haltung einnehmen. Gerade in der Tatsache, daß die westlichen Güter so teuer geworden sind, liegt ihre Chance, selbst mehr zu produzieren. Sie gilt es zu nutzen! Was sagte doch Professor YUNUS zu den Überschwemmungen und Taifunen in seinem Land Bangladesh: »Wir kämpfen gegen die Naturgewalten und gegen die nachteiligen Bedingungen, unter denen wir leben müssen. Das ist eine gute Basis, von der man beginnen kann.«

Anlagen

Aus: "SCHWÄBISCHE ZEITUNG" vom 13.6.1992

Deutschland nimmt mit 256 000 Zuwanderern den Spitzenplatz ein

Auswandererstrom aus armen Ländern steigt weiter

Paris (ap) - Die Zahl der illegalen Einwanderer aus den armen in die reichen Länder der Welt wird künftig weiter steigen. Dies geht aus einem am Freitag in Paris vorgelegten Bericht der Organisation für Entwicklung und Zusammenarbeit (OECD) hervor. Außerdem heißt es darin, daß sich die Zuwanderung in den Jahren 1990 und 1991 beschleunigte. Den Spitzenplatz unter den Industriestaaten nimmt Deutschland mit 256 000 Zuwanderern im vergangenen Jahr ein. Daneben verzeichneten Österreich, Italien, Belgien und Schweden den größten Anstieg. Laut OECD-Bericht haben die Ausländer in Deutschland einen Anteil von 8,3 Prozent an der Gesamtbevölkerung. In der Schweiz liegt ihr Anteil bei 16,3 Prnzent. In Belgien stellen Einwanderer 9,1 Prozent, in Frankreich rund sechs Prozent der Bevölkerung.

Nach Großbritannien kamen im letzten Jahr 57 000 Menschen. In Frankreich suchten 50 000 und in der Schweiz 41 000 Personen eine Aufenthaltsberechtigung. Die OECD erklärt die Beschleunigung der Migrationsbewegungen mit dem anhaltenden wirtschaftlichen und demographischen Ungleichgewicht zwischen Nord und Süd und mit dem politischen Umbruch in Osteuropa. So hätten im vergangenen Jahr auch Ungarn, Polen und die Tschechoslowakei eine unerwartete Zunahme von Einwanderern erlebt. Die Menschen, die in diese Staaten kamen, wurden der OECD zufolge von den sich entfaltenden demokratischen Verhältnissen sowie den marktwirtschaftlichen Reformen angezogen.

Aus: "SCHWÄBISCHE ZEITUNG" vom 23.6.1992

Mehr als 360 000 Asylbewerber werden dieses Jahr erwartet

Koalition appelliert an die SPD

Bonn (dpa) - Der Zustrom von Asylbewerbern in die Bundesrepublik hat seit Jahresbeginn deutlich zugenommen. Bis Jahresende muß mit einem Höchststand von mehr als 360 000 Bewerbern gerechnet werden. Darauf verwiesen die Vorsitzenden der beiden Koalitionsfraktionen CDU/CSU und FDP, Wolfgang Schäuble und Hermann Otto Solms sowie CSU-Landesgruppenchef Wolfgang Bötsch am Montag in einer gemeinsamen Erklärung. Sie appellierten darin an die SPD, in Verhandlungen über weitere Schritte zur Steuerung der gesamten Zuwanderung und eine Änderung des Grundgesetzes einzutreten, die den Weg für eine europäische Lösung frei mache. Mit dem am 1. Juli wirksam werdenden Gesetz zur Beschleunigung der Asylverfahren seien die Möglichkeiten, das Verfahren durch Verwaltungsmaßnahmen zu steuern, weitgehend erschöpft.

Offen blieb in der gemeinsamen Erklärung der Koalitionsparteien allerdings, ob eine Verfassungsänderung auch die Aufstellung sogenannter Nichtverfolgerstaaten in Länderlisten beinhalten solle. Dies hatte die Union in einem Entwurf für eine Grundgesetzänderung vorgeschlagen, die FDP jedoch bisher abgelehnt.

Ausgewählte Kennzahlen der WELTBANK

	Bevölkerung (in Mio)	Fläche (in Tsd. Quadrat-kilometern)	BSP pro Kopf[a]		Durchschnittliche jährliche Inflationsrate[a] (in %)		Getreideeinfuhr (in Tsd. metr. t)		Nahrungsmittelhilfe in Form von Getreide (in Tsd. metr. t)	
	Mitte 1989		in $ 1989	Durchschnittl. jährlicher Zuwachs (in %) 1965–89	1965–80	1980–89	1974	1989	1974/75	1988/89
Länder mit niedrigem Einkommen	2.948,4 s	36.664 s	330 w	2,9 w	8,0 w	9,1 w	22.608 s	28.763 s	6.002 s	5.235 s
China und Indien	1.946,4 s	12.849 s	350 w	3,6 w	3,2 w	6,6 w	11.294 s	15.014 s	1.582 s	531 s
Übrige Länder	1.002,0 s	23.816 s	300 w	1,4 w	19,2 w	14,9 w	11.314 s	13.749 s	4.420 s	4.704 s
1 Mosambik	15,3	802	80	..	..	34,9	62	400	34	424
2 Äthiopien	49,5	1.222	120	−0,1	3,4	2,0	118	690	54	573
3 Tansania[b]	23,8	945	130	−0,1	9,6	26,1	431	83	148	76
4 Somalia	6,1	638	170	0,3	10,2	42,8	42	186	111	73
5 Bangladesch	110,7	144	180	0,4	14,8	10,6	1.866	2.204	2.076	1.161
6 Laos, Dem. VR	4,1	237	180	..	..	..	53	64	8	20
7 Malawi	8,2	118	180	1,0	7,4	14,6	17	86	0	217
8 Nepal	18,4	141	180	0,6	7,8	9,1	18	26	0	9
9 Tschad	5,5	1.284	190	−1,2	6,2	1,5	37	37	20	15
10 Burundi	5,3	28	220	3,6	5,0	3,7	7	6	6	6
11 Sierra Leone	4,0	72	220	0,2	7,9	54,1	72	145	10	38
12 Madagaskar	11,3	587	230	−1,9	7,7	17,8	114	103	7	76
13 Nigeria	113,8	924	250	0,2	14,7	14,2	389	240	7	0
14 Uganda	16,8	236	250	−2,8	21,4	108,1	36	16	..	17
15 Zaire	34,5	2.345	260	−2,0	24,7	59,4	343	323	1	55
16 Mali	8,2	1.240	270	1,7	9,0	3,6	281	89	107	62
17 Niger	7,4	1.267	290	−2,4	7,5	3,4	155	105	73	83
18 Burkina Faso	8,8	274	320	1,4	6,4	4,6	99	120	28	49
19 Ruanda	6,9	26	320	1,2	12,5	4,0	3	10	19	2
20 Indien	832,5	3.288	340	1,8	7,5	7,7	5.261	1.014	1.582	308
21 China	1.113,9	9.561	350	5,7	−0,4	5,8	6.033	14.000	0	223
22 Haiti	6,4	28	360	0,3	7,3	6,8	83	251	25	49
23 Kenia	23,5	580	360	2,0	7,2	9,0	15	119	2	112
24 Pakistan	109,9	796	370	2,5	10,3	6,7	1.274	2.171	584	416
25 Benin	4,6	113	380	−0,1	7,4	7,5	7	104	9	16
26 Zentralafrikanische Rep.	3,0	623	390	−0,5	8,2	6,5	7	28	1	0
27 Ghana	14,4	239	390	−1,5	22,9	43,6	177	244	33	46
28 Togo	3,5	57	390	0,0	7,1	5,1	6	111	11	11
29 Sambia	7,8	753	390	−2,0	6,3	38,3	93	123	5	66
30 Guinea	5,6	246	430	..	..	..	63	183	49	42
31 Sri Lanka	16,8	66	430	3,0	9,4	10,9	951	1.177	271	272
32 Lesotho	1,7	30	470	5,0	6,7	12,8	48	140	14	34
33 Indonesien	178,2	1.905	500	4,4	35,5	8,3	1.919	2.356	301	69
34 Mauretanien	1,9	1.026	500	−0,5	7,6	9,4	115	207	48	70
35 *Afghanistan*	..	652	..	..	4,9	..	5	260	10	208
36 *Bhutan*	1,4	47	..	..	..	..	3	20	0	2
37 *Kamputschea, Dem.*	..	181	..	..	..	..	223	50	226	11
38 *Liberia*	2,5	111	..	..	6,3	..	42	158	3	28
39 *Myanmar*	40,8	677	..	..	..	..	26	..	9	0
40 *Sudan*	24,5	2.506	..	..	11,5	..	125	556	46	198
41 *Vietnam*	64,8	330	..	..	..	..	1.854	258	64	100
Länder mit mittlerem Einkommen	1.104,5 s	40.406 s	2.040 w	2,3 w	20,9 w	73,0 w	42.817 s	80.767 s	1.926 s	4.548 s
Untere Einkommenskategorie	681,8 s	23.921 s	1.360 w	2,0 w	22,2 w	65,7 w	24.693 s	49.426 s	1.654 s	4.510 s
42 Angola	9,7	1.247	610	..	..	..	149	248	0	79
43 Bolivien	7,1	1.099	620	−0,8	15,9	391,9	209	172	22	95
44 Ägypten, Arab. Rep.	51,0	1.001	640	4,2	6,4	11,0	3.877	8.543	610	1.427
45 Senegal	7,2	197	650	−0,7	6,5	7,3	341	515	27	53
46 Jemen, Rep.	11,2	528	650	..	..	..	306	1.378	33	85
47 Simbabwe	9,5	391	650	1,2	5,8	11,0	56	52	0	10
48 Philippinen	60,0	300	710	1,6	11,7	14,8	817	1.626	89	135
49 Côte d'Ivoire	11,7	322	790	0,8	9,4	3,1	172	693	4	19
50 Dominikanische Rep.	7,0	49	790	2,5	6,7	19,1	252	601	16	228
51 Marokko	24,5	447	880	2,3	5,9	7,4	891	1.329	75	238
52 Papua-Neuguinea	3,8	463	890	0,2	8,1	5,6	71	243	..	0
53 Honduras	5,0	112	900	0,6	5,7	4,7	52	172	31	67
54 Guatemala	8,9	109	910	0,9	7,1	13,4	138	214	9	277
55 Kongo, VR	2,2	342	940	3,3	6,8	0,3	34	82	2	2
56 Syrien, Arab. Rep.	12,1	185	980	3,1	7,9	15,0	339	1.578	47	31
57 Kamerun	11,6	475	1.000	3,2	9,0	6,6	81	345	4	6
58 Peru	21,2	1.285	1.010	−0,2	20,6	160,3	637	1.065	37	146
59 Ecuador	10,3	284	1.020	3,0	10,9	34,4	152	536	13	89
60 Namibia	1,7	824	1.030	..	..	13,4	..	0	..	..
61 Paraguay	4,2	407	1.030	3,0	9,3	23,2	71	5	10	1
62 El Salvador	5,1	21	1.070	−0,4	7,0	16,8	75	186	4	197
63 Kolumbien	32,3	1.139	1.200	2,3	17,5	24,3	502	716	28	12
64 Thailand	55,4	513	1.220	4,2	6,2	3,2	97	346	0	83
65 Jamaika	2,4	11	1.260	−1,3	12,8	18,5	340	296	1	365
66 Tunesien	8,0	164	1.260	3,3	6,7	7,5	307	1.655	59	284

Anmerkung: Länder mit einer Bevölkerung von weniger als 1 Million sind in den Haupttabellen nur als Teil der Ländergruppen enthalten, werden aber ausführlicher im Sonderbeitrag A.1 gezeigt. Übrige Länder, die weder in den Haupttabellen noch im Sonderbeitrag A.1 aufgeführt werden, jedoch in den zusammenfassenden Angaben enthalten sind, werden ausführlicher im Sonderbeitrag A.2 gezeigt. Zur Vergleichbarkeit der Daten und ihrer Abgrenzung in den Tabellen vgl. Technische Erläuterungen. Kursive Zahlen gelten für andere als die angegebenen Jahre.

Quelle: WELTBANK: Weltentwicklungsbericht 1991

Ausgewählte Kennzahlen der WELTBANK

	Bevölkerung (in Mio) Mitte 1989	Fläche (in Tsd. Quadratkilometern)	BSP pro Kopf[a] in $ 1989	BSP pro Kopf[a] Durchschnittl. jährlicher Zuwachs (in %) 1965–89	Durchschnittliche jährliche Inflationsrate[a] (in %) 1965–80	Durchschnittliche jährliche Inflationsrate[a] (in %) 1980–89	Getreideeinfuhr (in Tsd. metr. t) 1974	Getreideeinfuhr (in Tsd. metr. t) 1989	Nahrungsmittelhilfe in Form von Getreide (in Tsd. metr. t) 1974/75	Nahrungsmittelhilfe in Form von Getreide (in Tsd. metr. t) 1988/89
67 Türkei	55,0	779	1.370	2,6	20,8	41,4	1.276	3.061	16	3
68 Botsuana	1,2	582	1.600	8,5	8,4	12,0	21	77	5	33
69 Jordanien[c]	3,9	89	1.640	..	..	..	171	671	79	25
70 Panama	2,4	77	1.760	1,6	5,4	2,5	63	109	3	..
71 Chile	13,0	757	1.770	0,3	129,9	20,5	1.737	178	323	14
72 Costa Rica	2,7	51	1.780	1,4	11,2	24,8	110	357	1	84
73 Polen	37,9	313	1.790	..	..	38,1	4.185	2.893	..	..
74 Mauritius	1,1	2	1.990	3,0	11,8	8,5	160	209	22	21
75 Mexiko	84,6	1.958	2.010	3,0	13,0	72,7	2.881	7.050	..	291
76 Argentinien	31,9	2.767	2.160	−0,1	78,3	334,8	0	4	..	..
77 Malaysia	17,4	330	2.160	4,0	4,9	1,5	1.023	2.299	1	10
78 Algerien	24,4	2.382	2.230	2,5	10,5	5,2	1.816	7.461	54	39
79 Bulgarien	9,0	111	2.320	..	..	1,4	649	1.384	..	..
80 *Libanon*	..	10	..	..	9,3	..	354	558	26	32
81 *Mongolei*	2,1	1.565	..	..	..	..	28	59	..	..
82 *Nicaragua*	3,7	130	..	..	8,9	..	44	140	3	32
Obere Einkommenskategorie	422,7 s	16.485 s	3.150 w	2,6 w	19,8 w	78,7 w	18.124 s	31.341 s	271 s	38 s
83 Venezuela	19,2	912	2.450	−1,0	10,4	16,0	1.270	1.804	..	..
84 Südafrika	35,0	1.221	2.470	0,8	9,8	14,1	127	296	..	..
85 Brasilien	147,3	8.512	2.540	3,5	31,3	227,8	2.485	2.015	31	15
86 Ungarn	10,6	93	2.590	..	2,6	7,5	408	249	..	..
87 Uruguay	3,1	177	2.620	1,2	57,8	59,2	70	81	6	..
88 Jugoslawien	23,7	256	2.920	3,2	15,2	96,9	992	192	..	..
89 Gabun	1,1	268	2,960	0,9	12,8	−1,0	24	50	..	..
90 Iran, Islam. Rep.	53,3	1.648	3.200	0,5	15,5	13,5	2.076	6.500	..	23
91 Trinidad u. Tobago	1,3	5	3.230	0,4	14,1	5,8	208	284	..	..
92 Tschechoslowakei	15,6	128	3.450	..	..	1,6	1.296	216	..	..
93 Portugal	10,3	92	4.250	3,0	11,7	19,1	1.861	1.226	..	..
94 Korea, Rep.	42,4	99	4.400	7,0	18,4	5,0	2.679	10.267	234	..
95 Oman	1,5	212	5.220	6,4	19,9	−6,6	52	200	..	..
96 Libyen	4,4	1.760	5.310	−3,0	15,4	0,2	612	1.515	..	..
97 Griechenland	10,0	132	5.350	2,9	10,3	18,2	1.341	465	..	..
98 *Irak*	18,3	438	..	..	..	..	870	4.891	..	..
99 *Rumänien*	23,2	238	..	..	..	..	1.381	556	..	..
Länder mit niedr. u. mittl. Eink.	4.052,8 s	77.071 s	800 w	2,5 w	16,7 w	53,7 w	65.426 s	109.529 s	7.928 s	9.783 s
Afrika südlich der Sahara	480,4 s	23.066 s	340 w	0,3 w	11,4 w	19,0 w	4.208 s	7.411 s	910 s	2.610 s
Ostasien	1.552,2 s	15.582 s	540 w	5,2 w	9,3 w	6,0 w	14.938 s	31.795 s	923 s	651 s
Südasien	1.130,8 s	5.158 s	320 w	1,8 w	8,2 w	7,9 w	9.404 s	6.634 s	4.522 s	2.169 s
Europa, Naher Osten u. Nordafrika	433,2 s	11.658 s	2.180 w	..	13,1 w	21,8 w	25.193 s	46.909 s	1.010 s	2.394 s
Lateinamerika u. Karibik	421,2 s	20.385 s	1.950 w	1,9 w	31,5 w	160,7 w	11.556 s	16.484 s	563 s	1.960 s
Länder mit gravierenden Schuldenproblemen	554,3 s	21.059 s	1.730 w	2,1 w	29,1 w	140,5 w	20.373 s	29.501 s	1.274 s	2.705 s
Länder mit hohem Einkommen	830,4 s	33.875 s	18.330 w	2,4 w	7,6 w	4,6 w	78.976 s	75.503 s		
OECD-Mitglieder	772,6 s	31.165 s	19.090 w	2,5 w	7,5 w	4,3 w	72.941 s	64.224 s		
†Übrige	57,8 s	2.710 s	8.250 w	3,8 w	13,0 w	14,0 w	6.035 s	11.279 s		
100 †Saudi-Arabien	14,4	2.150	6.020	2,6	17,9	−4,4	482	5.560		
101 Irland	3,5	70	8.710	2,1	11,6	7,8	640	379		
102 Spanien	38,8	505	9.330	2,4	12,3	9,4	4.675	2.224		
103 †Israel	4,5	21	9.790	2,7	25,2	117,1	1.176	1.890	53	4
104 †Hongkong	5,7	1	10.350[c]	6,3	8,1	7,1	657	826		
105 †Singapur	2,7	1	10.450	7,0	5,1	1,5	682	925		
106 Neuseeland	3,3	269	12.070	0,8	10,2	11,4	92	190		
107 Australien	16,8	7.687	14.360	1,7	9,3	7,8	2	26		
108 Großbritannien	57,2	245	14.610	2,0	10,7	6,1	7.540	2.908		
109 Italien	57,5	301	15.120	3,0	11,4	10,3	8.101	7.649		
110 Niederlande	14,8	37	15.920	1,8	7,4	1,9	7.199	5.932		
111 †Kuwait	2,0	18	16.150	−4,0	15,9	−2,7	101	597		
112 Belgien	10,0	31	16.220	..	..	4,5	4.585[c]	4.004[c]		
113 Österreich	7,6	84	17.300	2,9	6,0	3,8	164	81		
114 Frankreich	56,2	552	17.820	2,3	8,6	6,5	654	917		
115 †Vereinigte Arab. Emirate	1,5	84	18.430	..	..	1,1	132	596		
116 Kanada	26,2	9.976	19.030	4,0	5,5	4,6	1.513	1.067		
117 Deutschland[f]	62,0	249	20.440	2,4	5,2	2,7	7.164	4.524		
118 Dänemark	5,1	43	20.450	1,8	9,3	6,0	462	171		
119 Vereinigte Staaten	248,8	9.373	20.910	1,6	6,5	4,0	460	2.147		
120 Schweden	8,5	450	21.570	1,8	8,0	7,4	300	120		
121 Finnland	5,0	338	22.120	3,2	10,5	7,0	222	214		
122 Norwegen	4,2	324	22.290	3,4	7,7	5,6	713	545		
123 Japan	123,1	378	23.810	4,3	7,6	1,3	19.557	27.370		
124 Schweiz	6,6	41	29.880	4,6	1,6	3,6	1.458	651		
Übrige Länder	322,8 s	22.663 s	..	..	..	..	10.533 s	41.874 s	..	1 s
Gesamte Welt	5.206,1 s	133.609 s	3.980 w	1,6 w	9,1 w	13,2 w	154.934 s	226.907 s	7.981 s	9.787 s
Ölexporteure (ohne UdSSR)	265,2 s	12.120 s	1.840 w	1,2 w	14,5 w	7,3 w	8.166 s	29.579 s	63 s	143 s

Anmerkung: † Von den Vereinten Nationen als Entwicklungsländer eingestufte oder von den nationalen Behörden als solche betrachtete Länder. [a] Vgl. Technische Erläuterungen. [b] In allen Tabellen betreffen die BIP- und BSP-Angaben nur das Festland von Tansania. [c] In allen Tabellen betreffen die BIP- und BSP-Angaben nur Jordanien ohne West-Bank. [d] Nach Angaben der UNESCO liegt die Analphabetenquote unter 5 Prozent. [e] In allen Tabellen beziehen sich die BSP-Angaben für Hongkong auf das BIP. [f] In allen Tabellen betreffen die Daten nur die ehemalige Bundesrepublik Deutschland; wegen Angaben über die ehemalige Deutsche Demokratische Republik vgl. Sonderbeitrag A.2.

Anlage 1a
Seite 3

Income distribution and ICP estimates of GDP

		ICP estimates of GDP per capita[a]			Percentage share of household income, by percentile group of households[b]						
		United States = 100		Current international dollars							
		1985	1989	1989	Year	Lowest 20 percent	Second quintile	Third quintile	Fourth quintile	Highest 20 percent	Highest 10 percent
Low-income economies											
China and India											
Other low-income											
1	Mozambique	..	..	..		..	..	..	..	..	..
2	Ethiopia	1.6	1.6	330		..	..	..	..	..	..
3	Tanzania	2.6	2.3	490		..	..	..	..	..	..
4	Somalia	..	..	..		..	..	..	..	..	..
5	Bangladesh	5.0	4.7	960	1985-86[c]	10.0	13.7	17.2	21.9	37.2	23.2
6	Lao PDR	..	..	..		..	..	..	..	..	..
7	Malawi	3.6	3.2	660		..	..	..	..	..	..
8	Nepal	..	..	..		..	..	..	..	..	..
9	Chad	..	..	..		..	..	..	..	..	..
10	Burundi	..	..	..		..	..	..	..	..	..
11	Sierra Leone	3.0	2.6	540		..	..	..	..	..	..
12	Madagascar	3.9	3.4	700		..	..	..	..	..	..
13	Nigeria	7.2	6.2	1,290		..	..	..	..	..	..
14	Uganda	..	..	..		..	..	..	..	..	..
15	Zaire	..	..	..		..	..	..	..	..	..
16	Mali	2.4	2.5	520		..	..	..	..	..	..
17	Niger	..	..	..		..	..	..	..	..	..
18	Burkina Faso	..	..	..		..	..	..	..	..	..
19	Rwanda	3.8	3.0	620		..	..	..	..	..	..
20	India	4.5	4.7	980	1983[c]	8.1	12.3	16.3	22.0	41.4	26.7
21	China	..	..	..		..	..	..	..	..	..
22	Haiti	..	..	..		..	..	..	..	..	..
23	Kenya	5.3	5.2	1,070		..	..	..	..	..	..
24	Pakistan	8.1	8.2	1,700	1984-85[d]	7.8	11.2	15.0	20.6	45.6	31.3
25	Benin	6.5	5.0	1,040		..	..	..	..	..	..
26	Central African Rep.	..	..	..		..	..	..	..	..	..
27	Ghana	..	..	..	1987-88[c]	6.5	10.9	15.7	22.3	44.6	29.1
28	Togo	..	..	..		..	..	..	..	..	..
29	Zambia	4.7	4.3	900		..	..	..	..	..	..
30	Guinea	..	..	..		..	..	..	..	..	..
31	Sri Lanka	11.2	10.5	2,160	1985-86[d]	4.8	8.5	12.1	18.4	56.1	43.0
32	Lesotho	..	..	..		..	..	..	..	..	..
33	Indonesia	..	..	..	1987[c]	8.8	12.4	16.0	21.5	41.3	26.5
34	Mauritania	..	..	..		..	..	..	..	..	..
35	*Afghanistan*	..	..	..		..	..	..	..	..	..
36	*Bhutan*	..	..	..		..	..	..	..	..	..
37	*Kampuchea, Dem.*	..	..	..		..	..	..	..	..	..
38	*Liberia*	..	..	..		..	..	..	..	..	..
39	*Myanmar*	..	..	..		..	..	..	..	..	..
40	*Sudan*	..	..	..		..	..	..	..	..	..
41	*Viet Nam*	..	..	..		..	..	..	..	..	..
Middle-income economies											
Lower-middle-income											
42	Angola	..	..	..		..	..	..	..	..	..
43	Bolivia	..	..	..		..	..	..	..	..	..
44	Egypt, Arab Rep.	15.8	15.3	3,160		..	..	..	..	..	..
45	Senegal	7.0	6.5	1,340		..	..	..	..	..	..
46	Yemen, Rep.	..	..	..		..	..	..	..	..	..
47	Zimbabwe	9.9	8.8	1,830		..	..	..	..	..	..
48	Philippines	10.8	11.0	2,280	1985[d]	5.5	9.7	14.8	22.0	48.0	32.1
49	Côte d'Ivoire	10.2	8.2	1,700	1986-87[c]	5.0	8.0	13.1	21.3	52.7	36.3
50	Dominican Rep.	..	..	..		..	..	..	..	..	..
51	Morocco	13.1	12.5	2,590	1984-85[d]	9.8	13.0	16.4	21.4	39.4	25.4
52	Papua New Guinea	..	..	..		..	..	..	..	..	..
53	Honduras	..	..	..		..	..	..	..	..	..
54	Guatemala	..	..	..	1979-81	5.5	8.6	12.2	18.7	55.0	40.8
55	Congo, People's Rep.	16.4	12.8	2,650		..	..	..	..	..	..
56	Syrian Arab Rep.	..	..	..		..	..	..	..	..	..
57	Cameroon	14.0	10.0	2,070		..	..	..	..	..	..
58	Peru	..	..	..	1985-86[c]	4.4	8.5	13.7	21.5	51.9	35.8
59	Ecuador	..	..	..		..	..	..	..	..	..
60	Namibia	..	..	..		..	..	..	..	..	..
61	Paraguay	..	..	..		..	..	..	..	..	..
62	El Salvador	..	..	..		..	..	..	..	..	..
63	Colombia	..	..	..	1988[c]	4.0	8.7	13.5	20.8	53.0	37.1
64	Thailand	16.0	20.2	4,190		..	..	..	..	..	..
65	Jamaica	..	..	..	1988[c]	5.4	9.9	14.4	21.2	49.2	33.4
66	Tunisia	19.8	18.0	3,720		..	..	..	..	..	..

Note: For data comparability and coverage, see the technical notes. Figures in italics are for years other than those specified.

Quelle: WORLDBANK: World Development Report 1991, S.262

		ICP estimates of GDP per capita[a]			Percentage share of household income, by percentile group of households[b]						
		United States = 100		Current international dollars							
		1985	1989	1989	Year	Lowest 20 percent	Second quintile	Third quintile	Fourth quintile	Highest 20 percent	Highest 10 percent
67	Turkey	21.8	22.3	4,610		..	..	..	..	..	..
68	Botswana	16.1	19.3	3,990	1985–86	2.5	6.5	11.8	20.2	59.0	42.8
69	Jordan	..	..	..		..	..	..	..	..	..
70	Panama	..	..	..		..	..	..	..	..	..
71	Chile	..	..	..		..	..	..	..	..	..
72	Costa Rica	..	..	..	1986[d]	3.3	8.3	13.2	20.7	54.5	38.8
73	Poland	24.5	24.0	4,980	1987[d]	9.7	14.2	18.0	22.9	35.2	21.0
74	Mauritius	24.8	29.1	6,030		..	..	..	..	..	..
75	Mexico	..	..	..		..	..	..	..	..	..
76	Argentina	..	..	..		..	..	..	..	..	..
77	Malaysia	..	..	..	1987[c]	4.6	9.3	13.9	21.2	51.2	34.8
78	Algeria	..	..	..		..	..	..	..	..	..
79	Bulgaria	..	..	..		..	..	..	..	..	..
80	*Lebanon*	..	..	..		..	..	..	..	..	..
81	*Mongolia*	..	..	..		..	..	..	..	..	..
82	*Nicaragua*	..	..	..		..	..	..	..	..	..
	Upper-middle-income										
83	Venezuela	..	..	..	1987[c]	4.7	9.2	14.0	21.5	50.6	34.2
84	South Africa	..	..	..		..	..	..	..	..	..
85	Brazil	..	..	..	1983	2.4	5.7	10.7	18.6	62.6	46.2
86	Hungary	31.2	30.0	6,200	1983[c]	10.9	15.3	18.7	22.8	32.4	18.7
87	Uruguay	..	..	..		..	..	..	..	..	..
88	Yugoslavia	29.2	25.7	5,320	1987[c]	6.1	11.0	16.5	23.7	42.8	26.6
89	Gabon	..	..	..		..	..	..	..	..	..
90	Iran, Islamic Rep.	27.9	21.4	4,430		..	..	..	..	..	..
91	Trinidad and Tobago	..	..	..		..	..	..	..	..	..
92	Czechoslovakia	..	..	..		..	..	..	..	..	..
93	Portugal	33.8	37.2	7,700		..	..	..	..	..	..
94	Korea, Rep.	24.1	32.5	6,720		..	..	..	..	..	..
95	Oman	..	..	..		..	..	..	..	..	..
96	Libya	..	..	..		..	..	..	..	..	..
97	Greece	35.5	34.2	7,090		..	..	..	..	..	..
98	*Iraq*	..	..	..		..	..	..	..	..	..
99	*Romania*	..	..	..		..	..	..	..	..	..
	Low- and middle-income										
	Sub-Saharan Africa										
	East Asia										
	South Asia										
	Europe, M.East, & N.Africa										
	Latin America & Caribbean										
	Severely indebted										
	High-income economies										
	OECD members										
	†Other										
100	†Saudi Arabia	..	..	..		..	..	..	..	..	..
101	Ireland	40.9	41.3	8,540		..	..	..	..	..	..
102	Spain	46.0	51.2	10,600	1980–81	6.9	12.5	17.3	23.2	40.0	24.5
103	†Israel	..	..	..	1979	6.0	12.1	17.8	24.5	39.6	23.5
104	†Hong Kong	61.7	75.7	15,660	1980	5.4	10.8	15.2	21.6	47.0	31.3
105	†Singapore	..	..	..	1982–83	5.1	9.9	14.6	21.4	48.9	33.5
106	New Zealand	60.9	56.9	11,780	1981–82	5.1	10.8	16.2	23.2	44.7	28.7
107	Australia	71.1	69.0	14,290	1985	4.4	11.1	17.5	24.8	42.2	25.8
108	United Kingdom	66.1	68.0	14,070	1979	5.8	11.5	18.2	25.0	39.5	23.3
109	Italy	65.6	67.3	13,920	1986	6.8	12.0	16.7	23.5	41.0	25.3
110	Netherlands	68.2	65.9	13,630	1983	6.9	13.2	17.9	23.7	38.3	23.0
111	†Kuwait	..	..	..		..	..	..	..	..	..
112	Belgium	64.7	66.1	13,680	1978–79	7.9	13.7	18.6	23.8	36.0	21.5
113	Austria	66.1	66.3	13,710		..	..	..	..	..	..
114	France	69.3	70.0	14,480	1979	6.3	12.1	17.2	23.5	40.8	25.5
115	†United Arab Emirates	..	..	..		..	..	..	..	..	..
116	Canada	92.5	92.9	19,230	1987	5.7	11.8	17.7	24.6	40.2	24.1
117	Germany	73.8	73.5	15,220	1984	6.8	12.7	17.8	24.1	38.7	23.4
118	Denmark	74.2	69.3	14,340	1981	5.4	12.0	18.4	25.6	38.6	22.3
119	United States	100.0	100.0	20,690	1985	4.7	11.0	17.4	25.0	41.9	25.0
120	Sweden	76.9	75.7	15,670	1981	8.0	13.2	17.4	24.5	36.9	20.8
121	Finland	69.5	73.6	15,230	1981	6.3	12.1	18.4	25.5	37.6	21.7
122	Norway	84.4	83.5	17,280	1979	6.2	12.8	18.9	25.3	36.7	21.2
123	Japan	71.5	75.9	15,710	1979	8.7	13.2	17.5	23.1	37.5	22.4
124	Switzerland	..	..	..	1982	5.2	11.7	16.4	22.1	44.6	29.8
	Other economies										
	World										
	Oil exporters (excl. USSR)										

a. ICP refers to the United Nations' International Comparison Program. Data for 1985 are preliminary Phase V results; those for 1989 are estimated from the 1985 values. b. These estimates should be treated with caution; see technical notes for details of different distribution measures. c. Data refer to per capita expenditure. d. Data refer to household expenditure. e. Data refer to per capita income.

Quelle: WORLDBANK: World Development Report 1991,S.263

Anlage 1b

Türkei: Einige Kennzahlen zur wirtschaftlichen Entwicklung

Bevölkerung:	1977	:	41,9 Millionen	
	1989	:	55 Millionen	
Bevölkerungswachstum:	1965–89	:	2,4% p. a.	
Wachstum des BSP pro Kopf:	1965–89	:	2,6% p. a.	
Durchschn. Inflationsrate:	1960–70	:	5,5% p. a.	
	1970–77	:	19,9% p. a.	
	1980–89	:	41,4% p. a.	
Auslandsschulden in Prozent des Bruttosozialprodukts:	1980	:	34,3%	
	1989	:	53,8%	
Nettoauszahlungen öffentlicher Entwicklungshilfe an die Türkei:	1983–89	:	1,883 Mrd. $ =269 Mio. $ p. a. =0,44% des BSP 1989	
Gastarbeiterüberweisungen in Millionen $:	1970	:	273	
	1989	:	3040	
Währungsreserven in Millionen $:	1970	:	400	
	1989	:	6298	
Durchschnittliche jährliche Zuwachsrate der Ausfuhr und der Einfuhr in %:			Ausfuhr	Einfuhr
	1965–80	:	5,5	7,7
	1980–89	:	11,4	7,4
Handelsbilanzdefizit in Millionen $:	1989	:	4162	

Produktionsstruktur: Verteilung des Bruttoinlandsprodukts in %:

	1960	1965	1977	1989
– Landwirtschaft	41	34	28	17
– Industrie	21	25	25	35
– Dienstleistungen	38	41	47	48

Anmerkung: Die Angaben zur Produktionsstruktur haben nur begrenzte Aussagekraft. Zum einen wird der Subsistenzbereich der Landwirtschaft nur sehr ungenau erfaßt, zum anderen sagen die Strukturzahlen nur wenig über das Produktivitätsniveau der einzelnen Wirtschaftszweige aus.

Quelle: WELTBANK, Weltenentwicklungsbericht 1979 und 1991.

Anlage 2

Aus:"SCHWÄBISCHE ZEITUNG" vom 30.9.1991

Hungerhilfe hat Bürgerkrieg in Äthiopien verlängert

Erste Bilanz aus 30 Jahren Krieg: Weit über eine Million Tote

NAIROBI (dpa) - Die Hungerhilfe der Vereinten Nationen und anderer Hilfseinrichtungen in Äthiopien hat nach einem Bericht der Menschenrechtsorganisation „Africa Watch“ dazu beigetragen, daß sich das Regime des kommunistischen Diktators Mengistu Haile Mariam an der Macht halten konnte und der Bürgerkrieg künstlich verlängert wurde.

Die Regierung Mengistu habe bis zu ihrem Sturz im Mai die Programme der Hungerhilfe nach ihren eigenen politischen und militärischen Bedürfnissen manipuliert. Die UNO habe die massive Zweckentfremdung von Hilfsgeldern gedeckt. In der Dokumentation wird erstmals eine umfassende Bilanz aus „30 Jahren Krieg und Hungersnot in Äthiopien“ gezogen. Vernichtend fällt das Urteil über die Rolle der EG aus: „Die Europäische Gemeinschaft gab umfassende Hilfen, ohne daß sie irgendwelche Fragen stellte.“

Die äthiopische Regierung habe seit 1967 – sowohl unter Kaiser Haile Selassie als auch unter Mengistu – systematisch die Strategie verfolgt, überall dort Hungersnöte zu provozieren, wo die Bevölkerung mit den Rebellen sympathisierte. Die Armee habe Bauern verschleppt, Viehherden abgeschlachtet, Getreide in Brand gesetzt oder Märkte bombardiert. Bei der großen Hungerkatastrophe in Tigre 1983/84, bei der mindestens 400 000 Menschen ums Leben kamen, gab es nach Angaben von „Africa Watch“ im Norden Äthiopiens große Lebensmittelüberschüsse. Die Regierung habe jedoch Hilfe für die Hungernden verhindert.

Die Lebensmittelhilfe der UNO und anderer Organisationen sei zu 90 Prozent an die Regierungsseite und nur zu zehn Prozent an die Rebellen gegangen. Dabei habe sich der weitaus größte Teil der Hungergebiete in der Hand der Rebellen befunden. Während der 14jährigen Herrschaft Mengistus seien die westlichen Hilfen von 105 Millionen auf mehr als eine Milliarde Dollar im Jahr gestiegen.

Aus »SCHWÄBISCHE ZEITUNG« vom 9. 8. 1991

„Keine Altkleider nach Afrika“

Nur bei Katastrophen sinnvoll

Vor schädlichen Folgen von Altkleiderspenden aus Deutschland und anderen Industrienationen für die Bevölkerung Afrikas hat die Missionsreferentin im Eichstätter Bischöflichen Ordinariat, die Dominikanerin Mansueta Meister, gewarnt. Verteilung oder Billigstverkauf von Kleidung aus dem Ausland behindere die Entwicklung von Handwerk und Textilindustrie in den Empfängerländern, schreibt die Ordensfrau in der „Kirchenzeitung für das Bistum Eichstätt“. Es sei deshalb verständlich, daß Kleiderspenden von seiten afrikanischer Regierungen „nicht gern gesehen werden und schon ganze Ladungen etwa im Hafen von Mombasa verbrannt wurden“. In Katastrophenfällen könnten jedoch Kleider für Flüchtlingslager eine echte Hilfe sein.

Die Ordensfrau warnt Missionare davor, Afrikanern „aus falschem Mitleid“ Kleidung aus Deutschland auszuhändigen. Die gutmeinend gespendeten und verteilten Altkleider trügen zum Untergang einheimischer Kultur bei, behinderten die körperliche Entwicklung der Empfänger und führten zu Ungeziefer, Flechten und Krankheiten. Die Lagerung von Kleiderspenden in Missionsstationen hat nach Darstellung der Dominikanerin öfters schon zu Überfällen auf solche Einrichtungen geführt und dadurch die kirchliche Sozialarbeit insgesamt, beispielsweise in einem Slumviertel von Lusaka, in Frage gestellt.

Die Missionsreferentin spricht sich dafür aus, statt der „fast unerschwinglich gestiegenen Portokosten“ für Kleidertransporte nach Afrika Zuschüsse zur Ausbildung von einheimischen Sozialarbeitern, Jugendleitern und Katechisten zu zahlen. Diese Mitarbeiter würden von der Kirche vor Ort dringend gebraucht. Altkleidersammlungen für die Mission sollten deshalb nicht ganz abgesetzt werden. Vielmehr könne guterhaltene Kleidung in „kulturverwandte Länder“ weiterverkauft und der Erlös zugunsten der Kirche in Afrika, Asien und Südamerika verwendet werden. (kna)

Aus »SCHWÄBISCHE ZEITUNG« vom 28. 8. 1991

Größter Kleiderversender macht trotz Kritik weiter

LAUPHEIM/MÖCKMÜHL (kna) - Die katholischen Verbände im Bistum Rottenburg-Stuttgart werden weiter gebrauchte Kleider gezielt in Entwicklungsländer schicken – trotz Kritik, damit werde der dortigen Textilindustrie geschadet und deren Entstehung verhindert. „Nur Gutes wurde damit geschaffen, nichts geriet in falsche Hände, es wäre zynisch, die Ärmsten in Lumpen liegen zu lassen“, erklärte der Vorsitzende des Ausschusses Mission und Entwicklungshilfe der Verbände-Arbeitsgemeinschaft (AKO), Hermann Scham (Möckmühl), am Montag. Die Sammelzentrale in Laupheim versuche im Gegenteil, den vielen Anfragen nachzukommen und den jährlichen Versand nach Übersee von 600 auf 800 Tonnen zu steigern.

Die AKO ist in Deutschland größter Versender von Kleidern in die „Dritte Welt“. Seit 1962 hat sie in Württemberg Tausende von Tonnen Altkleider im Wert von mindestens 100 Millionen Mark bei großen Aktionen und neuerdings über stationäre Container gesammelt. Durch die Kritik wurden auch viele Gruppen und Kirchengemeinden verunsichert, die Kleidung und Wäsche für Krankenhäuser in Entwicklungsländer schicken. Scham verwies darauf, daß der von Kirchenleuten vor Ort angeforderte und überwachte Kleiderversand – Wiederverwertung statt Mülltonne – Arbeitsplätze in Entwicklungsländern erst schaffe. In Länder mit Textilindustrie liefere die AKO nicht. Eine Fülle von Dankbriefen aus Afrika und Südamerika bestätige, daß sich Tausende von Familien dort Neues aus heimischer Produktion nicht leisten können. Sie seien auf Gebrauchtkleidung angewiesen. Dafür habe sich ein regelrechter Markt entwickelt. Weitere Arbeitsplätze entstünden auch bei Näh- und Änderungsstuben. Die Kritik, Kleider aus Europa verdrängten einheimische Kleidersitten, ließ Scham ebenfalls nicht gelten. Dies sei längst vor den AKO-Sendungen geschehen. Wie in Deutschland die Trachten, sei die traditionelle Kleidung längst auf Feste und besondere Ereignisse beschränkt.

Aus »SCHWÄBISCHE ZEITUNG«
vom 17. 1. 1991

Anlage 4

Getragene Schuhe für Afrikaner

PEINE (dpa) - In der niedersächsischen Stadt Peine sollen getragene Schuhe künftig nicht mehr in den Müll geworfen werden. Sie sollen gesammelt, in Länder der Dritten Welt verschickt und dort aufgearbeitet werden. Diese Idee des Orthopädie-Schuhmachermeisters Hans-Otto Regenthal wurde am Mittwoch vom Oberkreisdirektor der Stadt als konstruktiver Beitrag zu praktischer Entwicklungshilfe anerkannt. Gemeinsam mit einem süddeutschen Branchenkollegen in Schweinfurt will Regenthal in seinen Geschäften in Peine, Uetze und Lehrte ab sofort getragene Schuhe entgegennehmen. Sie sollen von Hamburg aus nach Togo und in andere afrikanische Staaten verschifft werden.

Schuhe für die Dritte Welt

15 000 Paar Schuhe, die ein Peiner Schuhmachermeister in den vergangenen sechs Wochen gesammelt hat, sind jetzt auf dem Weg in die Dritte Welt. Wie der Initiator der Aktion, Hans-Otto Regenthal, am Mittwoch berichtete, sollen die Second-Hand-Treter von Hamburg per Schiff nach Togo und Afghanistan gebracht werden. Nach Angaben Regenthals wurden die Schuhe, Stiefel und Sandalen in seinen vier Geschäften in Peine und dem Raum Hannover abgegeben oder per Post übersandt.

Foto: dpa

GETREIDEIMPORTE UND GETREIDEHILFSLIEFERUNGEN IN DIE LÄNDER DER DRITTEN WELT (1974 und 1989)

Ländergruppe	Bevölkerung in Millionen		Grundbedarf an Getreide in Mio. t		Getreideimporte in Mio. t				Nahrungsmittelhilfe in Getreide in Mio. t			
	1974	1989	1974	1989	1974	*	1989	*	1974	**	1989	**
Länder mit niedrigem Einkommen (ohne Indien und China)	692	1002,0	85,8	124,2	11,3	13,2	13,8	11,1	4,42	39,1	4,70	34,2
Länder mit mittlerem Einkommen, untere Eink.-Kategorie	470,5	681,8	58,3	84,5	24,7	42,3	49,4	58,3	1,65	6,7	4,51	9,1
Afrika südlich der Sahara	321,5	480,4	39,9	59,6	4,2	10,6	7,4	12,4	0,91	21,6	2,61	35,2
Lateinamerika und Karibik	291	421,2	36,1	52,2	11,6	32	16,5	31,6	0,56	4,9	1,96	11,9

* in % des Bedarfs ** in % der Importe

Quelle: WELTBANK, Weltentwicklungsbericht 1991.
Der Grundbedarf an Getreide wurde von mir auf der Basis von 340g/Kopf/Tag oder 124Kg/Kopf/Tag/Jahr errechnet. Die Bevölkerungszahlen für 1974 wurden anhand der Wachstumszahlen der WELTBANK zurückgerechnet (mit 2,5% p. a., bei Afrika südlich der Sahara mit 2,7% p. a.)

Subventionen zugunsten der Erzeuger in wichtigen Getreideexportländern

PRODUCER SUBSIDY EQUIVALENTS FOR 1982-86 AVERAGE a/

	Wheat	Maize	Rice
Japan	97.8		88.2
Brazil	63.4	4.0	51.3
Korea, Republic of	59.9	59.4	72.1
United States	36.5	27.1	45.2
EEC-10 b/	25.0	24.8	46.6
Canada	30.4	10.0	
South Africa	18.3	50.3	
Australia	6.8		13.8
Nigeria	-18.7	2.8	-42.6
Argentina	4.8	0.3	
India	-35.3		-16.9
Indonesia			14.4
Mexico	18.8	53.1	
Thailand			1.3

a/ Producer Subsidy Equivalents (PSEs) measure the percent of producer income provided by government support, including import restraints.
b/ Duram Wheat.

Source: United States Department of Agriculture, Economic Research Service, "Estimates of Producer and Consumer Subsidy Equivalents: Government Intervention in Agriculture, 1982-86," ERS Staff Report No. AGES880127, April 1988.

Quelle: WORLDBANK, Price Prospects for Major Primary Commodities, November 1988,S.130.

Anmerkung:

Seit 1985 wurde der Druck auf die Weltmarktpreise seitens der USA weiter verstärkt. Hierfür lieferten die "Farm Bill" und das "Export Enhancement Act" von 1985 die Grundlagen. Über deren Wirkung schreibt der WELTBANK-Bericht "Price Prospects for Major Primary Commodities" von 1988,S.114:" The Bill effectively breaks the link between market prices and producer incomes and encourages the export of surplus production at prices which have been as low as one-half the cost of production."

Anlage 7

Aus: "SCHWÄBISCHE ZEITUNG" vom 14.1.1988

Die Dritte Welt stöhnt unter ihren Schulden, doch wo sind die Milliarden geblieben?

Schmiergelder treiben den Preis einer Fabrik auf das Vierfache

Vor allem in Schwarzafrika trieb Korruption einzigartige Blüten – Abenteurer nutzen die Begehrlichkeit der Eliten aus

Von unserem Korrespondenten Achim Remde

Der silberne Sektkübel hatte 10 000 DM gekostet, die Callgirls 2000 DM pro Nacht. Doch im Prozeß zwischen der Geschäftsbank Samuel Montagu, einer ersten Londoner Adresse, und der Firma Crossoceans, die der nigerianische Häuptling Adeyemi Lawson von der Schweiz aus kontrollierte, kamen diese und andere pikante Details nur am Rande vor. Die Sache bestand aus 25 Millionen DM, und die waren – und blieben – verschwunden. Das Bankhaus Montagu hatte die Finanzierung einer 40-Millionen-DM-Fabrik übernommen, die Crossoceans im Auftrag der Landesregierung im nigerianischen Bundesstaat Anambra errichten sollte. Gegen Vorlage gefälschter Dokumente wurden insgesamt 25 Millionen DM, zum Teil in bar und in Koffern, an Crossoceans ausgezahlt, sieben Millionen von Montagu. Vollends verkompliziert wurde die Situation, als sich herausstellte, daß die Fabrik selbst nur 10 Millionen gekostet hätte, auch wenn der Endpreis die vierfache Summe erreichte. 15 Millionen waren als Schmiergelder für verschiedene Beteiligte vorgesehen, darunter sechs Millionen für die Regierungspartei und vier Millionen für Beamte der Landesregierung.

Goldene Cartier-Füllfederhalter, die auch noch am Rande vorkamen, ließ man schließlich ganz außer acht. Bank-Manager, befragt, ob sie von Schmiergeldzahlungen gewußt hätten, erklärten „daß Nigerianer häufig Schmiergelder erwarten, die Bank jedoch vorzieht, nichts davon zu wissen". Verschwundene Millionen sind in Nigeria nichts Neues. Es kamen zur Zeit der demokratisch gewählten Zivilregierung in Nigeria auch Milliarden aus

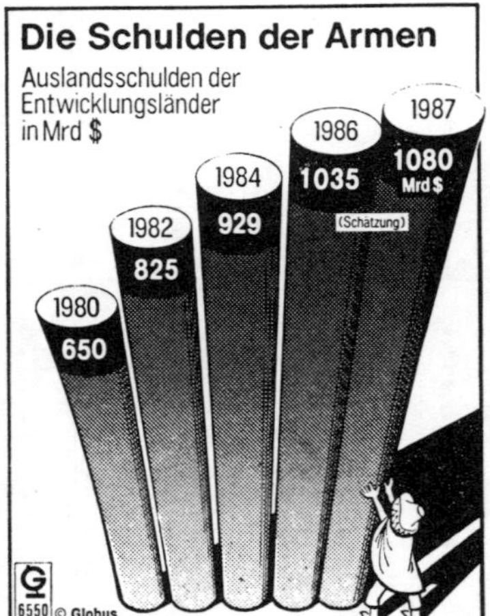

ERSCHRECKEND ist die Entwicklung der Auslandsschulden der Dritten Welt. Die Grafik zeigt den geschätzten Stand Anfang 1987.

Öleinnahmen des Staates weg; das ganze Land brach in Gelächter aus, als einer der Zeugen vor dem zuständigen Untersuchungsausschuß Ersatz seines Fahrgeldes verlangte. Als in einer anderen Schmiergeldaffäre der damalige Informationsminister Häuptling Olu Adebayo den Verbleib einer namhaften Summe aus seinem Etat nicht erklären konnte, erschienen Zeitungen mit der Schlagzeile: „Olu, Olu, wo ist das Geld geblieben?"

Umaro Dikko, einer der Hauptakteure der nigerianischen Zivilregierung, seit deren Sturz im Londoner Exil und dort vor Jahren Objekt einer versuchten Entführung durch den nigerianischen Geheimdienst mittels einer Holzkiste, gehört zum Kreis derer, die durch einen Griff in die Geldbörse die drückende Auslandsverschuldung seines Landes beträchtlich erleichtern könnten. Doch zur Schmiergeldaffäre gehören immer mindestens zwei. Das hat sich besonders beim Zusammenbruch des Londoner Bankhauses Johnson Mathey Bankers (JMB) Anfang 1986 gezeigt, das für interessierte Nigerianer ein perfektes System entwickelt hatte, nigerianische Naira auf der Basis des offiziellen – und damit überhöhten – Kurses auf Auslandskosten zu leiten.

Der Streit, ob Korruption, die in Afrika einzigartige Blüten treibt, von Europäern dort eingeführt wurde oder Ausdruck afrikanischer Eigenart ist, ähnelt dem um die Henne und das Ei. Die nigerianische Regierung hat schon mal die Bezahlung von fälligen Handelsschulden mit der Begründung verweigert, daß ein großer Teil von ihnen betrügerischen Ursprungs sei; den Beweis dafür sah sie in den Machenschaften, die beim FBM-Zusammenbruch zutage kamen. Forderungen wurden daraufhin nur anerkannt, soweit sie mit den bei der nigerianischen Zentralbank registrierten deckungsgleich waren. Ein abgewiesener Gläubiger berichtet, man habe ihn dort in einen Raum geführt, der bis an die Decke mit Akten gefüllt war, und ihn aufgefordert, die für den Beweis seiner Forderung notwendigen Dokumente herauszusuchen.

Die Folgen der Wirtschaftsmisere in Nigeria haben viele mittelständische Unternehmen in Europa in Bedrängnis gebracht. Einige von ihnen sind dabei sogar auf der Strecke geblieben. Seitdem scheuen europäische Unternehmen ein Engagement in Afrika. Eine Ausnahme ist Südafrika, das noch immer, trotz Wirtschaftssanktionen und Desinvestmentkampagne, als sichere Adresse gilt.

Hohes Risiko und hohe örtliche „Nebenkosten" haben Afrika aber auch zum bevorzugten Tummelplatz von geschäftlichen Abenteurern gemacht, die sich darauf konzentrieren, in möglichst kurzer Zeit möglichst viel Geld zu verdienen und sich die naive Konsumfreude der sogenannten afrikanischen Eliten zunutze machen. Die wirtschaftliche Entwicklung Afrikas ist bei alledem auf der Strecke geblieben, ein Fortschritt ist allerdings zu verzeichnen: mit unnachgiebiger Strenge drängt der Internationale Währungsfonds mit seinen Kreditauflagen auf massive Abwertungen, so daß zumindest die durch künstlich überhöhte Wechselkurse geschaffenen Einnahmequellen künftig vielfach wegfallen. In Nigeria, wo sich der Kurs der Naira inzwischen auf ein realistisches Viertel des früheren Standes eingependelt hat, ist seitdem der blühende Handel mit Importlizenzen zum Erliegen gekommen, deren Inhaber früher astronomische Schmiergeldgewinne zu kassieren pflegten.

Anlage 7a

Die Projektplanungsübersicht nach dem ZOPP-Verfahren

Projektplanungsübersicht (PPU)

Zusammenfassende Beschreibung	Objektiv nachprüfbare Indikatoren	Quellen für die Nachprüfbarkeit	Wichtige Annahmen
Oberziel, zu dem das Projekt einen Beitrag leistet 1. Wie sollen wir, unter Berücksichtigung der Ergebnisse der Zielanalyse, das Oberziel formulieren?	Indikatoren zur Erreichung des Oberziels 9. Wie wollen wir, ggf. in Zielphasen, den Zielinhalt, d.h. den Beitrag zur Erreichung des Oberzieles meßbar definieren? Merke: Qualität, Quantität, Zeit, ggf. Ort und Zielgruppe	12. Welche Datenbasis bzw. welche erarbeiteten oder anderweitig vorhandenen Unterlagen stehen für den Nachweis der Zielerreichung zur Verfügung?	Für die längerfristige Sicherung der Zielsetzungen 8. Welche externen Faktoren müssen eintreten, um eine längerfristige Sicherung des erreichten Beitrages zum Oberziel zu gewährleisten?
Projektziel 2. Mit welchem Projektziel (außerhalb der steuerbaren Größe des PM) leisten wir einen wesentlichen Beitrag zur Erreichung des Oberziels?	Indikatoren, die die erfolgreiche Projektzielerfüllung belegen 10. Wie wollen wir, ggf. in Zielphasen, den Zielinhalt, d.h. die Erreichung des Projektzieles, meßbar definieren? Merke: Qualität, Quantität, Zeit, ggf. Ort und Zielgruppe	13. Welche Datenbasis bzw. welche erarbeiteten oder anderweitig vorhandenen Unterlagen stehen für den Nachweis der Zielerreichung zur Verfügung?	Für die Erreichung des Oberziels 7. Welche externen Faktoren müssen eintreten, damit der gewünschte Beitrag zur Erreichung des Oberzieles auch tatsächlich eintritt?
Ergebnisse 3. Welche Ergebnisse (in ihrer Summe und Wirkungskombination) müssen erbracht sein, damit die erwartete Wirkung (das Projektziel) erreicht wird?	Indikatoren, die die Herbeiführung der Ergebnisse belegen 11. Wie wollen wir, ggf. in Zielphasen, die Zielinhalte für jedes einzelne Ergebnis meßbar definieren? Merke: Qualität, Quantität, Zeit, ggf. Ort und Zielgruppe	14. Welche Datenbasis bzw. welche erarbeiteten oder anderweitig vorhandenen Unterlagen stehen für den Nachweis der Herbeiführung der Ergebnisse zur Verfügung?	Für die Erreichung des Projektziels 6. Welche vom Projekt nicht beeinflußbaren bzw. bewußt als externe Faktoren definierten wichtigen Annahmen in bezug auf die Ergenisse 1 müssen eintreten, um das Projektziel zu erreicen?
Aktivitäten 4. Welche Aktivitäten (auch als komplexe Maßnahmebündel) muß das Projekt ergreifen bzw. durchführen, damit die definierten Ergebnisse 1 - x eintreten?	Mengengerüst/Kosten für jede Einzelaktivität 15. Was kostet es bzw. welches Mengengerüst ist erforderlich (einschl. Personal in MM), um jede Einzelaktivität durchzuführen?	16. Welche Unterlagen belegen den Kostenaufwand, Verbrauch bzw. Einsatz von Material, Einsatz von Personal usw.?	Für die Erzielung der Ergebnisse 5. Welche vom Projekt nicht beeinflußbaren bzw. bewußt als externe Faktoren definierten wichtigen Annahmen in bezug auf die Aktivitäten 1 - x müssen eintreten, um die Ergebnisse zu erreichen?

Entwicklungshypothese

Wenn Projektziel - dann Oberziel

Wenn Ergebnisse - dann Projektziel

Steuerbare Größen

Wenn Aktivitäten - dann Ergebnisse

Quelle: GTZ

Anlage 7b

Zwei Beispiele zur Werbung der Hilfsorganisationen

Die Bewohner von Alme haben eine Wasserleitung bis mitten ins Dorf gelegt und können heute an 4 Zapfstellen ganzjährig ausgezeichnetes Wasser entnehmen. Der Weg zum Wasser aber war lang und steinig. 3,5 Kilometer entfernt sprudelt die Quelle. Eine Straße mußte angelegt, Gräben ausgehoben, riesige Steinquader aus dem Weg geräumt, ein Flußbett unterquert werden. Pickel, Hacken und Schaufeln waren die Werkzeuge. Die Quelle wurde gefaßt, ein Auffangbecken gemauert. 1 1/2 Jahre dauerte das gesamte Unternehmen.

Wichtige Fragen waren noch vor Arbeitsbeginn zu klären: Welche Nachbarschaft übernimmt welche Aushubarbeiten? Wo installieren wir die Zapfstellen? Wer regelt die Verteilung des Wassers, wenn die Quelle in der Trockenzeit weniger ergiebig ist? Wer ist wann für die Wartung der Anlage zuständig?

Erst nachdem diese Fragen geregelt waren, wurden von Misereor Mittel für die Rohre, den Beton, die Installation und die Werkzeuge bewilligt.

In Afrika, Asien und Lateinamerika leistet Misereor in mehr als 3.000 Projekten pro Jahr Hilfe zur Selbsthilfe.

MISEREOR

Aktion gegen Hunger und Krankheit in der Welt

Karl Ridderbusch

Kammersänger

Ich unterstütze die Deutsche Welthungerhilfe

weil sie
- nicht Regierungen, sondern den Ärmsten in der Dritten Welt hilft,
- nicht Almosen verteilt, sondern auf die Eigeninitiative der Menschen baut,
- nicht Großprojekte finanziert, sondern Hilfe zur Selbsthilfe leistet,
- unbürokratisch und sparsam arbeitet.

Bitte helfen auch Sie.

Spendenkonto:

111

Postgiroamt Köln - Sparkasse Bonn
Volksbank Bonn - Commerzbank Bonn

Einzahlungen bei allen Banken, Sparkassen und Postämtern möglich.

DEUTSCHE WELTHUNGERHILFE

Ernährung sichern aus eigener Kraft

Adenauerallee 134 - 5300 Bonn 1
Telefon 02 28/22 88-0

Wir danken für den kostenlosen Abdruck dieser Anzeige.

Anteil der Entwicklungsländer am Welthandel und am Austausch mit den Industrieländern

Anlage 8

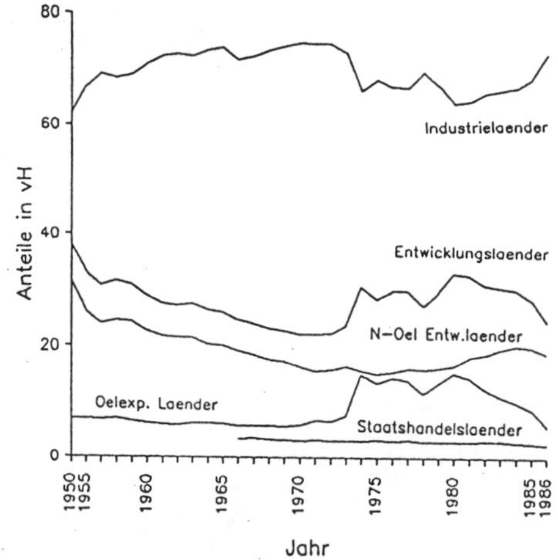

Anteile am Welthandel, 1950–1986

Quelle: IMF, Direction of Trade Statistics, Washington, D.C. versch. Jhg. IMF, International Financial Statistics, Yearbook 1987, Washington, D.C. 1987.

Ölexportländer : Algerien, Bahrain, Ekuador, Gabun, Indonesien, Iran, Irak, Katar Kongo, Kuweit, Libyen, Mexiko, Nigeria, Oman, Saudi Arabien, Syrien, Trinidad u. Tobago, Tunesien, Venezuela, Vereinigte Arab. Emirate.

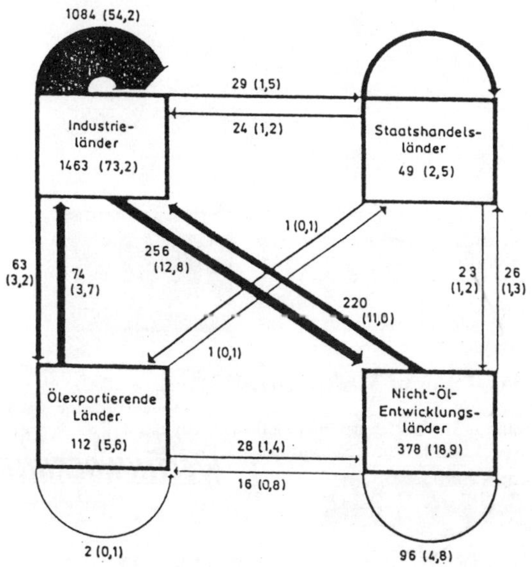

Weltexportströme, 1986 (in Mrd. US $ und in vH)

Anteile in Klammern, Staatshandelsländer ohne Intra-Handel

Daten aus: IMF, Direction of Trade Statistics, Yearbook 1987, Washington, D.C. 1987. Eigene Berechnungen.

Quelle: beide Graphiken entnommen aus: WAGNER/KAISER/BEIMDIEK: Ökonomie der Entwicklungsländer, 1989,S.93 u.95.

Anlage 9

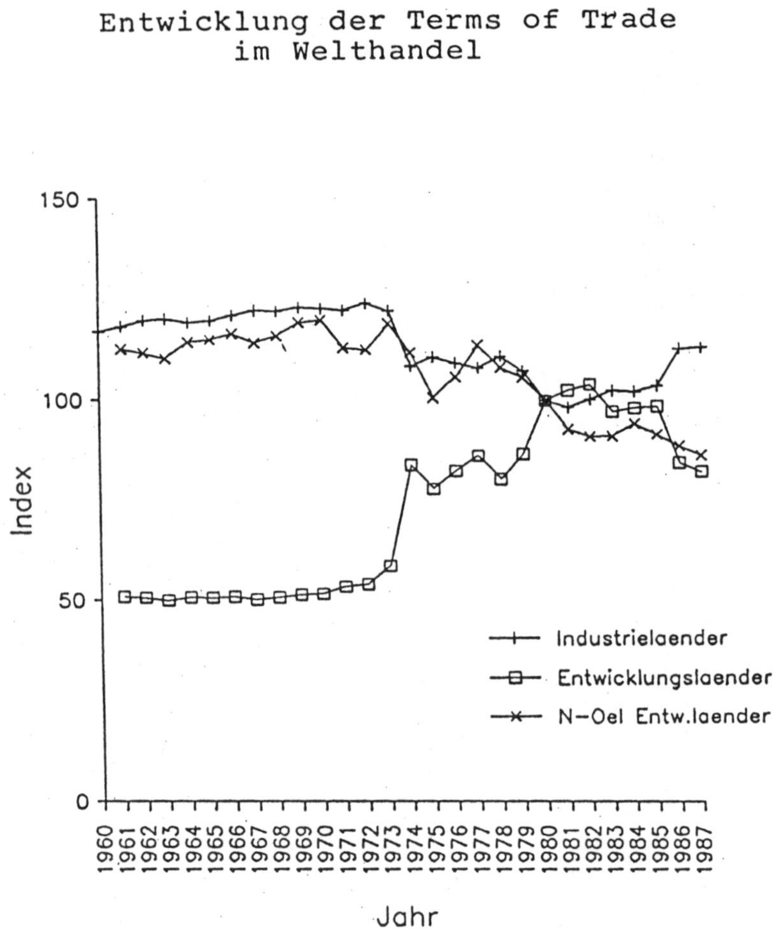

Commodity Terms of Trade 1960–1987 (1980 = 100)

Quelle: IMF, International Financial Statistics, versch. Ausgaben, Washington, D.C. Eigene Berechnungen.

entnommen aus: WAGNER/KAISER/BEIMDIEK:
Ökonomie der Entwicklungsländer, 1989, S.99

Liste der am 1.10.1985 in Burkina Faso (früher Obervolta) tätigen Nicht-Regierungs-Organisationen (NRO) in der Entwicklungshilfe

(Situation au 1er octobre 1985, source: Bureau de Suivi des O.N.G., B.P. 7124, Ouagadougou, Tel. 33.32.82)

Action Internationale Contre la Faim (AICF)	B.P. 4412	Ouagadougou
Action Micro-Barrages de Koudougou (AMB)	B.P. 26 Tel. 44.02.80	Koudougou
Africare	B.P. 608 Tel. 33.20.95	Ouagadougou
Aide Odontologique Internationale	Hôpital de Fada N'Gourma	
AIR Secours International		Bogandé
Amitié Africaine	B.P. 378	Ouagadougou
Amitié des Peuples pour le Développement	S/C B.P. 7010 Tel. 33.41.00 (Traoré Robert)	Ouagadougou
Association Burkinabé pour le Bien-Etre Familial (ABBEF)	B.P. 535 Tel. 33.42.56	Ouagadougou
Association Burkinabé pour la promotion des Aveugles et des Mal-Voyants (ABPAM)	B.P. 5588	Ouagadougou
Association Burkinabé de Recherche-Action et Auto-formation pour le Développement (ABRAAD)	B.P. 865 Tel. 33.52.02	Ouagadougou
Association Canadienne d'Aide à l'Enfance (ACDE/CANSAVE)	B.P. 4076 Tel. 33.62.74	Ouagadougou
Association pour le Développement Economique et Social des S/P de Léo et Fara (ADES-Nouni-Lou)	B.P. 2324	Ouagadougou
Association pour le Développement Economique et Social de la S/P de Pouni (ADES-Pouni)	B.P. 3270 Tel. 33.23.72	Ouagadougou
Association pour le Développement de la Région de Kaya (ADRK)	B.P. 32 Tel. 35	Kaya

Association pour le Développement du Yaanga (ADRY)	Ouargaye Tel. 6	Province Boulougou
Association pour le Développement de la S/P de Toma (ADST)	B.P. 164 Tel. 8	Toma
Association pour le Développement naturel d'une Architecture et d'un Urbanisme Africains (ADAUA)	B.P. 648 Tel. 33.59.59 et 33.21.70	Ouagadougou
Association des Femmes Burkinabé		Ouagadougou
Association des Femmes Noires Américaines AWA	B.P. 2647 Tel. 33.44.93	Ouagadougou
Association Française des Volontaires du Progrès (AFVP)	B.P. 947 Tel. 33.26.57	Ouagadougou
Association Française des Fondations Raoul Folereau	B.P. 1157 Tel. 98.11.76	Bobo-Dioulasso
Association Frères des Hommes	B.P. 156 Tel. 33.57.85	Ouagadougou
Association Internationale "6S"	B.P. 100 Tel. 55.04.11	Ouahigouya
Association Internationale pour le Développement Rural (AIDR)	B.P. 1438 Tel. 33.50.25	Ouagadougou
Association Jeunesse d'Action pour la Coopération et la Solidarité (AJACS)	B.P. 39	Koupéla
Association pour la Médécine Préventive	B.P. 112 Tel. 98.12.21	Bobo-Dioulasso
Association des Nations Unies Service International (UNAIS)	B.P. 464 Tel. 33.43.28 et 33.39.72	Ouagadougou
Association pour la Productivité	B.P. 72 Tel. 77.00.81 et 77.01.38	Fada N'Gourma
Association Promotion du Développement Industriel, Artisanal et Agricole (PRODIA)	B.P. 2344 Tel. 33.37.31	Ouagadougou
Association pour la Promotion Economique Sociale et Culturelle de la S/P de Houndé (ASPOH)		Houndé

Association pour la Promotion Sociale, Culturelle et Economique du Sourou (APSCES)	B.P. 1941	Ouagadougou
Association pour la Réhabilitation des Handicapés du Burkina Faso (ARH)	B.P. 90	Ouagadougou
Association des Veuves et Orphelins du Burkina Faso (AVO)	B.P. 2343 Tel. 33.60.51	Ouagadougou
Association des Volontaires pour le Développement (AVD)	B.P. 4683 Tel. 33.63.60	Ouagadougou
Bureau d'Etude et de Liaison (BEL)	B.P. 90 Tel. 33.62.88	Ouagadougou
Caritas Nationale Burkinabé	B.P. 1083 Tel. 33.52.30	Ouagadougou
Catholic Relief Services (CATHWEL)	B.P. 469 Tel. 33.54.87 et 33.55.03	Ouagadougou
Cellule d'Appui aux Initiatives Villageoises	B.P. 5427 Tel. 33.52.89	Ouagadougou
Centre d'Aide au Développement dans la Liberté et Progrès (DELIPRO)	B.P. 3165	Ouagadougou
Centre Canadien d' Etudes et de Coopération Internationale (CECI)	Tel. 33.44.47	Ouagadougou
Centre d'Etudes et d'Expérimentations Economiques et Sociales pour l'Afrique de l'Ouest (CESAO)	B.P. 4946 Tel. 33.25.01 B.P. 305 Tel. 98.04.90	Ouagadougou Bobo-Dioulasso
Centre Ecologique Albert Schweizer (CEAS)	B.P. 3306	Ouagadougou
Centre Social, Professionnel de Guiédougou		Guiédougou Province du Sourou
Christoffel Blinden Mission	B.P. 3833	Ouagadougou
Comité d'Animation et de Soutien à l'Action Sociale (CASAS)	B.P. 2	Gaoua
Comité de Développement de la Région de Yako (CDRY)	B.P. 29 Tel. 2	Yako

Comitē Français pour la Campagne contre la Faim (CFCF)	B.P. 4409 Tel. 33.64.73	Ouagadougou
Comitē Inter-Mouvement Auprēs des Evauēs CIMADE	S/CAAFVP B.P. 947	
Communautē Internationale des Laics Volontaires (LVIA)	B.P. 783	Ouagadougou
Compagnie Internationale de Dēveloppement et de Recherche CIDR	B.P. 5 B.P. 2298 Tel. 33.39.37 et 98.12.93	Gorom-Gorom Ouagadougou Bobo-Dioulasso
Confēdēration des Coopēratives Italiennes C.C.I.	B.P. 4412	Ouagadougou
Conseil Oecumēnique des Eglises C.C.E.	B.P. 1005 Tel. 33.57.63	Ouagadougou
Consul Honoraire du Burkina ā Düsseldorf (Allemagne Fēdērale)	S/C de J.B. Tapsoba B.P. Tel. 33.43.10	
Coopērative Agricole et Maraichēre de Manga	B.P. 821	Ouagadougou
Entraide Fēminine Burkinabē (association fēminine)	B.P. 339	Ouagadougou
Euro-Action-Accord (EAA)	B.P. 137 Tel. 33.43.28	Ouagadougou
Fēdēration des Eglises et Missions Evangēliques (FEME)	B.P. 108 Tel. 33.66.93	Ouagadougou
Fēdēration des Femmes Burkinabē	B.P. 1159	Ouagadougou
Fondation de Dēveloppement Communautaire	B.P. 642 Tel. 33.43.52	Ouagadougou
Fondation Nationale pour le Dēveloppement et la Solidaritē (FONADES)	B.P. 523 Tel. 33.65.99	Ouagadougou
Groupe de Recherche et d'Appui pour l'Auto-Promotion Paysanne (GRAAP)	B.P. 785	Bobo-Dioulasso
Groupement des Artisans Ruraux du Yatenga	ā TITAO, Province du Yatenga	
Groupement NAAM - Yatenga	B.P. 100 Tel. 55.04.11	Ouahigouya

Iles de Paix de Yalogo	B.P. 5579	Ouagadougou
Institut Africain pour le Développement Economique et Social-INADES-Formation	B.P. 1022 Tel. 33.61.45	Ouagadougou
Institut Panafricain pour le Développement de l'Afrique de l'Ouest Sahel	B.P. 1756 Tel. 33.68.73 et 33.69.25	Ouagadougou
Institut pour la Coopération Internationale (LIZ)	B.P. 2112 Tel. 33.41.10	Ouagadougou
Institut Technologique DELLO I.T. DELLO	B.P. 3573	Ouagadougou
Le Point Mulhouse	B.P. 4580 Tel. 33.41.51	Ouagadougou
Lions Club de Ouaga et Bobo	B.P. 592	Ouagadougou
Medicus Mundi	PAMA province du Gourma	
Mission ADVENTISTE de BAZEGA	B.P. 592 Tel. 33.60.78	Ouagadougou
Mission Baptiste au Burkina	B.P. 580 Tel. 33.50.67	Ouagadougou
Mouvement A.T.D. Quart Monde	B.P. 384	Ouagadougou
Mouvement Développement et Paix de la Sainte Famille	B.P. 3512 Tel. 33.05.53	Ouagadougou
Organisation Sociale des Volontaires OSV	B.P. 1142	Ouagadougou
Organisation des Volontaires des Pays-Bas	B.P. 625 Tel. 33.25.37	Ouagadougou
OXFAM	B.P. 489 Tel. 33.25.37	Ouagadougou
Peuple Solidaire (ex UCODEP)	B.P. 1470	Ouagadougou
Plan de Parrainage Internationale PPI	B.P. 1184 Tel. 33.49.80	Ouagadougou
Promotion du Développement Industriel, Artisanal et Agricole - PRODIAAC	B.P. 2344 Tel. 33.37.31	Ouagadougou
Protection Britanique des Enfants	B.P. 615 Tel. 33.34.60	Ouagadougou
Sahel Solidarité	B.P. 372	Ouagadougou

Secours Polulaire Français	voir KABORE Gaston P. et T.	
Service des Volontaires Allemands (SVA)	B.P. 351 Tel. 33.48.63	Ouagadougou
Société Internationale de Linguistique (SIL)	B.P. 1784 Tel. 33.42.73	Ouagadougou
S.O.S. Sahel Burkina Faso	B.P. 4419 Tel. 33.24.94 et 33.54.99	Ouagadougou
S.O.S. Sahel International Burkina Faso	B.P. 1170 Tel. 33.49.79	Ouagadougou
Union Fraternelle des Croyants de Dori (UFC/DORI)	B.P. 1	Dori
Union Fraternelle des Croyants de Gorom		Gorom
World Relief International Secours Mondial	B.P. 3801 Tel. 33.65.23	Ouagadougou

Anmerkung:

Zu den oben genannten Nicht-Regierungs-Hilfsorganisationen treten etwa 1 bis 2 Dutzend staatliche Organisationen mit insgesamt etwa 200 Projekten in Burkina Faso hinzu.

Einwohnerzahl Burkina Fasos 1985: ca. 8 Millionen
Einnahmen aus öffentlicher Entwicklungshilfe 1989: 32,4 $ pro Kopf
=11,1% des BSP.

Kann eine Regierung in diesem Land mehr sein, als ein Koordinierungskomitee für ausländische Hilfsorganisationen? Da die lokalen Eliten abseits stehen und sich vorzugsweise ihren Privatgeschäften widmen, wird nicht einmal diese Koordinierungsarbeit geleistet. In nahezu allen Ländern der Dritten Welt stellt die Entwicklungshilfe ein reichlich chaotisches Nebeneinander (häufig genug auch ein Gegeneinander) von Einzelaktionen dar.

DIE 16 GRUNDSÄTZE DER GRAMEEN BANK 1/

1. Wir befolgen die vier Prinzipien der Grameen Bank - Disziplin, Einheit, Mut und harte Arbeit - und wenden sie in allen Bereichen unseres Lebens an.
2. Wir wollen unseren Familien Wohlstand bringen.
3. Wir werden nicht in zerfallenen Häusern wohnen. Wir reparieren unsere Häuser und arbeiten für den baldigen Bau neuer Häuser.
4. Wir bauen das ganze Jahr über Gemüsesorten an. Wir essen davon reichlich und verkaufen den Überschuß.
5. Während der Pflanzsaison pflanzen wir so viele Setzlinge wie möglich.
6. Wir planen kleine Familien. Wir minimieren unsere Ausgaben. Wir kümmern uns um unsere Gesundheit.
7. Wir erziehen unsere Kinder und stellen sicher, daß sie Geld verdienen können, um ihre Ausbildung zu bezahlen.
8. Wir sorgen dafür, daß unsere Kinder und unsere Umgebung sauber sind.
9. Wir bauen und benutzen Grubenlatrinen.
10. Wir trinken nur Wasser vom Bohrbrunnen. Wenn es dort kein Wasser gibt, kochen wir das Wasser ab oder verwenden Alaun.
11. Wir akzeptieren keine Mitgift zur Hochzeit unseres Sohnes, wir geben unserer Tochter keine Mitgift für ihre Hochzeit. Unser Zentrum lehnt die Mitgift und die Kinderehe ab.
12. Wir tun niemandem Unrecht und lassen nicht zu, daß uns Unrecht angetan wird.
13. Um höhere Einkommen zu erzielen, tätigen wir gemeinsam größere Investitionen.
14. Wir sind immer bereit, einander zu helfen. Wenn jemand in Schwierigkeiten ist, helfen wir alle.
15. Wenn wir von einem Verstoß gegen die Disziplin in einem Zentrum hören, gehen wir dorthin und helfen, die Disziplin wiederherzustellen.
16. Wir werden in allen Zentren Leibesübungen einführen. Wir nehmen an allen sozialen Aktivitäten teil.

1/ verabschiedet im Rahmen des Zweiten Frauen-Workshop, der von der Grameen Bank vom 18.-22. März 1984 veranstaltet wurde.

Quelle: Deutsche Stiftung für internationale Entwicklung, Deutscher Sparkassen-und Giroverband: Selbsthilfeförderung durch Sparkassen. Ein Dialogprogramm. Berlin 1987.

Anlage 12

Aus: "SCHWÄBISCHE ZEITUNG" vom 2.6.1992

In Rußland rotiert jetzt die Notenpresse

Inflation wird bewußt in Kauf genommen - Abkehr vom Rubel

Moskau (ap/vwd) - Angesichts des dramatischen Bargeldmangels in Rußland will die Regierung in Moskau die Geldmenge schon bis August verfünffachen. Wie der für die Wirtschaftsreform zuständige stellvertretende russische Ministerpräsident Jegor Gaidar mitteilte, soll damit vor allem die mangelnde Liquidität der Unternehmen behoben werden, die in vielen Fällen keine Löhne und Gehälter mehr zahlen können. Die Arbeiter in der Erdölindustrie – dem wichtigsten Devisenbringer Rußlands – hatten deshalb bereits mit Streik gedroht. Rubel waren knapp geworden, weil sich die Verbraucherpreise infolge der Aufhebung der Preisbindung im Januar im Durchschnitt verdreifacht haben. Wenn es keine Katastrophen gebe, werde die Lage bei der Geldversorgung sich ab August entspannen, sagte Gaidar in einem Fernsehinterview. Der Druck von Rubel-Banknoten mit hohem Nennwert solle beschleunigt werden. Zwar werde das Geldmengenwachstum die Inflation weiter anheizen, doch sei dies der einzige Weg, die explosive wirtschaftliche und soziale Lage zu entschärfen, meinte Gaidar.

Die Ukraine will mit Rußland noch in dieser Woche über den Ausstieg aus der Rubelzone und die Einführung einer eigenen Währung zum 1. August 1992 sprechen. Das sagte gleichfalls der russische Vizeregierungschef und Chefökonom, Jegor Gaidar, nach einer Meldung der Nachrichtenagentur Interfax am Montag in Moskau. Gaidar zufolge sind ähnliche Verhandlungen in Kürze auch mit den drei baltischen Staaten Estland, Lettland und Litauen geplant. Diese Republiken drängen darauf, sich von der Inflation Rußlands abhängen zu können, weil sie der Ansicht sind, ihre Volkswirtschaften seien bei weitem nicht so marode wie die russische. Aus Protest gegen die Haltung des Parlaments zur Geldpolitik ist inzwischen die Führung der russischen Notenbank zurückgetreten. Die Parlamentarier verlangten eine weitere Senkung der Zinssätze.

Aus: "SCHWÄBISCHE ZEITUNG" vom 10.6.1992

Dänemarks Nein und die Folgen auf Maastricht

EG-Finanzminister tagen – Schlesinger lieber für Franken als für Ecu

Luxemburg (ap/vwd) - Die Finanz- und Wirtschaftsminister der EG sind am Dienstag in Luxemburg zusammengekommen, um die komplizierte Lage nach dem Nein der Dänen zum Vertragswerk von Maastricht zu besprechen. Auf der Tagesordnung stand außerdem die Erörterung des Wirtschaftsprogramms der spanischen Regierung zur Vorbereitung auf die europäische Währungsunion. Der luxemburgische Finanzminister Juncker meinte, das dänische Referendum werde vorerst keine Auswirkungen auf den in Maastricht beschlossenen Zeitplan der Währungsunion haben. Ein irischer Delegierter erklärte, die EG dürfe wegen der Volksabstimmung in Dänemark nicht einfach zum Stillstand kommen.

Bundesbankpräsident Schlesinger hält den Begriff „Ecu" als Name für die künftige EG-Währung aus deutscher Sicht nicht für geeignet. In einem Interview mit der Pariser Zeitung „International Herald Tribune" erklärte Schlesinger: „Ecu sagt den Leuten gar nichts. Mark sagt ihnen etwas. Franken, zum Beispiel, könnte ihnen etwas sagen." Bundesfinanzminister Theo Waigel hatte vor kurzem vorgeschlagen, die künftige EG-Währung – wie die Schweizer Währung – Franken statt Ecu zu nennen. Die psychologische Seite des Geldes dürfe nicht vergessen werden, mahnte Schlesinger in dem Interview. Die Deutschen „denken, daß die Mark eine gute Währung ist, und eine europäische Währung etwas ist, das sie nicht kennen". Das sei das Hauptproblem mit der europäischen Währungsunion in Deutschland. Die Folgen des dänischen Neins zum Maastrichter Vertragswerk über die EG-Währungsunion seien derzeit noch unklar, erklärte der Bundesbankchef weiter. Die Frage des richtigen Zeitplans könne daher jetzt nicht weiter vertieft werden. Die Bundesbank habe allerdings die in Maastricht vereinbarte späteste Frist bis zur Vollendung der Währungsunion schon immer für „ziemlich knapp" gehalten. „Es war wahrscheinlich nicht die beste Lösung, 1999 als spätesten Zeitpunkt festzuschreiben", sagte der Bundesbankchef. Die EG-Regierungen hatten in Maastricht den 1. Januar 1999 als spätesten Zeitpunkt für die europäische Währungsunion fixiert. Bevor die Kurse innerhalb des Europäischen Währungssystems (EWS) endgültig festgeschrieben würden, halte er eine Neufestlegung der Wechselkurse für wahrscheinlich, gab Schlesinger weiter zu verstehen. Er teile die Annahme nicht, daß es bis zur Bildung der Währungsunion keine Wechselkursveränderungen geben werde.

Die EG ist außerstande, eine wirksame Kontrolle ihrer Milliarden-Ausgaben für die strukturschwachen Gebiete der EG zu gewährleisten. Zu diesem Schluß kommt eine vom Europäischen Rechnungshof erstellte Bilanz über die Verwendung der zwischen 1988 und 1993 auf rund 60 Milliarden DM verdoppelten Strukturfonds, die am Dienstag den EG-Finanzministern in Luxemburg vorlag. Auf die Frage, ob in den wirtschaftsschwachen Zonen tatsächlich ein Strukturwandel eingeleitet wurde, bleibt der Bericht aber jede Antwort schuldig. Eine zehnprozentige Steigerung des EG-Budgets bis 1997 und eine 50prozentige Steigerung der Strukturmittel seien unter diesen Umständen Bürgern schwer zu vermitteln, meinte der deutsche Finanzstaatssekretär Köhler.

Anlage 14

SCHÄTZUNG DER KAPITALFLUCHT AUS ENTWICKLUNGSLÄNDERN
(siehe auch nächste Seite)

Die gängigsten Schätzungen stammen von Morgan Guaranty. Die von Morgan genannten Größenordnungen werden in verschiedenen wichtigen Fällen von Weltbankzahlen bestätigt (Ausnahme Brasilien).

	Flight capital outflows 1977–87 Mrd. $	Flight capital assets* 1987 Mrd. $	in % der Auslandsschulden 1987
15 Länder des BAKER-Plans	137	295	59
dar. Argentinien	20 (21)**	46	81
Brasilien	20 (8)**	31	26
Mexiko	45 (37)**	84	78
Venezuela	28 (28)**	58	163
Nigeria	9	20	74
Philippinen	8	23	80

*) Einschließlich geschätzte Erträge bzw. Wertsteigerungen.
**) Weltbankenangaben für 1979–82 und 1983–87 aus verschiedenen Quellen, von uns addiert.

Quelle: Schätzung der volkswirtschaftlichen Abteilung der DEUTSCHEN BANK, auf der Basis von WELTBANK- und IWF-Daten.

Ein praktischer Einzelfall zur Kapitalflucht:
Im August 1991 ging der nachstehende Brief bei einem(evtl.auch mehreren) deutschen Konzern ein. Sein Verfasser ging dabei sicher dilletantisch vor. Aber er gibt wenigstens Aufschluß darüber, was diejenigen, die geschickter vorgehen, alles unternehmen können.

23rd August, 1991

Dear Sir,

Compliments of the season. This could be an unusual personal letter to you. I am a Senior staff with the Nigeria National Petroluem Corporation in Lagos. As a fact I have a business I want to introduce you to which is very imporatant and too confidential.

The nature of this business require that whosoever will be entrusted with the money will be honest and above all in a high position so that he cannot be tempted to confiscate the money when transfered and I have the believe that your position justified you.

This involves the transfer of the sum of US$35M (Thirty five million U.S. Dollars) to your account. This money represents accumulated money from inflated contracts in my department many years back. The Federal Government of Nigeria has directed in his new budget that we should clear our outstanding bills,hence I and few officials of Federal Ministry of Finance and Central Bank of Nigeria are using this opportunity to transfer this amount to a reliable account abroad.

Meanwhile, your address and name was recommended to me by an international business man and friend of mine. If this money is successfully transfer, we shall reserve 35% for you for assisting us with your account. And to facilitate the transfer of this money we will need the following document from you.

1). Two copies of your Company letter headed papers signed and stamped after typing neatly the attached format.
2). Two copies of your Company Proforma Invoice stamped and signed after typing into it neatly attached format.
3). Your bank account number, address telephone, fax and telex number as well as your personal telephone number to reach when necessary.

The attached format which you will type in your letter headed paper will be used in putting the statement of claims and the proforma invoice will be used in raising the bill as per the amount stated. Once fund is transfered to your account I will be visiting you with the other official. And these documents should be sent via my above address through DHL Courier Services and fax to me immediately through Fax No. 234- ..... ATNN: MR. M. N.

In terms of security, I would like to assure you not to entertain any fear because solid arrangements has been made to protect both ends and remember that all of us are in the Government ourselves. In case you have any question you can reach me immediately through phone.

Expecting for your speedy reply.

SIncerely yours,

M.N.

N.B. For further clearification please use the enclosed specimen in filling the required documents from you.

Tragfähigkeit und landwirtschaftliches Potential Gesamtafrikas

Kultivierbare Fläche	7,89 Mio. km^2
Genutztes Ackerland (ohne Weideflächen)	ca. 2,10 Mio. km^2
= Anteil an kultivierbarer Fläche:	26,6 Prozent
Ernährungspotential/kultivierbare Fläche (inklusive der kultivierten)	
1. Ohne Mitteleinsatz (z.B. ohne Dünger und ohne Schädlingsbekämpfung, ausschließlich Handarbeit)	ca. 1,4 Mrd. Menschen
2. Mittlerer Mitteleinsatz (Düngung und Schädlingsbekämpfung auf 'bescheidenem' Niveau; Bodenerhaltungsmaßnahmen, z.T. Tieranspannung, Saatgutverbesserung)	ca. 5,1 Mrd. Menschen
3. Hoher Mitteleinsatz (Steigerung aller in Punkt 2 genannten Maßnahmen: z.B. Düngereinsatz ca. 150 kg/ha; volle Mechanisierung)	ca. 14,4 Mrd. Menschen
4. Ernährungspotential bezogen auf die im Jahr 2000 zu erwartende Bevölkerungsgröße	
4.1. Ohne Mitteleinsatz	das 1,6 fache
4.2. Mittlerer Mitteleinsatz	das 5,8 fache
4.3. Hoher Mitteleinsatz	das 16,5 fache
Tatsächliche Nahrungsmittelproduktion	
Laut FAO im Jahr 1986	239,73 Mio. t
pro Kopf der Bevölkerung	482,36 kg

Quellen: Eigene Berechnungen nach/sowie nach „FAO in Africa" FAO Rom 1986; FAO Trade Yearbook 1986; Population Growth and Policies in Sub-Saharan Africa, Weltbank, Washington 1986

Aus: WALTER MICHLER, Weißbuch Afrika, 1988, S.332

Aus: "SCHWÄBISCHE ZEITUNG" vom 11.10.1991

Ifo: Ost-Verkehrsnetz benötigt 277 Milliarden

Berliner Forscher erwarten für 1992 Aufschwung in den neuen Ländern

MÜNCHEN (vwd) - Zur Modernisierung, Erweiterung und Instandhaltung des ostdeutschen Verkehrswegenetzes sind nach Berechnungen des Münchner Ifo-Institutes für Wirtschaftsforschung Gesamtinvestitionen von 277 Mrd. DM erforderlich. Allein die Sanierung und Modernisierung des ostdeutschen Verkehrswegenetzes auf westdeutsches Niveau ohne Erweiterungen belaufe sich auf einen Investitionsbedarf von 210 Mrd. DM, schreibt das Ifo-Institut. Die Berechnungen beruhen dabei auf Preisen von 1990, einschließlich Mehrwertsteuer. In den neuen Bundesländern gebe es ein dichtes, aber veraltetes Verkehrsnetz. Die Verkehrsinfrastruktur befinde sich in einem insgesamt kritischen Zustand. Sie müsse von Grund auf saniert werden. Von den rund 8700 Brücken im Netz der Deutschen Reichsbahn sind den Ifo-Angaben zufolge 850 Stahl- und 450 Massivbrücken so stark verschlissen, daß eine Erneuerung dringend geboten sei. Im Straßennetz seien 54 Prozent aller Fahrbahn- und 22 Prozent aller Bückenflächen in einem schlechten Zustand.

Der wirtschaftliche Aufschwung in den neuen Bundesländern wird nach Einschätzung des Instituts für Angewandte Wirtschaftsforschung (IAW) im kommenden Jahr einsetzen. Das reale Bruttoinlandsprodukt dürfte nach Ansicht des Ostberliner Instituts 1992 im Jahresdurchschnitt um fünf Prozent zunehmen. „Ein breiter und sich selbst tragender wirtschaftlicher Aufschwung ohne externe Hilfen wird zweifellos noch auf sich warten lassen", heißt es in dem am Donnerstag vorgelegten Gutachten zu Lage und Aussichten der Wirtschaft in den neuen Ländern. Eine Schlüsselrolle bei der Aufwärtsentwicklung werden nach Ansicht des IAW die Bauwirtschaft und das Handwerk übernehmen. Einige Dienstleistungsbereiche und Industriebranchen würden sich schrittweise erholen. Das zeichne sich jetzt schon im Nahrungs- und Genußmittelbereich ab. Das IAW nimmt an, daß 1992 die realen Bruttoanlageinvestitionen um 25 Prozent wachsen und in etwa gleichen Teilen in den Bau und die Ausrüstung gehen. Die Investitionstätigkeit werde vorrangig aus öffentlichen Mitteln und von westdeutschen Unternehmen bestritten. Doch auch der Beitrag ostdeutscher Unternehmen sei nicht zu unterschätzen, heißt es. Ein Großteil der Ost-Betriebe wolle etwa 21 Prozent mehr investieren als bisher geplant.

vom 19.10.1991

In Ostdeutschland locken Aufträge von 485 Milliarden

LEIPZIG (ap) - Sanierung und Ausbau der öffentlichen Infrastruktur in den neuen Ländern bieten nach Angaben des Bundesverbandes der Deutschen Industrie (BDI) bis zum Jahr 2000 ein Auftragspotential von 485 Mrd. Mark. Der BDI-Ausschuß Öffentliches Auftragswesen erklärte in Leipzig, allein im Verkehrsbereich bestehe ein Investitionsbedarf von 127 Mrd. Mark. In den Telefon- und Kabelbereich müßten 57 Mrd., in die Energieversorgung 40 Mrd. Mark investiert werden. Aus diesem Potential müßten nun Aufträge für die Wirtschaft fließen, forderte der Ausschuß in einem „Leipziger Memorandum". Damit ließen sich gerade für den Aufschwung in der Bau- und Investitionsgüterindustrie Impulse geben. Ausschußvorsitzender Johannes Broschwitz forderte eine möglichst umgehende Beseitigung der noch bestehenden „Ladehemmung" bei der Auftragsvergabe.

Anlage 17

Aus: "SCHWÄBISCHE ZEITUNG" vom 1.6.1992

Die schlechte Auftragslage bei Treuhand-Firmen bereitet Sorgen

Gespräch mit Birgit Breuel: Der Osthandel ist blockiert, im Westen sind noch beträchtliche Hürden

Von unserem Korrespondenten

Berlin (btw) - Trotz insgesamt optimistischer Einschätzung, was den Fortgang der Privatisierung der ostdeutschen Betriebe angeht, macht sich Treuhand-Präsidentin Birgit Breuel Sorgen um die schlechte Auftragslage der Treuhand-Firmen. „Die Situation hat sich verschärft", sagte Breuel in einem Gespräch mit der „Schwäbischen Zeitung". Der Osthandel, von dem immer noch viele ostdeutsche Firmen lebten, sei wegen der unübersichtlichen politischen Situation in der Gemeinschaft unabhängiger Staaten weitgehend blockiert, im Westen gebe es nach wie vor „beträchtliche Hürden", mit Kunden ins Geschäft zu kommen. Beides mache den Firmen schwer zu schaffen.

Breuel stellte allerdings klar, es könne nicht Aufgabe der Treuhandanstalt sein, für den Absatz ihrer Firmen zu sorgen: „Wir können den Firmen keinen Markt bieten." Daß privatisierte Unternehmen in der Regel besser mit Aufträgen versorgt sind als Treuhand-Betriebe, sieht sie als Bestätigung für die Politik der schnellen Privatisierung an, wie sie die Treuhandanstalt betreibt. Die Käufer der ostdeutschen Betriebe brächten neben Kapital und Management eben auch eingespielte Lieferbeziehungen mit. Die seien von unschätzbarem Wert, denn genau das könne die Treuhandanstalt ihren Unternehmen nicht bieten. Deswegen ist für Breuel die Zwischenbilanz der Treuhandanstalt – mehr als die Hälfte der Betriebe ist verkauft, weit über 100 Milliarden DM an Investitionen haben die Käufer zugesichert – auch rundum positiv. Die Privatisierung laufe zügig weiter, Ende 1993, so die Zielvorgabe, soll sie im wesentlichen abgeschlossen sein; was nicht gänzlich ausschließt, daß es dann noch Betriebe in Staatshand gibt. Sie stellte allerdings klar, daß es für die Treuhandanstalt nicht in Frage kommt, privatisierte Unternehmen wieder unter ihre Fittiche zu nehmen, sollten die Käufer sich verkalkuliert haben. Wenn, wie im Fall des Textilbetriebs Plauener Spitze, die Entwicklung in der Branche wesentlich schlechter als geplant verlaufe, könne das kein Grund sein, wieder nach der Treuhandanstalt zu rufen: „Dann sind die Länder am Zug."

Ein großes Problem für die ostdeutsche Wirtschaft sieht Breuel darin, daß bisher mittelständische Industriebetriebe fehlen. Es gebe zwar inzwischen viele kleine und mittelgroße Betriebe im Handwerk, im Handel und im Dienstleistungsbereich, „aber der industrielle Mittelstand kommt nicht recht voran". Der jedoch ist, wie das Beispiel Baden-Württemberg zeigt, sehr wichtig für eine ausgewogene Wirtschaftsstruktur. Überdies waren es die mittelgroßen Betriebe, die im vergangenen Jahrzehnt die meisten neuen Arbeitsplätze geschaffen haben.

Breuel sieht allerdings eher die neuen Länder als die Treuhandanstalt in der Pflicht, den Mittelstand mit Förderprogrammen und Bürgschaften zu unterstützen. Ein wichtiger Schritt, so ihre Überzeugung, ist mit der Ansiedlung der Automobilfirmen Daimler-Benz in Brandenburg, Opel in Thüringen und VW in Sachsen getan worden. Um deren Werke herum siedelten sich kleinere Zulieferbetriebe an. So könne im Laufe der Zeit eine Wirtschaftsstruktur ähnlich der in Westdeutschland entstehen.

vom 25.6.1992

Die Baupreise sind noch immer Gipfelstürmer

Eichbauer: Weiter auf dem Erfolgspfad – Billiglöhne machen Sorge

Von unserer Bonner Redaktion

Bonn (ov) - Die deutsche Bauwirtschaft rechnet zwar damit, daß der Gipfel der Baupreissteigerungen überschritten ist, geht aber für die überschaubare Zukunft von nach wie vor überdurchschnittlich hohen Preiszuwächsen aus. Der Präsident des Zentralverbandes des Deutschen Baugewerbes, Fritz Eichbauer, sagte am Mittwoch vor Journalisten, für 1992 sei wieder ein Preisanstieg um 6,5 bis 6,8 Prozent zu erwarten, nachdem schon in den vergangenen drei Jahren ähnliche Zuwächse eingetreten seien. Für 1993 rechne er zwar mit „einem kleinerem Zuwachs", aber der Lohnabschluß von über acht Prozent und die höheren Baustoffpreise ließen noch kein Ende des Gipfelsturms erwarten. Der überdurchschnittliche Preisanstieg sei aber eine Gefahr für die Baufirmen, betonte Fritz Eichbauer mit Nachdruck, da „sich irgendwann niemand mehr einen Neubau leisten kann."

Derzeit sei ein Ende des Erfolgspfades der Bauwirtschaft aber noch nicht in Sicht, sagte Eichbauer. In Westdeutschland werde er zwar schmaler, aber noch führe er aufwärts. In den neuen Ländern sei der Bau aber der einzige produzierende Bereich mit begründeten positiven Erwartungen für die Zukunft. Für 1992 sei dort mit einem zweistelligen Bauwachstum zu rechnen, im Wohnungsbau von 15 Prozent und im Straßenbau von 20 Prozent. Für Westdeutschland rechne das Baugewerbe mit einem Plus von insgesamt etwa zwei Prozent.

Motor der Baukonjunktur sei trotz der hohen Zinsen und der höheren Baupreise nach wie vor der Wohnungsbau. Im laufenden Jahr rechne er für die alten Bundesländer mit 320 000 bis 350 000 neuen Wohnungen (1991: 314 544) und für die neuen Länder mit 30 000 nach 40 000 im letzten Jahr. Damit werde aber auf jeden Fall in Westdeutschland das immer wieder geforderte Ziel der Fertigstellung von mindestens 500 000 neuen Wohnungen weit verfehlt. In Ostdeutschland stehe die Renovierung alter Wohnungen noch immer im Vordergrund.

Probleme habe die Bauwirtschaft derzeit mit den „Baukolonnen aus Osteuropa", sagte der Präsident, obwohl sie auf die 120 000 Bauarbeiter aus Polen oder Rumänien dringend angewiesen sei. Aber die Subunternehmer zahlten den „Werkvertragsarbeitnehmern aus Billiglohnländern" nur Stundenlöhne von acht bis zwölf DM, während sie die Arbeiten (z. B. Rohbauten, Putzen) für 26 bis 30 DM je Stunde übernähmen. Da die deutschen Baufirmen für ihre Bauarbeiter aber Stundenkosten von 50 DM und mehr abrechnen müßten, entstehe ein „fast wilder Wettbewerb." In den ostdeutschen Bundesländern zögerten bereits immer mehr Baubetriebe, Arbeitnehmer umzuschulen und einzustellen.

Aus: "SCHWÄBISCHE ZEITUNG" vom 21.9.1991

BDI-Vizepräsident: Wirtschaftswunder dauern länger

Tyll Necker mahnt zu mehr Geduld und fordert neue Konzepte für den Aufschwung Ost

Von unserem Redaktionsmitglied

FRIEDRICHSHAFEN (her) - Die Parole „gleicher Wohlstand in Ost und West in drei bis fünf Jahren“ konnte von Beginn an bei der ostdeutschen Bevölkerung nur zu Entäuschungen führen, weil sie unrealistisch gewesen sei. Die Angleichung des Lebensstandards sei nur mit harter Arbeit bis in etwa zehn Jahren zu schaffen, denn „Wirtschaftswunder dauern länger“. Bis dahin werden nach Einschätzung von Dr. Tyll Necker im vereinten Deutschland viel Geduld und eine Reihe von Maßnahmen nötig sein, um dem Aufschwung Ost auf die Sprünge zu helfen. Bei seinem Vortrag „Neue Bundesländer und Osteuropa – Die Größe der Aufgabe erfordert neue Wege“ legte der Vizepräsident des Bundesverbandes der Deutschen Industrie (BDI) im Rahmen des „Forum Schloß Friedrichshafen“ sein Konzept dafür dar.

Als kapitalen Fehler im Einigungsvertrag bezeichnete der bekannte Wirtschaftsfachmann die Regelung, daß Eigentumsansprüche Vorrang vor Investitionen in Ostdeutschland haben. Diese Klausel erweise sich als großer Bremser für dringend zu tätigende Investitionen und gefährde dadurch Arbeitsplätze. Weiter kritisierte Necker die neuen Tarifabschlüsse: „In einigen Branchen werden in vier Jahren die Lohnkosten auf die zweieinhalbfache Summe des Jahres 1989 ansteigen.“ Diese Steigerungen würden sogar gesunde westdeutsche Firmen an den Rand des Ruins treiben, „wie sollen ostdeutsche Unternehmen eine solche Roßkur überstehen?“.

Statt dessen schlägt der BDI-Vizepräsident staatliche Lohnkostenzuschüsse vor. Der enorme Anpassungsdruck auf jene Unternehmen, die sich im internationalen Wettbewerb behaupten müssen, könne so gemildert werden. Dafür solle eine Liste von jenen Branchen erstellt werden, die in den Genuß des Zuschusses kommen können. Lediglich Unternehmen, deren Produktion in den letzten 12 Monaten um 50 Prozent zurückgeganen sei, sollten auf diese Weise unterstützt werden. Sobald der bezuschußte Betrieb wieder Zuwachs verzeichne, sollten die Gelder gestrichen werden. Neckers Motto: „Auslese über Tüchtigkeit am Markt, aber ohne zu starken Anpassungsdruck“. Alte Strukturen sollten nicht „durch Alimentierung durch die Treuhandanstalt“ konserviert werden.

Ein weiterer Punkt im Konzept des BDI-Vizepräsidenten sind die staatlichen Ausgaben. Seiner Meinung nach sei in dieser Situation zwar die hohe staatliche Verschuldung zu dulden. Jedoch sollten die Mittel nicht für konsumptive Ausgaben, sondern für Investitionen verwendet werden, die später eine Rendite erwarten lassen. Als ein positives Beispiel nannte Necker das sechs Mrd. DM starke Engagement der Telekom in den neuen Bundesländern. Eine Einsparungsmöglichkeit von „etwa 40 Mrd. DM“ sieht der Volkswirt bei der Lohnfortzahlung im Krankheitsfall. Nach seinem Vorschlag soll eine Firma zwar für die ersten beiden Krankheitstage zahlen – aber an die Krankenkasse. Damit erhielten die Krankenkassen mehr Geld und die Krankentage würden sich stark verringern. In diesem Zusammenhang forderte Necker mehr Bereitschaft, „überall nachzudenken, was wie besser gemacht werden kann. Die deutsche Einheit kann auch uns helfen, verkrustete Strukturen zu ändern“.

Anlage 19

Aus: "SCHWÄBISCHE ZEITUNG" 4.6.1992

Der Aufschwung Ost trägt sich noch lange nicht selbst

Löhne und Produktivität laufen auseinander – Statistische Manipulationen bei Firmengründungen

Bonn (dpa/ap) - Das Bundeskabinett hat am Mittwoch beschlossen, die Fördermittel des Bundes noch stärker auf die Investitionstätigkeit in Ostdeutschland zu konzentrieren. Bundeswirtschaftsminister Möllemann gab dem Kabinett einen Erfahrungsbericht über die wichtigsten Fördermaßnahmen der neuen Bundesländer. Dem Bericht zufolge konnte in den neuen Bundesländern „noch kein sich selbst tragender Aufschwung" erreicht werden. Grundsätzliches Problem für die Entwicklung von Unternehmen sei das Mißverhältnis von Löhnen und Produktivität. Von den um 50 Prozent höheren Lohnstückkosten gegenüber Westdeutschland seien besonders Existenzgründer und umstrukturierte Unternehmen getroffen. Die neuen Länder erwirtschafteten nur etwa die Hälfte des Sozialprodukts, das sie verbrauchen. Die Differenz werde durch Finanztransfers von West nach Ost ausgeglichen, die 1992 ohne die Mittel der Treuhand auf 140 Mrd. DM kletterten nach 120 Mrd. DM 1991. Positiv wird die weitere Investitionsentwicklung in den neuen Ländern gesehen. Erwartet werden für 1992 etwa 97,5 (1991: 72) Mrd. DM Investitionen, davon 70 (50) Mrd. von Unternehmen. Das Gemeinschaftswerk Aufschwung Ost soll über 1992 hinaus fortgesetzt werden. Bis zum 1. Juli soll das Kabinett darüber entscheiden, ob auch die Investitionszulage verlängert wird.

Die Zahl der Unternehmensgründungen in den neuen Bundesländern liegt weitaus niedriger als bisher angegeben. Nur etwa die Hälfte und nicht wie erwartet rund 60 Prozent der bisherigen 465 000 Gewerbeanmeldungen führten auch zum Aufbau eines Unternehmens. Diese Zahlen hat Bundeswirtschaftsminister Möllemann jetzt dem Kabinett vorgelegt, wie die „Märkische Oderzeitung" (Frankfurt/Oder) schreibt. Die Gewerbeanmeldung wird in einem frühen Stadium vorgenommen, bevor Finanzierung und andere Details der Unternehmen feststehen, heißt es zur Begründung des Mißverhältnisses. Kritisiert wurde auch der geringe Anteil industrieller Neugründungen in den neuen Bundesländern.

Sachsen will die Förderung von Braunkohle bis zum Jahr 2000 nahezu halbieren. Das teilte der Staatssekretär im sächsischen Wirtschaftsministerium, Rüdiger Thiele, in Dresden mit. Das Land wolle den jährlichen Abbau im ostsächsischen Revier von gegenwärtig 30 Millionen Tonnen auf dann 15 Millionen Tonnen zurückfahren. Im westsächsischen Abbaugebiet werde die Förderung von 45,6 Millionen auf 25,9 Millionen Tonnen sinken. Mit der entsprechenden Kabinettsentscheidung habe die Landesregierung die Ungewißheit über Fördermengen und Bedingungen ausräumen wollen, die bislang die Rheinbraun AG (Mibrag) zu bemühen, sagte Thiele. Als einziger westdeutscher Interessent für den sächsischen Tagebau habe sich Rheinbraun bisher nur um den Kauf der ostsächsischen Lausitzer Braunkohlen AG (Laubag) beworben. Diese besitzt die hochwertigeren Vorräte.

Die Leuna Werke AG und die Steag Aktiengesellschaft Essen gründen ein gemeinsames Unternehmen zur Modernisierung der Energieversorgung in der Chemieregion Halle-Merseburg. Entsprechende Verträge wurden in Magdeburg notariell beurkundet. Die neue Gesellschaft firmiert unter dem Namen Leuna/Steag Energiegesellschaft mbH (LSE). Die Steag, ein Unternehmen der Ruhrkohle AG, werde das Leuna-Industriekraftwerk Nord kaufen, kündigte Vorstandsvorsitzender Esser an.

Anlage 20

Human-Kapital

Wolfram Engels über die Finanzierung des Generationenvertrags

Aus den neuen Bundesländern kommt eine überraschende Nachricht: Die Zahl der Geburten hat seit der Wiedervereinigung um 38 Prozent abgenommen. Im Rechtsrahmen der Bundesrepublik sind Kinder – im Gegensatz zur alten DDR – zu einer schweren finanziellen Last geworden; die neuen Bundesbürger haben darauf mit Einschränkung der Geburtenzahl reagiert. Die frühere DDR hat auch schon die entgegengesetzte Erfahrung gemacht. Die Geburtenrate hatte sich jahrzehntelang exakt wie in der Bundesrepublik entwickelt. Im Jahre 1973 lag die Geburtenrate in der DDR bei 52, in der Bundesrepublik bei 51 Geburten pro tausend Frauen im gebärfähigen Alter.

Im Juni 1976 wurde in der DDR ein Paket familienfördernder Maßnahmen in Kraft gesetzt. Genau neun Monate später, im März 1977, schnellte die Geburtenzahl um ein Viertel nach oben und hat sich seitdem ständig über der der Bundesrepublik gehalten. Ein gutes Jahr Gesamtdeutschland hat ausgereicht, um den Vorsprung auszulöschen. Eine ähnliche Entwicklung gab es nach der wirtschaftlichen Rückgliederung des Saarlands 1959. Hier galt französisches Recht. Der Familienlastenausgleich war hoch. Ein Hilfsarbeiter mit vier Kindern hatte mehr Kindergeld als Lohn. Entsprechend lag die saarländische Kinderzahl weit über der bundesdeutschen. Im Saarland dauerte es drei Jahre, bis sich das Geburtenniveau an das niedrige in der Bundesrepublik angepaßt hatte.

Solche Erfahrungen gibt es zuhauf. Die Bereitschaft, eine Familie zu gründen und Kinder zu haben, hängt sicherlich nicht allein von finanziellen Erwägungen ab. Aber umgekehrt zählt doch, ob der Lebensstandard wie in Deutschland stark sinkt oder wenig, oder ob Kinder gar lohnend sind, wie in den meisten Entwicklungsländern.

Der geistige Vater der gesetzlichen Rentenversicherung, Wilfried Schreiber, hat bereits gesehen, daß es durch die dynamische Rente zu einer Verarmung kinderreicher Familien kommen müsse, weil der Nutzen der Kinder sozialisiert, ihre Kosten aber privatisiert wurden. Er hat folglich einen substantiellen Familienlastenausgleich als Ergänzung zur dynamischen Rente gefordert. Unsere Sozialpolitiker behaupten nun, der sei nicht finanzierbar. Das Gegenteil ist richtig: Ein Familienlastenausgleich bietet kaum Finanzprobleme, während das gegenwärtige System auf Dauer unfinanzierbar wird.

Heiner Geißler hat kürzlich die Katze aus dem Sack gelassen, indem er sie wohlweislich lange versteckt hielt. Wir brauchen, so Geißler, eine hohe Nettoeinwanderung junger Leute nach Deutschland, weil sonst schon in zwanzig bis dreißig Jahren die Rente nicht mehr finanziert werden kann. Im Jahre 2030 müßte dann jeder Aktive für einen Rentner sorgen. Das bedeutet, daß die Beiträge zur Rentenversicherung, zur Dekkung von Krankheits- und Pflegekosten und die Steuersätze so hoch werden, daß die Abzüge vom Bruttolohn einschließlich Arbeitgeberbeitrag auf rund 70 Prozent steigen müssen. Daran zerbricht das System, wenn die Deutschen weiterhin so wenige Kinder bekommen oder wir nicht genügend junge Ausländer anwerben können – gut ausgebildete übrigens, weil immer weniger Hilfsarbeiter gebraucht werden.

Demgegenüber wäre ein Systemwechsel unproblematisch. Nur zur Veranschaulichung, nicht etwa als Vorschlag gedacht, nehmen wir an, der Rentenversicherungsbeitrag für Kinderlose werde mit 36 Prozent angesetzt, bei einem Kind sinke er auf 27 Prozent, bei zwei auf 18 Prozent et cetera. Kommt ein Kind, so erhalten die Eltern die Beträge, die sie früher überzahlt haben, mit Zins und Zinseszins zurück. Wenn Hans Mittel mit 28 Jahren und Grete Median mit 26 Jahren heiraten, dann kommt wenige Monate später das erste Kind. Das junge Ehepaar bekommt nun rund 50000 Mark verzinste Rentenbeiträge heraus, und beide zusammen zahlen in Zukunft rund 600 Mark weniger Beitrag im Monat. Wenn ein Jahr später das zweite Kind geboren wird, dann gibt es eine weitere Einmalzahlung von rund 60000 Mark, und der Rentenversicherungsbeitrag sinkt erneut. Man kann nun leicht ausrechnen, daß die Familie Mittel-Median im Durchschnitt ihres Lebens genauso hohe Beiträge zur Rentenversicherung zahlt wie im heutigen System.

Ein Finanzierungsproblem ist weit und breit nicht zu sehen. Die Beiträge sind nur zeitlich anders verteilt: Als kinderlose Ledige zahlen sie mehr, als wenn sie eine Familie gründen und Kinder haben. Wenn unser Paar kein Humankapital – man verzeihe den scheußlichen Fachausdruck – bildet, muß es Geldkapital ansammeln. Das aber entspricht dem Äquivalenzprinzip, auf dem jede Versicherung beruhen sollte.